하늘과 미리 나눈 대화

제2탄 사주학풀이

(운의 흐름, 타고난 성격(사기꾼형, 싸가지형, 얌체형, 베푸는형), 병명(위암, 간암, 폐암, 뇌졸중, 자궁암 등의 발생시기)을 판단)

저 자 · 황웅성(효산)

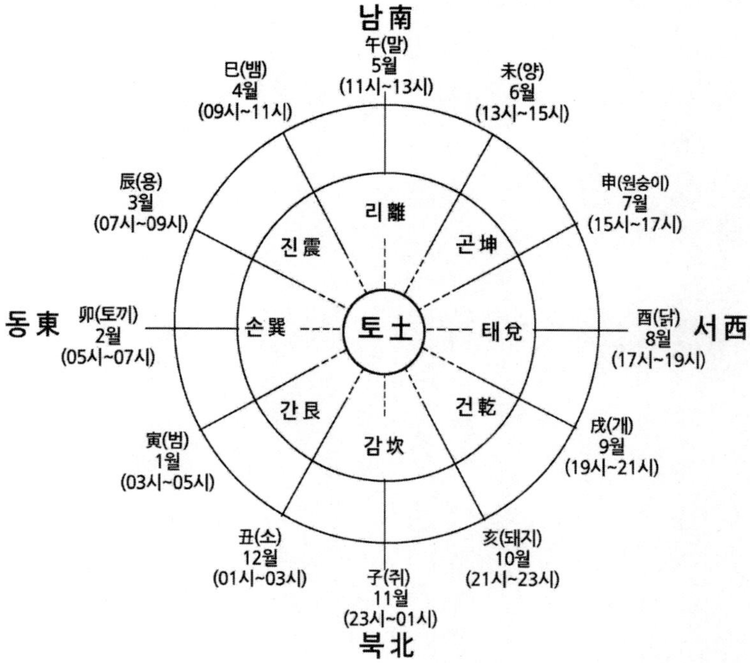

하늘과 미리 나눈 대화 2탄으로 사주학풀이를 선택했다. 어머니 뱃속에서 세상을 보는 순간 누구나 운의 흐름과 타고난 성격(사기꾼형, 싸가지형, 얌체형, 베푸는형)과 병명(위암, 간암, 폐암, 자궁암, 뇌졸중, 등의 발생시기)을 알 수 있다.

55세에 위암이 걸린다는 것을 알면 50세부터 위내시경을 하면 능히 극복할 수 있다.

미래의 일은 어둡기가 칠흑과 같다. 이처럼 한치의 앞을 못 보고 사는 것이 인생이다.

한 순간의 착오로 일생을 후회의 눈물을 흘리며 보내는 사람이 허다하다.

머리말

동양 철학은 현실을 이해하고 미래의 문제를 다루어 가는 학문이다. 그러나 서양철학에 가려 너무나 긴 잠을 자고 있다가 이제 눈을 뜨고 있다. 눈을 뜨면 새 세상이 열린다. 다른 세상이 내 앞에 전개가 된다. 이것을 광명이라 한다.

병아리는 알을 깨고 나오며 포유동물들의 새 생명은 자궁을 찢고 나온다. 알을 깨지 않고는, 또 자궁을 찢고 나오지 않으면 새 생명으로 태어나지 못한다. 잠에서 깨어나야 하늘과 땅을 보듯이 생활의 잠에서 깨어나야 내가 살고 있는 오늘의 현실을 알 수가 있다. 현실은 눈을 뜬 사람에게만 그 현상이 보이는 것이다. 누구나 오늘의 현실을 살아가고 있다. 그러나 많은 사람들은 오늘을 살면서 마음은 어제에 머물러 있고 오지도 않은 미래에 대한 불안 속에 살고 있다. 그리하여 오늘이 오늘인 줄을 모르고 오늘에 사는 내가 문제가 되는 것이다.

지금 바로 여기가 오늘이요, 지금 바로 내가 오늘이다. 나를 떠나서는 아무 것도 의미가 없는 것이다. 아무리 소중한 것일 지라도 나와 관계가 없는 것, 내가 살고 있는 현실과 무관한 것이라면 대단할 것이 없다. 나를 떠나 무엇이 있고 또 무엇을 문제 삼을 수 있을까? 또 시간도 공간도 바로 나로부터 비롯된다. 모든 공간은 시간을 떠나 존재할 수가 없다. 흘러가는 시간과 함께 공간의 변화 모습을 알고자 하는 것이 지금 바로 나인 것이다.

내가 바로 지금이고 오늘인 현재의 실체를 잘 파악하지 못한다면 미래가 불안하다. 철학은 원래 딱딱한 학문이다. 본인은 이 책을 이해가 쉽게 정리하였다. 중복된 사항은 반드시 알아야 할 사항이니 필연적으로 숙지해야 한다.

추 천 사

우주의 기운속에서 찾아내는 명징의 길

이건청 한양대 명예교수(한국시인협회회장)

효산 형과 나는 60여년 친교를 나누며 오늘에 이르고 있다.

10대 소년시절, 같은 학교 같은 교실에서 성장하며 우정을 나누었으며, 고희를 훌쩍 넘긴 지금까지도 수시로 전화를 주고 받아야 직성이 풀리는 그런 인간관계를 이어오고 있다. 그가 내게 전화를 걸어오기도 하지만 내가 그에게 전화를 하기도 한다.

때로는 내가 그의 공간을 찾아가 이야기를 꺼내기도 한다. 이런 경우 대게 내 삶의 문제가 난관에 봉착했을 때이다.

효산형은 사유의 폭이 넓고 깊은 사람이다. 소년시절부터 그랬다. 효산과 내가 다니던 학교에는 (맹자)가 정규과목에 들어 있었다. 긴 수염의 교사가 (맹자)를 가르쳤다.

문학소년이었던 내가 문학전집류의 책을 잡고 하얗게 밤을 지새우곤 하던 그때, 그는 (맹자)속으로 들어가 동양철학의 저 까마득한 곳으로 헤쳐들어가고 있었으리라.

시인으로 50여년을 살아오면서 나는 600여 편의 시를 세상에 발표한바 있다. 그동안 내가 세상에 선보인 600여편의 시 중에서 오랫동안 인구에 회자되면서 새로운 목숨으로 살아남은 작품들이 있다. 시인이 좋은 시를 만나 한 편의 작품을 쓰게 되는 순간, 시인은 자아를 뛰어넘어 초월적 영감과 합일되는 것이라고 나는 생각한다. 천둥과 번개의 순간 속에서 시가 밖으로 뛰어나오는 것이라 생각한다. 그러니까 시인이 시를 썼다기 보다는 시가 시인 속에서 쏟아져 나왔다고 보는 것이 옳은 것이라고 나는 생각하는 것이다. 시인을 초월적 영감과 만나게 하는 힘은 어디서 오는 것 일까. 광막한 우주공간에 내재된 초월적 기운이 시인이라는 영매를 만나 잘 짜인 한 편의 시를 이뤄내게 하는 것이라고 나는 생각한다.

물론 시인이 천둥과 번개의 영감 속에서 몇 줄의 시를 건져내기 위해서는 세속에 물들지 않는 청정무구의 기다림이 필수적이다. 온갖 내공을 한데 모은 진정의 투시력이 필수적이다. 효산의 길도 시인인 나의 길과 크게 다르지 않으리라. 청정무구의 기다림과 진정성의 자리에서 그는 우주의 기운을 만나 명징의 길을 찾아내고 있는 것이리라.

효산 형은 지금 한국 역술계의 거목으로 우뚝 서 있다. 많은 사람들이 그에게서 갈 길을 안내 받고 난관을 헤쳐 가고 있다. 세속에서 입은 상처를 풀어내고 정상의 자리에 다시 서기도 한다. 고마운 일이다. 효산 형의 필생의 내공을 담아 펴내는 책이 세상 많은 사람들의 삶에 큰 기쁨을 전해주리라 믿는다.

서 문

하늘과 미리 나눈 대화의 제1탄으로 육효풀이를 선택했습니다. 제2탄으로 사주명리학풀이, 제3탄으로 기문둔갑풀이를 출간합니다.

제1탄 육효풀이, 제2탄 사주명리학풀이, 제3탄 기문둔갑풀이가 나오기까지 애써주신 상담사인 심리학박사 최현주씨에게 다시 한번 감사 드립니다.

마지막으로 오늘날 저를 있게 해주신 여러분들께 이 책자를 바칩니다. 여러분이 이미 이 책을 펼쳐보고 관심을 가지고 계신다면, 역학(易學)이라는 큰 호수에 이미 한 발을 들이신 것이 아닌가 생각됩니다. 이 책과 함께 역학이라는 학문에 대한 호기심을 충족시키심과 동시에 역학의 깊이에 빠져보시기 바랍니다.

우리는 어머니 배속에서 나와 탯줄을 끊는 순간 운명과 천성과 오장육부의 강과 약을 타고 난다. 2500년 전 열자가 "미래의 일은 어둡기가 칠흑과 같다"고 했듯이 한치 앞을 못 보고 사는 것이 인생이다. 그리하여 한 순간의 판단착오로 일생을 후회의 눈물을 흘리는 사람이 허다하다.

내일 오후에 비가 온다면 아침에 나갈 때 우산을 준비해야 하지 않겠는가. 모든 사람이 자기 생각의 포로가 되어 인생을 망치는 수가 허다하다. 육효풀이는 현재 처해있는 상황과 미래의 상황을 판단하는데, 사주학풀이는 운의 흐름과 타고난 성격과 병점에, 기문둔갑풀이는 운의 흐름과 오장육부이 강약을 판단하는데 절대적이다. 주역의 육효풀이는 하고자 하는 일이 뜻대로 이루어질 수가 있는지 없는지를 예측하는 학문으로 그 적중률이 대단히 높다.

한국전쟁 때의 일이다. 파주 교하에 유화선 전 파주시장의 조부이신 유승열 선생이 계셨다. 한학의 대가로 이승만 대통령의 초정으로 경무대(현재 청와대)에 가서 한시를 읊는 등 파주에서는 매우 유명한 분이셨다. 같은 마을에 살던 황익성 씨는 아들 황규현(황용선 전 파주부시장의 부친)이 6.25사변 때 소식이 두절되자, 사는 게 말이 아니었다. 밤잠을 이루지 못하던 황씨는 유승열선생이 주역점에 용하다는 사실을 알고 찾아가 아들의 행방을 물었다. 그러자 선생은 몇 월 며칠 몇시에 집에 올테니 기다리라고 하였다. 당시 그 예언이 적중이 되어 동네에 화젯거리 됐었다. 예언일보다 하루 늦게 도착했지만, 사실은 같이 끌려갔던 다른 집에 소식을 먼저 전하고 귀가하느라 늦었다는 사실이 드러났다. 필자는 사주학이니 관상학이니 수상학이니 성명학이니 하는 점술서들을 취미로 보았다. 1990년대 사회생활을 관두고 본격적으로 사주학에 매달렸으나 확실한 답을 찾을 수가 없어 코걸이도 되고 귀고리도 되는 것이 운명학이라는 것이라고 단정을 지어버렸다. 이후 우연히 유달영씨와 구상시인께서 운영하신 성천아카데미에서 곽신환교수의 주역강의를 듣게 됐다. 그리고 한국전쟁 때 유승열선생 생각이 되살아나 주역점으로 유명한 신산 김용련선생님을 찾아가서 100일이상 사사를 받고 현상에 대입을 해보니 너무나 신기할 정도로 적중했다.

20여년간 수많은 사람이 감정을 의뢰하여 수많은 실전을 하다 보니, 그 실례를 책으로 엮게 되었다.

목차

제1편 사주입문편(四柱入門篇) 3

제1장 사주학(四柱學)의 기초 / 3

제2장 오행(五行)의 역할 / 12

제7장 십이운성론(十二運星論)과 십이신살론(十二神殺論) / 53

제8장 길신론(吉神論)과 흉신론(凶神論) / 59

제9장 사주해설편 / 70

제10장 격국론(格局論) / 91

제2장 성격론 / 241

제1편 사주입문편

제1편 사주입문편

제1장 사주학(四柱學)의 기초

* 2015년 5월 15일 12시(음력 3월 27일)에 태어난 자는 사주가 을미년乙未年 / 신사월辛巳月/ 신묘일辛卯日 / 갑오시甲午時가 된다. 년은 을미년乙未年이요, 월은 신사월辛巳月이요, 일은 신묘일辛卯日이요, 시는 갑오시甲午時로 8글자가 바로 년주 월주 일주 시주를 가리켜 사주팔자라 한다.

時柱	日柱	月柱	年柱	
갑甲	신辛	신辛	을乙	천간天干
오午	묘卯	사巳	미未	지지地支
자식자리	본인부부	형제자리	부모자리	

년年의 2글자 을미乙未는 년주年柱로 부모자리요. 월月의 2글자 신사辛巳는 월주月柱로 형제자리요, 일주日柱의 2글자 중 천간天干 신辛은 본인이요 지지地支 묘卯는 배우자 자리요, 시時의 2글자 갑오甲午는 시주時柱로 자식자리를 말한다. 년월일시年月日時가 4기둥이고 글자수가 8자로 4주8자가 되는 것이다. 특히 일간日干인 신辛은 자신의 몸둥이라 하고 월지 사巳

는 환경을 말한다.

* 자신의 4기둥 사주팔자를 알려면 복잡한 설명을 이해하여야 한다. 핸드폰이나 인터넷에 만세력을 찾아 본인의 생년월일시를 기입하면 손쉽게 알 수가 있으니 참고하기 바란다.

* 오행五行은 사주四柱를 구성한다.

오행五行이란 목木 화火 토土 금金 수水의 5글자를 말하며 사람은 오행의 영향을 받으며 살아 갈 수밖에 없다.

* 하늘인 천간天干에도 오행五行이 있고 땅인 지지地支에도 오행五行이 있어 오행五行은 음陰과 양陽으로 갈라져 화합도 하고 싸우기도 하면서 많은 변화를 일으킨다.

**** 사주팔자를 구성하는 문자**

* 천간天干: 하늘이 운행하는 기운을 말한다.

[하늘의 10글자]

갑甲, 을乙, 병丙, 정丁, 무戊, 기己, 경庚, 신辛, 임壬. 계癸

* 지지地支: 땅이 운행하는 기운을 말한다.

[땅의 12글자]

자子	축丑	인寅	묘卯	진辰	사巳	오午	미未	신申	유酉	술戌	해亥
쥐	소	호랑이	토끼	용	뱀	말	양	원숭이	닭	개	돼지

1. 사주학(명리학)이란?

명리학에서 음양오행은 천지인의 모든 것이 상대성 원리이며 천지간의 자연환경의 변화를 잘 읽어야 한다는 것이다. 자연환경의 순리에 따라 살아야지 역행을 하면 안된다는 것이다. 사주를 풀 때 격국이니, 신강, 신약이니, 용신이니, 흉살이니, 지장간이니, 십이운성이니, 십이신살이니 등등 아무리 꿰맞추어 보아도 말짱 헛수고만 할 뿐이다.

이것은 오랫동안 사주와 육효를 토대로 임상시험을 해본 결과로 알게 된 사실이다. 깊고도 무궁한 사주풀이와 기문둔갑풀이를 이론으로 정립하는 것이 꿈이었는데, '현재에 이르러 사주와 기문둔갑에 대해 어느 정도의 수준에 도달했다' 고 자부한다. 지난 일은 밝은 아침의 거울과 같이 잘 보이나 미래의 일은 칠흑같이 어두워 알 수가 없다. 동양사상은 철저하게 음양론과 자리 사상이다. 사주는 운의 흐름은 13가지로 자연의 흐름에 끌려가는 것이다. 운의 흐름은 상승곡선과 하락곡선이 있으며 모든 문제는 그때그때의 기와 인연에 따라 결정되니 경거망동 하지 말아야 한다.

동양에서는 약 삼천오백년 전부터 음과 양의 오행을 이용하여 점을 보았는데, 이것을 주역의 육효풀이라고 말한다. 그 이후에 오행의 생극제화(生剋制和)를 이용하여 계절적인 개념을 도입한 것이 명리학이다.

많은 세월이 흘러 당나라 때의 사주팔자를 년지(띠) 중심으로 오행의 생과 극과 합과 충으로 사주를 보아 왔고, 그 후 송나라 때 서자평이 일간을 중심으로 오행의 생극제화로 사주를 보는 법을 완성한 것이 근본이 되어 발전한 것이 오늘 날의 사주학(명리학)이 된 것이다.

2. 음양론과 성장론

우주에는 음陰과 양陽으로 조화를 이룬다. 하늘은 양이요 땅은 음이요, 밝음은 양이요 어둠은 음이요, 남자는 양이요 여자는 음으로 양은 밝고 동적이며 음은 어둡고 정적으로 누구나 매일 낮과 밤을 만나듯 즐거움과 괴로움을 만나게 되는 것이다. 살아가면서 희로애락을 느끼며 음양의 조화 속에서 살아가게 되는 것이다.

태초에 지구에 생명체가 태어나기 전에는 빙하기로 세상은 얼음덩어리였다. 두 번째 태양으로부터 따뜻한 화火를 받아서 세상은 차가움과 따뜻함이 조화를 이루게한다. 세 번째 수화水火가 조화를 이루어 생명체인 木을 키우게 된다. 네 번째 왕성하고 무질서한 목木을 조율하는 금金이 있다. 마지막으로 토土가 수목화금水木火金인 춘하추동의 4계절을 土인 辰戌丑未가 조절하는 것이다. 즉 봄은 인묘진(寅卯辰) 3개월이요 여름은 사오미(巳午未) 3개월이요 가을은 신유술(申酉戌) 3개월이요 겨울은 해자축(亥子丑 3개월인데 계절마다 토土가 성장과 조율을 하는 것이다. 고로 木기가 강해지면 봄이 되고, 火

기가 강해지면 여름이 되고, 金기가 강해지면 가을이 되고, 水기가 강해지면 겨울이 되는 것이 자연의 순환법칙이다.

土기는 사계절이 다 있어 대지의 생명력을 키워준다. 고로 수水가 1이요, 화火가 2요, 목木이 3이요, 금金이 4요, 토土가 5로 오행五行의 기본 숫자가 된 것이다. 오행五行을 음양陰陽으로 나누게 되니 조정의 역할을 하는 토土 5가 기준이 되어 5를 추가를 하여 수水는 1과 6으로, 화火는 2와 7로, 목木은 3과 8로, 금金은 4와 9로, 토土는 5와 10으로, 음陰과 양陽의 숫자로 나누어 지는 것이다. 홀수는 오행五行의 양陽이 되고 짝수는 오행五行의 음陰이 되는 것이다. 그 이후 BC2700년경에 헌원 황제가 10간과 12지로 분류한 것이다.

3. 오행(五行)이란

동양의 전통적인 사상은 천지간의 모든 만상이 오행五行에 영향에서 벗어 날수가 없다고 생각하여 세상사 모두가 오행의 음과 양의 작용에 따라 변화를 가져온다고 믿는다.

天(하늘)에도 오행이 地(땅)에도 오행이 있어 그 음과 양의 작용을 관찰하는 학문이다. 오행五行이란 목木 화火 토土 금金 수水를 5행이라 한다. 목木 화火 금金 수水는 동東 남南 서西 북北의 방위方位와 계절季節을 말한다. 토土는 중앙中央에서 각 방위(계절)를 조정하는 역할을 한다. 오행五行은 또한 음陰과 양陽으로 분류가 된다.

음陰과 양陽은 천天과 지地에도 있고, 목木에도 있고, 화火에도 있고, 토土에도 있고, 금金에도 있고, 수水에도 있어 음과 양의 상호관계에 따라 변화와 조화를 이룬다. 즉 천天의 오행은 갑甲 을乙 병丙 정丁 무戊 기己 경庚 신辛 임壬 계癸로 천간(10간)이다. 지地의 오행은 자子 축丑 인寅 묘卯 진辰 사巳 오午 미未 신申 유酉 술戌 해亥로 지지地支(12지)이다.

4. 오행(五行)의 성질

오행에는 방향이 있고, 색깔이 있고, 몸에도 있고, 맛에도 있고, 곡식에도 있다.

목木: 인仁, 어질고 착하다. 변덕스럽고 고집스럽다. 학자풍.

화火: 예禮, 예의 바르고 영특하다. 성질이 급하고 투기심이 강하다. 총명술사.

토土: 신信, 신의가 있고 속이 깊다. 무뚝뚝하고 우둔하다. 저축심.

금金: 의義, 의리가 있고 희생 봉사적이다. 냉정하고 단도적이다. 명예 공명심.

수水: 지智, 영리하고 판단이 빠르다. 주색을 즐기고 심지를 알 수 없다. 재사 냉정.

[오행의 속성과 상징]

	목木	화火	토土	금金	수水
천간天干	갑을 甲乙	병정 丙丁	무기 戊己	경신 庚辛	임계 壬癸
지지地支	인묘 寅卯	사오 巳午	진술 辰戌 축미 丑未	신유 申酉	해자 亥子
방위方位	동 東	남 南	중앙 中央	서 西	북 北
계절季節	봄	여름	사계절	가을	겨울
오색五色	청 靑	적 赤	황 黃	백 白	흑 黑
오장육부	담간두통	소장심장혈압	위장 비장 복부	대장 폐	방광 신장 생식기
후천수 後天數	3 8	2 7	5 10	4 9	1 6
소리음	ㄱ, ㅋ	ㄴ, ㄷ, ㅌ, ㄹ	ㅇ, ㅎ	ㅅ, ㅈ, ㅊ	ㅁ, ㅂ, ㅍ
신체계	신경계 가죽	순환계 힘줄	근육계 피부	골격계 뼈	혈액계 혈맥
신체부위	머리 눈	가슴 시력	배 입	허벅지 코	손 발 귀
맛	신맛	쓴맛	단맛	매운맛	짠맛
음식	식초	술	꿀	생강	소금
약초 곡식	오미자 삼(麻)	현삼 보리	복령 쌀	계심 기장	천문동 콩

5. 천간(天干)의 오행(五行)

천(天)은 하늘의 변화하는 이치와 기(氣)의 흐름을 나타내며, 간(干)은 나무줄기에서 따온 것으로 천간天干이라 하며, 하늘이 가지고 있는 우주의 원리를 5행으로 표기하면 갑甲 을乙 병丙 정丁 무戊 기己 경庚 신辛 임壬 계癸의 10개로 10간(신)이라고 한다.

1) 갑목甲木: 큰 나무 또는 다 자란 나무로 강하고 견고하고 양목陽木이다.

2) 을목乙木: 싹이 터서 막 자라나는 어린 나무로 음목陰木이다.

3) 병화丙火: 큰불 또는 태양으로 강열한 불로 양화陽火이다.

4) 정화丁火: 촛불 또는 화롯불로 따뜻하고 온화한 불로 음화陰火이다.

5) 무토戊土: 산의 흙 또는 제방의 흙으로 양토陽土이다.

6) 기토己土: 전답의 흙으로 씨앗이 싹을 터서 자라게 하는 음토陰土이다.

7) 경금庚金: 큰 철광석 또는 무쇠로 양금陽金이다.

8) 신금辛金: 제련된 금 또는 보석으로 음금陰金이다.

9) 임수壬水: 호수물 또는 강물인 큰물로 양수陽水다.

10) 계수癸水: 이슬 안개 또는 시냇물로 작은 물로 음수陰水이다.

천간(10간)을 木 火 土 金 水로 나누고 또한 음과 양으로 구분하여 오행의 기질을 말하나 사주의 형성에 따라 그 기질이 변하는 것이니 참고만 하라.

6. 지지(地支)의 오행(五行)

지(地)는 땅의 변화하는 이치와 기(氣)의 흐름을 나타내며, 지(支)는 나뭇가지에서 따온 것으로 지지(地支)라 하며, 땅이 가지고 있는 우주의 원리를 5행으로 표기하면 자子 축丑 인寅 묘卯 진辰 사巳 오午 미未 신申 유酉 술戌 해亥의 12개로 12지지라 한다.

1) 자수子水 쥐: 천간 癸水의 성질로 찬물 또는 얼음물로 음수를 나타내고, 절기는 겨울이요. 하루로는 자정인 23시부터 새벽01시까지이며 월로는

11월(대설)에 속한다.

2) 축토丑土 소: 천간 己土는 꽁꽁 얼은 흙으로 음토를 나타내고, 절기는 겨울이요 하루로는 01시부터 03시까지며 월로는 12월(소한)에 속한다.

3) 인목寅木 호랑이: 천간 甲木의 성질로 양목을 나타내고, 절기는 초봄이요 하루로는 03시부터 05시까지며 월로는 1월(입춘)에 속한다.

4) 묘목卯木 토끼: 천간 乙木의 성질을 가진 음목으로 절기는 봄이요 하루로는 05시부터 07시까지며 월로는 2월(경칩)에 속한다.

5) 진토辰土 용: 천간 戊土의 성질로 보나 물이 많은 흙으로 양토로 절기는 봄이요 하루로는 07시부터 09시까지며 월로는 3월(청명)에 속한다

6) 사화巳火 뱀: 천간 丙火의 성질을 가진 양화로 절기는 초여름이요 하루로는 09시부터 11시까지며 월로는 4월(입하)에 속한다.

7) 오화午火 말: 천간의 丁火의 성질을 가진 음화로 절기는 여름이요 하루로는 11시부터 13시까지며 월로는 5월(망종)에 속한다.

8) 미토未土 양: 천간의 己土의 성질을 지닌 음토로 절기는 여름이요 하루로는 13시부터 15시까지며 월로는 6월(소서)에 속한다.

9) 신금申金 원숭이: 천간의 庚金의 성질을 가진 양금으로 초가을이요 하루로는 15시부터 17시까지며 월로는 7월(입추)에 속한다.

10) 유금酉金 닭: 천간의 辛金의 성질을 가진 음금으로 가을이요 하루로는 17시부터 19시까지며월로는 8월(백로)에 속한다.

11) 술토戌土 개: 천간의 무토의 성질을 가진 것으로 보나 사막의 흙으로 사토인 양토로 가을이요 하루로는 19시부터 21시까지며 월로는 9월(한로)에 속한다.

12) 해수亥水 돼지: 천간의 壬水의 성질을 가진 양수로 초겨울이요 하루로는 21시부터 23시까지며 월로는 10월(입동)에 속한다.

단. 우리나라 표준시는 일본을 기준으로 하기 때문에 일본과는 32분의 차이가 있어 정오가 12시가 아니고 12시 32분이 되는 것이다, 고로 32분을 추가하라.

[오행의 음과 양이 하늘(천간)에서 역할론은 아래 조견표와 같다.]

목木		화火		토土		금金		수水	
갑甲	을乙	병丙	정丁	무戊	기己	경庚	신辛	임壬	계癸
양	음	양	음	양	음	양	음	양	음

甲은 양목, 乙은 음목으로 양과 음으로 나누어진다. 타 오행도 상기의 조견표와 같다.

[오행의 음과 양이 땅(지지)에서 역할론은 아래 조견표와 같다.]

목木		화火		토土				금金		수水	
인寅	묘卯	사巳	오午	진辰	술戌	축丑	미未	신申	유酉	해亥	자子
양	음	양	음	양	양	음	음	양	음	양	음

木중에 寅木은 양목이요 卯木은 음목으로 양과 음으로 나누어진다. 타 오행도 상기 조견표와 같다.

7. 60갑자(60甲子)

60갑자는 천(하늘)과 지(땅)의 조합을 말한다. 천간天干은 갑甲 을乙 병丙 정丁 무戊 기己 경庚 신辛 임壬 계癸로 10간이다.

지지地支는 자子 축丑 인寅 묘卯 진辰 사巳 오午 미未 신申 유酉 술戌 해亥로 12지지다.

천간天干과 지지地支의 조합은 순서대로 갑자甲子 을축乙丑 병인丙寅 정묘丁卯 무진戊辰 기사己巳 경오庚午 신미辛未 임신壬申 계유癸酉로 짝을 이루다 보면 지지의 술해戌亥가 짝이 없다.

그러면 천간天干의 갑甲이 지지地支의 남은 술戌과 다시 짝을 이루어 갑술甲戌 을해乙亥 병자丙子.............로 이어 나가면 60개의 짝이 끝나면 다시 원위치로 갑자甲子부터 시작하게 된다.

이것을 이름하여 60갑자라 한다.

년주年柱도 60개요 월주月柱도 60개고 일주日柱도 60개며 시주時柱도 60개다. 동양에서는 60갑자를 궁합. 결혼날. 개업일. 이사일을 잡을 때 길일을 선택한다.

[60갑자는 아래와 같다.]

甲子	乙丑	丙寅	丁卯	戊辰	己巳	庚午	辛未	壬申	癸酉
甲戌	乙亥	丙子	丁丑	戊寅	己卯	庚辰	辛巳	壬午	癸未
甲申	乙酉	丙戌	丁亥	戊子	己丑	庚寅	辛卯	壬辰	癸巳
甲午	乙未	丙申	丁酉	戊戌	己亥	庚子	辛丑	壬寅	癸卯
甲辰	乙巳	丙午	丁未	戊申	己酉	庚戌	辛亥	壬子	癸丑
甲寅	乙卯	丙辰	丁巳	戊午	己未	庚申	辛酉	壬戌	癸亥

제2장 오행(五行)의 역할

1. 오행(五行)의 생(生)

목생화 木生火, 화생토 火生土, 토생금 土生金, 금생수 金生水, 수생목 水生木

목木은 화火를, 화火는 토土를, 토土는 금金을, 금金은 수水를, 수水는 목木을, 일방적으로 도와준다는 것이다. 즉 나무가 불을 만들고, 불이 토를 만들고, 흙속에 광물이 있고, 광물 속에서 샘물이 나오고, 물은 나무를 기른다.

2. 오행(五行)의 극(剋)

목극토 木剋土, 토극수 土剋水, 수극화 水剋火, 화극금 火剋金, 금극목 金剋木

목木은 토土를, 토土는 수水를, 수水는 화火를, 화火는 금金을, 금金은 목木을 일방적으로 극剋(죽인다)을 한다. 즉 나무는 흙에서 영양을 빨아 먹고, 흙은 물을 빨아 먹고, 물은 불을 끄고, 불은 쇠를 녹이고, 쇠는 나무를 짜른다.

3. 오행의 합(合)

합이라는 것은 글자 그대로 합한다, 化合한다, 묶는다는 뜻이다. 오행의 2자가 또는 오행의 3자가 나란히 붙어 있을 때만 합을 이루게 된다.

갑기합甲己合: 토土	을경합乙庚合: 금金	병신합丙辛合: 수水
정임합丁壬合: 목木	무계합戊癸合: 화火	

1) 천간합 (天干合)

양간(남자)과 음간(여자)이 결혼해서 자식을 낫는 것과 같다. 천간의 합은 형이상학 즉 정신으로 음과 양의 화합을 말한다. 천간(10간)중에 5개의 양간陽干(甲 丙 戊 庚 壬)은 5계단의 자리에 있는 음간陰干(乙 丁 己 辛 癸)과 合을 아루어 부부가 되어 새로운 오행을 탄생 시킨다. 즉 甲木은 甲, 乙, 丙, 丁, 戊, 己, 庚, 辛, 壬, 癸의 10간 중에 갑목으로부터 6계단 자리의 己土와 甲己 합을 이룬다.

乙木은 乙木으로 부터 6계단 자리의 庚金과 乙庚합을 이룬다.

丙火는 丙火로 부터 6계단 자리의 辛金과 丙辛합을 이룬다.

丁火는 丁火로 부터 6계단 자리의 壬水와 丁壬합을 이룬다.

戊土는 戊土로 부터 6계단 자리의 癸水와 戊癸합을 이룬다.

일간이 년간과 합이 되면 부모 조상의 덕이 있다고 한다.

일간이 월간과 합이 되면 형제와 윗사람과 화합한다고 한다.

일간이 시간과 합이 되면 자손의 덕이 있고 수하 사람과 화합하게 된다고 한다.

이론에 지나치게 치우치지 말아야한다.

예)

癸	戊	乙	癸
亥	寅	卯	卯

일간 戊土가 시간 癸水와 戊癸합을 이룬다.

단, 년간 癸水와는 乙木이 가로 막아 합을 이루기가 힘들다.

예)

己	乙	庚	丙
卯	未	子	寅

2) 지지육합(地支六合)

자축합子丑合: 토土	인해합寅亥合: 목木	묘술합卯戌合: 화火
진유합辰酉合: 금金	사신합巳申合: 수水	오미합午未合: 없음

지지의 합은 형이하학적으로 육체로 음과 양의 합을 말한다. 여기서 음과 양이란 오행의 음양이 아니고 본태성의 음과 양을 말한다.

지지 6합이란 12지지 子, 丑, 寅, 卯, 辰, 巳, 午, 未, 申, 酉, 戌, 亥로 子丑을 기준으로 하여 子로부터 시계방향으로 순행시키고 丑으로 부터는 시계반대 방향으로 역행을 시켜 서로가 마주보게 되는 것이 남녀간의 합을 의미한다.

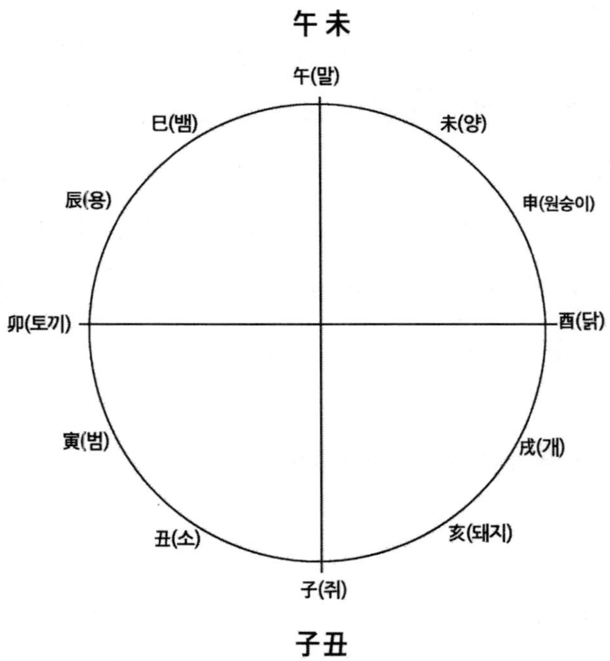

가. 생합(生合): 寅亥合 辰酉合 午未合

나. 극합(剋合): 卯戌合 巳申合 子丑合

生合은 寅木을 亥水가 水生木을 하면서 寅亥合을 이루고, 酉金을 辰土가 土生金을 하면서 辰酉合을 이루고, 未土를 午火가 火生土를 하면서 午未合을 이루는 것으로 有情之合(사랑하는 합)이라 한다.

剋合은 卯木이 戌土를 木剋土를 하면서 卯戌合을 이루고, 巳火가 申金을 火克金을 하면서 巳申合을 이루고, 丑土가 子水를 土克水 하면서 子丑合을 이루는 것으로 無情之合(적과의 동침)이라 한다. 지지합이 6개로 육합이라 한다. 단, 6합은 합으로 묶이니 반드시 기억하라.

예)

丁	甲	癸	癸
卯	寅	亥	亥

월지 亥水가 일지 寅木을 水生木 하면서 寅亥합을 이루니 生合이다.

예)

戊	丙	丁	丁
子	申	巳	未

월지 巳火가 일지 申金을 火克金 하면서 巳申합을 이루니 克合이다.

3) 지지삼합(地支三合)

해묘미합亥卯未合: 목국木局	**인오술합寅午戌合: 화국火局**
사유축합巳酉丑合: 금국金局	**신자진합申子辰合: 수국水局**

三合이란 서로의 성질이 다른 3개의 개체가 모여 연합하여 합을 이루니 그 힘이 막강하다.

亥卯未合에는 중간에 있는 地支 卯木을 중심으로 亥水와 未土가 木으로 변하고, 寅午戌合에는 중간에 있는 地支 午火을 중심으로 寅木과 戌土가 火로 변하고, 巳酉丑合에는 중간에 있는 地支 酉金을 중심으로 巳火와 丑土가 金으로 변하고, 申子辰合에는 중간에 있는 地支 子水를 중심으로 申金과 辰土가 水로 변한다.

3합은 가운데 글자가 중심地支로 힘이 뭉치는 것으로 그 힘이 막강하니 유념하라. 중심地支는 어느 한쪽 地支만 만나도 합이 되어 그 힘의 작용이 막강하다.

예를 들면 가운데 地支 卯木은 未土가 없어도 亥水를 만나면 亥卯로, 亥

水가 없어도 未土를 단나면 卯未로 木局이 되어 그 힘이 강하다. 가운데 地支 午火가 戌土가 없어도 寅木을 만나면 寅午로, 寅木이 없어도 戌土을 만나면 午戌로 火局이 되어 그 힘이 강하다. 가운데 地支 酉金이 巳火가 없어도 丑土를 만나면 酉丑으로, 丑土가 없어도 巳火를 만나면 巳酉로 金局이 되어 그 힘이 강하다. 가운데 地支 子水는 辰土가 없어도 申金을 만나면 申子로, 申金이 없어도 辰土를 만나면 子辰으로 水局이 되어 그 힘이 강하게 작용을 한다. 그런데 지지에 子水가 없고 申金과 辰土가 있을 때 가운데 글자 子水가 없으면 申金이라고 반합이라 하나 절대로 합을 이룰 수 없다. 반드시 기억하라.

예)

丁	戊	壬	壬
巳	辰	申	子

일지 辰土와 월지 申金과 월지 子水가 붙어 있으니 자연히 申子辰 水국으로 3합을 이룬다.

예)

戊	丙	丁	丁
子	申	巳	未

중심지지인 시지 子水가 辰土가 없어도 일지 申金을 만나니 申子 水국으로 합을 이룬다.

예)

丙	癸	戊	壬
辰	卯	申	辰

삼합의 중심 地支 子水가 없어 월지 申金과 년지 辰土가 합을 이루지 못한다.

4) 지지방합(地支方合)

인묘진寅卯辰: 목국木局	사오미巳午未: 화국火局
신유술申酉戌: 금국金局	해자축亥子丑: 수국水局

계절합으로 寅卯辰은 봄의 계절로 木 기운이 왕하다.

巳午未는 여름의 계절로 火 기운이 왕하다.

申酉戌은 가을의 계절로 金 기운이 왕하다.

亥子丑은 겨울의 계절로 水 기운이 왕하다.

사주의 형성에 따르는 것이니 10%만 참고하라.

丙	癸	甲	戊
辰	卯	寅	辰

지지에 寅卯辰이 봄철의 계절합으로 木旺절이라 한다.

4. 오행의 충(冲)

서로간 다투고 싸우는 것을 의미한다.

충이라는 것은 글자 그대로 충돌 파괴 쟁투 이탈 등 서로가 만나면 으르렁 대고 싸운다는 것이다. 오행의 2글자가 나란히 붙어 있을 때만 충을 이룬다. 양과 양의 충이고 음과 음의 충이다.

음과 양은 충이 안 된다. 강자가 충을 하면 약자는 견디기가 힘들다고 한다. 그러나 사주의 형성에 따라 충으로 크게 발복하는 예는 얼마든지 있으니 반드시 기억하라. 단, 이론에 현혹되지 마라.

1) 천간충(天干冲)

갑경충 甲庚冲	을신충 乙辛冲	병임충 丙壬冲	정계충 丁癸冲	무갑극 戊甲剋	계기극 癸己剋

甲木이 乙, 丙, 丁, 戊, 己, 庚....순서(자리)에서 7번째인 庚金과, 乙木의 자리에서 7번째인 辛金과, 丙火의 자리에서 7번째인 壬水와, 丁火의 자리에서 7번째인 癸水와, 戊土의 자리에서 7번째인 甲木과, 己土의 자리에서 7번째인 癸水와의 관계는 극을 하면서 충을 한다.

이상을 天干冲 또는 七살이라고도 하여 흉하다고 한다.

戊土와 甲木은, 己土와 癸水는 충이라 하지 않고 七殺이라고만 한다. 약한 쇠가 단단한 나무를 짜를 수가 없고, 약한 물로 활활 타는 불을 끌 수가 없고 적은 흙으로 큰물을 빨아 먹을 수가 없다. 고로 강자와 약자를 구분해야 한다.

일간과 년간과 충이 되면 선조 부모와 불화하게 되고 고향을 떠난다고 한다. 일간과 월간과 충을 하면 형제 이웃 윗사람과 불화한다고 한다. 일간과 시간과 충을 하면 자손과 불화하고 수하 사람과 쟁투가 많다고 한다.

사주의 구성을 잘 살피면 때에 따라서는 서로가 필요한 존재가 될 수도 있다. 그러나 사주의 형성에 따라 충으로 크게 발복하는 예는 얼마든지 있으니 반드시 기억하라.

단, 이론에 현혹되지 마라.

예)

丁	辛	乙	癸
酉	未	卯	未

일간 辛金과 월간 乙木과의 관계는 乙辛으로 乙辛 충을 한다.

예)

壬	丙	壬	庚
辰	子	午	申

일간 丙火가 월간 壬水와의 관계는 丙壬으로 丙壬 충을 한다.

또한 시간 壬水와도 丙壬 충을 한다.

2) 지지충(地支冲)

자오충 子午冲	축미충 丑未冲	인신충 寅申冲	묘유충 卯酉冲	진술충 辰戌冲	사해충 巳亥冲

地支의 충이 6개라하여 6충이라고도 한다.

12지지 방위도로 대각선(마주봄)이 충이되며 아주 흉하다고 한다.

그러나 합을 이루었을 때 충을 받으면 활동의 무대가 활발해지는 수도 많으니 이론에 현혹되지 마라.

子午 충은 子水가 午火를 水克 火로 일방적으로 극을 할 것 같으나 약한 水가 왕한 불을 만나면 물이 오히려 말라 없어지게 된다.

丑未 충은 土와 土의 충으로 붕충(崩冲)이라 하여 땅이 함몰 된다고 한다.

寅申 충은 申金이 寅木을 金克木으로 일방적으로 극을 할 것 같으나, 쇠가 약하면 강한 나무를 짜르려다 쇠가 부러지게 된다. 반드시 기억하라.

예)

丁	丁	辛	辛
未	酉	卯	酉

일지 酉金과 월지 卯木이 卯酉 충을 한다. 또한 월지 卯木이 년지 酉金과 卯酉 충을 한다.

예)

壬	丙	壬	庚
辰	子	午	申

일지 子水와 월자 午火가 子午 충을 한다.

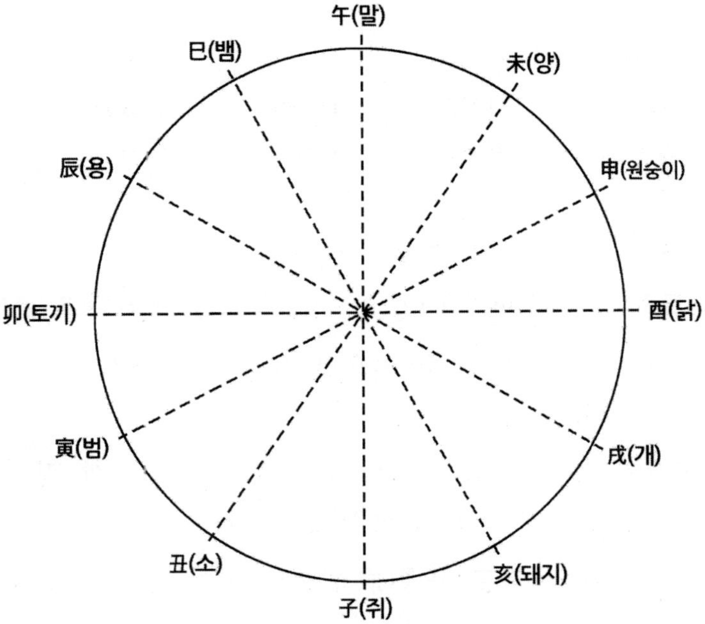

5. 오행(五行)의 왕과 쇠(旺과 衰)

모든 생명체는 힘이 생길 때가 있고 힘이 빠질 때가 있듯이 오행도 왕성할 때와 쇠약 할 때가 있다.

오행의 왕旺(강强)과 쇠衰(약弱)는 계절의 변화에 따른다.

	겨울	봄	여름	가을
木	왕(수생목)	태왕 (목왕절)	약(목생화)	태약 (금극목)
火	태약(수극화)	왕(목생화)	태왕(화왕절)	약
土	약 (수극화)	태약(목극토)	왕(화생토)	약
金	약(금생수)	약	태약 (화극금)	태왕(금왕절)
水	태왕(수왕절)	약(수생목)	태약	왕(금생수)

1) 목(木)

목이 겨울철을 만나면 땅이 꽁꽁 얼어 벌벌 떨고 있으나, 겨울은 水가 왕한 계절로 水生木으로 水의 보호를 받아 힘을 저축하여 봄철을 기다린다.

봄철이 되면 파릇파릇 잎이 나고 꽃이 피어 뻗어가는 木의 계절이니 태왕하다.

여름철에는 성장이 멈추고 木生火로 木의 힘을 빼가는 계절이니 약해진다. 가을철에는 잎이 떨어지는 金旺절로 金克木을 당하여 사지에 들어가게 되니 죽을 지경이다. 辰, 戌, 丑, 未月에는 木剋土를 해야 하니 힘이 빠져 약해진다.

2) 화(火)

화火가 봄철을 만나면 봄철은 목木의 계절로 木生火로 木의 보호를 받아 힘이 생겨 여름철을 기다리고, 여름철에는 태양이 이글거리는 火의 계절이니 태왕하다.

가을철에는 金왕절에 火克金을 해야 하니 힘을 써서 약해지고 겨울철에는 水왕절로 水剋火를 당하여 死地에 들어가게 되니 죽을 지경이다. 辰, 戌, 丑, 未月에는 火生土를 하려니 힘이 빠져 약해진다.

3) 토(土)

土가 여름철을 만나면 여름철은 火의 계절로 화생토火生土로 火의 보호를 받아 힘이 생기고, 辰, 戌, 丑, 未月은 土의 계절이니 태왕하다.

가을철에는 금왕절로 土生金을 하려니 힘이 빠져 약해지고 겨울철에는 수왕절에 토극수해야 하니 힘을 써서 약해지고 봄철에는 목왕절로 목극토를 당하여 사지에 들어가게 되니 죽을 지경이다.

4) 금(金)

金이 辰, 戌, 丑, 未月에는 土生金으로 土의 보호를 받아 힘이 생기고, 가을철에는 金의 계절로 태왕하다.

겨울철에는 水왕절로 금생수를 하려니 힘이 빠져 약해지고, 봄철에는 木왕절로 금극목을 하려니 힘을 써서 약해지고, 여름철에는 火왕절로 화극금을 당하여 사지에 들어가게 되니 죽을 지경이다.

5) 수(水)

水가 가을철에는 金왕절로 금생수로 보호를 받아 힘이 생겨 겨울을 기다리며, 겨울철에는 水의 계절로 태왕하다.

봄철에는 水生木을 하려니 힘이 빠져 약해지고 여름철에는 水剋火를 해야 하니 힘을 써서 약해진다. 辰, 戌, 丑, 未월에는 토극수를 당하여 사지에 들어가게 되니 죽을 지경이다.

6. 한습조열(寒濕燥熱)

목木, 화火, 토土, 금金, 수水 5행중의 차고 습한 것을 한습이라 한다. 덥고 건조한 것을 조열이라 한다. **한습한 오행五行**: 천간天干에는 경庚, 신辛, 임壬, 계癸이고 지지地支에는 자子, 축丑, 묘卯, 신申, 유酉, 해亥이다.

조열한 五行: 천간天干에는 갑甲, 을乙, 병丙, 정丁, 무戊이고 지지地支에는 인寅, 사巳, 오午, 미未, 술戌이다.

사주풀이를 할 때는 언제나 일간日干을 기준으로 한다. 日干인 나를 기준으로 하여 년주年柱 월주月柱 일주日支 시주時柱와의 관계를 대조하여 표출하는 것으로 사주풀이에는 절대적이니 반드시 기억하라.

1) 한습사주

예)

丁	己	壬	壬
卯	亥	子	辰

추운 겨울철로 월지月支 자수子水와 년지年支 진토辰土가 자진수국(子辰水局)을 이루니 정화丁火가 전혀 힘을 못쓴다.

일간日干(본인) 기토己土는 밭의 흙으로 씨앗이 싹이 터서 곡식이 잘 자라야 하는데 겨울 토土로 땅이 꽁꽁 얼었으니 화火(불)를 만나야 흙이 녹아 밭의 역할을 할 수 있는 것이다.

2) 조열사주

예)

己	甲	庚	丁
巳	午	戌	亥

술토戌土가 사토死土로 오술화국(午戌火局)으로 3합이 되고 사시巳時로

해수亥水가 전혀 힘을 못 쓴다.

일간 갑목甲木(본인)은 대목大木으로 땅이 바삭바삭 말라 습기가 전혀 없어 뿌리를 내릴 수 없으니 수水(물)를 만나야 땅이 축축하여 갑목甲木이 뿌리를 내릴 수가 있다.

7. 오운(五運)과 육기(六氣)

1) 오운

天干의 상극관계로 오행의 중심인 土에서 비롯하여, 己土에서 시작된다.

양간이 음간을 克을 하면서 合을 이루는 것으로 財와 官의 합으로 化氣五行(부부합)을 말한다. 甲己合化土, 乙庚合化金, 丙辛合化水, 丁壬合化木, 戊癸合化火로서 토생금 금생수 수생목 목생화 화생토의 순서로 오행이 진행된다.

2) 오운의 주운(主運)과 객운(客運)

오운은 1년을 단위로 하여 운을 다섯으로 나누어 분류하고, 대한을 기점으로하여 1년을 5운으로 나누면 아래와 같다.

365 4분의일(360도)=1년

360도 나누기 5운=72도

0도-72도	초운(대한-청명 전 3도)	木운
72도-144도	2운(청명 전 3도- 하지 전 6도)	火운
144도-216도	3운(하지 전 6도- 처서 후 6도)	土운
216도-288도	4운(처서 후6도-입동 후 3도)	金운
288도-360도	5운(입동 후 3도-대한)	水운

이상을 主運이라 한다.

해가 바뀜에 따라 초운의 흐름의 순서가 바뀌는 것을 객운이라 한다. 즉 甲己년에는 초운이 土운, 청명 전 3일에 2운이 金운, 하지 전 6일에 3운이 水운, 처서 후 6일에 4운이 木운, 입동 후 3일에 5운이 火운으로 土金水木火운이 순서로 진행된다.

乙庚년에는 金水木火土운으로, 丙辛년에는 水木火土金운으로, 丁壬년에는 木火土金水운으로 운의 흐름이 바뀐다.

3) 육기란

12지지의 상충의 氣가 충을 이루며 변화된 기운을 말한다.

육기는 1년 단위로 氣를 6기로 나누어 분류하고 대한을 기점으로 60도씩 나누어진다. 절입시는 시, 분, 초까지도 따저야 한다..

1년을 6기로 나누면 아래와 같다.

1년=365일과 4분의1일(360도)나누기 60도

0도-60도	초기(대한-춘분)	木기
60도-120도	2기(춘분-소만)	상화기
120도-180도	3기(소만-대서)	상화기
180도-240도	4기(대서-추분)	土기
240도-300도	5기(추분-소서)	金기
300도-360도	6기(소서-대한)	水기

4)육기의 주기와 객기

일년단위로 오행의 기운이 木의 기운으로 시작하여 순서대로 대한일부터 초기가 木氣, 춘분일부터 소만일 까지 2기와 3기로 火氣, 대서일부터 4기로 土氣, 추분일부터 5기로 金氣, 소설일부터 6기로 水氣의 순으로 흘러가는 것을 主氣라 한다.

주기의 순서가 바뀌는 것을 객기라 한다. 매년마다 60갑자의 태세에 따라 寅申년에는 초기가 火로, 卯酉년에는 土로, 辰戌년에는 相火로, 巳亥년에는 金으로부터 초기가 시작된다.

제3장 지지(地支)의 형살(刑殺)

1. 삼형살(三刑殺)

인사신(寅巳申): 무은지형(無恩之刑)

인사신 삼형살은 무은지형이라 하여 성질이 냉혹 포악하고 배신을 잘 한다고 한다.

축술미(丑戌未): 지세지형(持世之刑)

축술미 삼형살은 이 형살을 지세지형이라하여 저돌적이고 고집불통이고 비굴하다고 한다.

년지와 월지가 만나게 되면 부모와 형제와 윗사람과 불화하게 된다.

일지와 시지가 만나게 되면 자손이 포악하며 불화하게 된다.

2글자만 있어도 작용을 한다.

특히 일지와 월지가 巳申이 되면 官災數와 수술을 조심해야 한다.

사주의 형성에 따라 다르나 반드시 기억하라.

예)

辛	庚	丙	甲
巳	申	寅	戌

월지 寅木과 일지 申金과 시지 巳火가 寅巳申으로 삼형살이 된다.

예)

癸	戊	丁	丁
丑	戌	未	酉

일지 戌土가 월지 未土와 시지 丑土가 丑戌未로 삼형살이 된다.

2. 상형살(相刑殺)

자묘(子卯): 무례지형(無禮之刑)

子卯 상형살은 이 형살을 무례지형이라 하여 예의가 없고 성질이 횡폭하고 윗사람과 불화가 있다고 한다. 반드시 기억하라.

년지가 월지와 만나게 되면 선조나 부모 형제가 형액을 당한다고 한다.

일지가 시지를 만나게 되면 배우자와 자식과 불화하게 된다.

망신수를 조심해야 한다. 사주의 형성에 따라 다르나 반드시 기억하라.

예)

己	甲	乙	癸
巳	子	卯	未

일지 子水와 월지 卯木이 子卯로 상형살을 이룬다.

3. 자형살(自刑殺)

진진(辰辰), 오오(午午), 유유(酉酉). 해해(亥亥)

辰辰 午午 酉酉 亥亥의 자형이 되면 일관성이 부족하고 자립정신이 없고 인내심이 없다고 한다. 사주의 형성에 따라 다르다. 그러나 알고 넘어가라.

예)

丙	甲	戊	己
寅	辰	辰	未

일지 辰土가 월지 辰土와 辰辰으로 자형살이 된다.

예)

丙	辛	辛	壬
申	亥	亥	辰

일지 亥水와 월지 亥水와 亥亥로 자형살이 된다.

4. 원진살(怨嗔殺)

자미 (子未)	축오 (丑午)	인유 (寅酉)	묘신 (卯申)	진해 (辰亥)	사술 (巳戌)

원진살은 살아가는 동안 불화 반목 불평 불만이 떠나지 않고 신경질적이다.

가. 월지와 년지에 있으면 선조 부모 국가와 불화하게 된다.

나. 일지와 월지에 있으면 형제 배우자 사회와 불화하고 원망하며 살아간다.

다. 일지와 시지에 있으면 배우자와 자식과 불화가 있게 된다.

라. 일지에 丑午나 辰亥가 되면 여명은 부부간 해로가 힘들다고 한다.

예)

丙	癸	戊	壬
辰	卯	申	辰

일지 卯木과 월지 申金과 卯申으로 원진살이 된다.

예)

戊	壬	辛	丙
申	午	丑	戌

일지 午火와 월지 丑土가 午丑으로 丑午가 원진살이 된다.

일지 巳火와 시지 戌土와 巳戌이 원진살이 된다.

5. 파살(破殺)

자유(子酉) 오묘(午卯) 인해(寅亥) 신사(申巳) 축진(丑辰) 미술(未戌)

파살이 6개로 6파살이라고도 한다. 파살은 파괴 붕괴 불목 이탈 등 좋지 않은 일이 발생한다고 한다. 파살은 일지가 년지을 파하면 부모와 인연이 나쁘고, 일지가 월지를 파하면 처궁이 나쁘고, 일지를 파하면 본인과 처와 인연이 나쁘고, 시지를 파하면 노후가 힘들다고 한다. 참고만 하라.

예)

癸	癸	戊	庚
亥	酉	子	戌

일지 酉金과 월지 子水로 子酉가 파살이 된다.

6. 해살(害殺)

자미(子未) 축오(丑午) 인사(寅巳) 해신(亥申) 묘진(卯辰) 술유(戌酉)

해살이 6개로 6해살이라고도 한다. 해살은 질병 파괴 불미스런 일이 있다고 한다. 일지와 월지가 해살이 되면 변동이 심하다고하며 일지와 시지가 해살이 되면 말년에 고독하다고 한다. 참고만 하라.

예)

壬	乙	丁	乙
午	丑	亥	未

일지 丑土와 시지 午火가 丑午로 해살이 된다.

제4장 육신, 육친(六神, 六親)

육신과 육친을 혼돈하지 말고 명확히 구분해야 한다. 육신은 일간(본인)과 타 오행과의 관계의 생극제화(生剋制化)로 구별한 것으로 정인, 편인, 겁재. 비견, 상관, 식신. 정재, 편재. 정관, 편관으로 그 관계를 6신으로 구분을 한다. 일명 10신이라고도 하며 진정한 의미에서 혈친(血親)의 관계는 아니다.

육친은 일간(본인)이 년주 월주 일지 시주에 따라서 혈연(血緣)관계를 배속시킨 자리로 년주는 부모자리요. 월주는 형제 자매자리요, 일지는 배우자자리요. 시주는 자식자리로 혈연관계의 자리로 본다. 동양사상은 철저한 자리사상이다.

1. 인수(印授)

생아자(生我者)를 父라 한다.

나를 생(生)해 주는 오행을 인수라 한다.

인수(부모)는 본인을 낳아 길러 준 자로 부모 스승 윗사람 등을 말한다.

1) 甲寅木 또는 乙卯木이라면 木을 생(生)하는 것(水生木)으로 天干의 壬水와 癸水며 地支의 亥水와 子水가 木의 인수(부모)가 된다.

2) 丙巳火 또는 丁午火라면 火를 생하는 것(木生火)으로 천간의 甲木과 乙木이며 地支의 寅木과 卯木이 인수(부모))가 된다.

3) 戊辰戌土 또는 己丑未土라면 土를 생하는 것(火生土)으로 천간의 丙火와 丁火이며 地支의 巳火와 午火가 인수(부모)가 된다.

4) 庚申金 또는 辛酉金이라면 金을 생하는 것(土生金)으로 천간의 戊土와 己土이며 地支의 辰土와 戌土와 丑土와 未土가 인수(부모)가 된다.

5) 壬亥水 또는 癸子水라면 水를 생하는 것(金生水)으로 천간의 庚金과 辛金이며 地支의 申金과 酉金이 인수(부모가) 된다.

인수는 편인과 정인으로 나눈다.

가. 편인(偏印)

계모 서모를 편인이라 한다. 양과 양이 만났을 때와 음과 음이 만났을 때를 편인이라 한다.

(1) 甲寅木이라면 甲寅(양목)을 水生木으로 음양이 같은 天干의 壬水(양수)와 地支의 亥水(양수)가 편인이 된다.

(2) 乙卯木이라면 乙卯(음목)을 水生木으로 음양이 같은 天干의 癸水(음수)와 地支의 子水(음수)가 편인이 된다.

(3) 丙巳火라면 丙巳(양화)를 木生火로 음양이 같은 天干의 甲木(양목)과 地支의 寅木(양목)이 편인이 된다.

(4) 丁午火라면 丁午(음화)를 木生火로 음양이 같은 天干의 乙木(음목)과 地支의 卯木(음목)이 편인이 된다.

(5) 戊辰戌土라면 戊辰戌(양토)을 火生土로 음양이 같은 天干의 丙火(양화)와 地支의 巳火(양화)가 편인이 된다.

(6) 己丑未土라면 己丑未(음토)를 火生土로 음양이 같은 天干의 丁火(음화)와 地支의 午火(음화)가 편인이 된다.

(7) 庚申金이라면 庚申(양금)을 土生金으로 음양이 같은 天干의 戊土(양토)와 地支의 辰土와 戌土(양토)가 편인이 된다.

(8) 辛酉金이라면 辛酉(음금)을 土生金으로 음양이 같은 天干의 己土(음토)와 地支의 丑土와 未土(음토)가 편인이 된다.

(9) 壬亥水라면 壬亥(양수)를 金生水로 음양이 같은 天干의 庚金(양금)과 地支의 申金(양금)이 편인이 된다.

(10) 癸子水라면 癸子(음수)를 金生水로 음양이 같은 天干의 辛金(음금)과 地支의 酉金(음금)이 편인이 된다.

나. 정인(正印)

正母로 친 어머니를 정인이라 한다. 양과 음이 만났을 때와 음과 양이 만났을 때를 정인이라 한다.

(1) 甲寅木 이라면 甲寅(양목)을 水生木으로 음양이 다른 天干 癸水(음수)와 地支子水(음수)가 정인이 된다.

(2) 乙卯木이라면 乙卯(음목)을 水生木으로 음양이 다른 天干의 壬水(양수)와 地支의 亥水(양수)가 정인이 된다.

(3) 丙巳火라면 丙巳(양화)를 木生火로 음양이 다른 天干의 乙木(음목)과 地支의 卯木(음목)이 정인이 된다.

(4) 丁午火라면 丁午(음화)를 木生火로 음양이 다른 천간의 甲木(양목)과 地支의 寅木(양목)이 정인이 된다.

(5) 戊辰戌土라면 戊辰戌(양토)을 火生土로 음양이 다른 天干의 丁火(음화)와 地支의 午火(음화)가 정인이 된다.

(6) 己丑未土라면 己丑未(음토)를 火生土로 음양이 다른 天干의 丙火(양화)와 地支의 巳火(양화)가 정인이 된다.

(7) 庚申金이라면 庚申(양금)을 土生金으로 음양이 다른 天干의 己土(음토)와 지지의 丑土(음토)와 未土(음토)가 정인이 된다.

(8) 辛酉金이라면 辛酉(음금)을 土生金으로 음양이 다른 天干의 戊土(양토)와 地支의 辰土(양토)와 戌土(양토)가 정인이 된다.

(9) 壬亥水라면 壬亥(양수)를 金生水로 음양이 다른 天干의 辛金(음금)과 地支의 酉金(음금)이 정인이 된다.

(10) 癸子水라면 癸子(음수)를 金生水로 음양이 다른 天干의 庚金(양금)과 地支의 申金(양금)이 정인이 된다.

2. 비견겁(比肩劫 양인과 건록)

비아자(比我者)로 兄이라 한다.

나와 같은 오행을 비겁이라 한다.

본인과 동등한 위치로 형제자매 이복형제 친구 등을 말한다.

1) 甲寅木 또는 乙卯木이라면 같은 木으로 天干의 甲木과 乙木이며 地支의

寅木과 卯木이 木의 비견겁(형제)이 된다.

2) 丙巳火 또는 丁午火라면 같은 火로 天干의 丙火와 丁火이며 地支의 巳火와 午火가 비견겁(형제)이 된다.

3) 戊辰戌土 또는 己丑未土라면 같은 土로 天干의 戊土와 己土이며 地支의 辰土와 戌土와 丑土와 未土가 비견겁(형제)이 된다.

4) 庚申金 또는 辛酉金이라면 같은 金으로 天干의 庚金과 辛金이며 地支의 申金과 酉金이 비견겁(형제)이 된다.

5) 壬亥水 또는 癸子水라면 같은 水로 천간의 壬水와 癸水며 地支의 亥水와 子水가 비견겁(형제)이 된다.

비견겁은 비견과 겁재로 나눈다.

가. 비견(比肩)

친형제를 비견이라 한다. 양과 양이 만났을 때와 음과 음이 만났을 때를 비견이라 한다.

(1) 甲寅木 이라면 甲寅(양목)과 같은 木으로 음양이 같은 天干의 甲木(양목)과 地支의 寅木(양목)이 비견이 된다.

(2) 乙卯木이라면 乙卯(음목)과 같은 木으로 음양이 같은 天干의 乙木(음목)과 地支의 卯木(음목)이 비견이 된다.

(3) 丙巳火라면 丙巳(양화)와 같은 火로 음양이 같은 天干의 丙火(양화)와 地支의 巳火(양화)가 비견이 된다.

(4) 丁午火라면 丁午(음화)와 같은 火로 음양이 같은 天干의 丁火(음화)와 地支의 午火(음화)가 비견이 된다.

(5) 戊辰戌土라면 戊辰戌(양토)과 같은 土로 음양이 같은 天干의 戊土(양토)와 地支의 辰土(양토)와 戌土(양토)가 비견이 된다.

(6) 己丑未土라면 己丑未(음토)와 같은 土로 음양이 같은 天干의 己土(음토)와 地支의 丑土(음토)와 未土(음토)가 비견이 된다.

(7) 庚申金이라면 庚申(양금)과 같은 金으로 음양이 같은 天干의 庚金(양금)과 地支의 申金(양금)이 비견이 된다.

(8) 辛酉金이라면 辛酉(음금)와 같은 金으로 음양이 같은 天干의 辛金(음

금)과 地支의 酉金(음금)이 비견이 된다.

(9) 壬亥水라면 壬亥(양수)와 같은 水로 음양이 같은 天干의 壬水(양수)와 地支의 亥水(양수)가 비견이 된다.

(10) 癸子水라면 癸子(음수)와 같은 水로 음양이 같은 天干의 癸水(음수)와 地支의 子水(음수)가 비견이 된다.

나. 겁재(劫財)

이복형제를 겁재라 한다. 양과 음이 만났을 때와 음과 양이 만났을 때를 겁재라 한다.

(1) 甲寅木이라면 甲寅(양목)과 같은 木으로 음과 양이 다른 天干의 乙木(음목)과 地支의 卯木(음목)이 겁재가 된다.

(2) 乙卯木이라면 乙卯(음목)과 같은 木으로 음과 양이 다른 天干의 甲木(양목)과 地支의 寅木(양목)이 겁재가 된다.

(3) 丙巳火라면 丙巳(양화)와 같은 火로 음과 양이 다른 天干의 丁火(음화)와 地支의 午火(음화)가 겁재가 된다.

(4) 丁午火라면 丁午(음화)와 같은 火로 음과 양이 다른 天干의 丙火(양화)와 地支의 巳火(양화)가 겁재가 된다.

(5) 戊辰戌土라면 戊辰戌(양토)와 같은 土로 음과 양이 다른 天干의 己土(음토)와 地支의 丑土(음토)와 未土(음토)가 겁재가 된다.

(6) 己丑未土라면 己丑未(음토)와 같은 土로 음과 양이 다른 天干의 戊土(양토)와 地支의 辰土(양토)와 戌土(양토)가 겁재가 된다.

(7) 庚申金이라면 庚申(양금)과 같은 金으로 음과 양이 다른 天干의 辛金(음금)과 地支의 酉金(음금)이 겁재가 된다.

(8) 辛酉金이라면 辛酉(음금)와 같은 金으로 음과 양이 다른 天干의 庚金(양금)과 地支의 申金(양금)이 겁재가 된다.

(9) 壬亥水라면 壬亥(양수)와 같은 水로 음과 양이 다른 天干의 癸水(음수)와 地支의 子水(음수)를 겁재라 된다.

(10) 癸子水라면 癸子(음수)와 같은 水로 음과 양이 다른 天干의 壬水(양수)와 地支의 亥水(양수)를 겁재가 된다.

3. 식상(食傷)

아생자(我生子)로 손(孫)이라 한다.

내가 사랑(생)하는 오행을 식상이라 한다.

본인이 낳은 자로 자식 학생 종업원 등을 말한다.

1) 甲寅木 또는 乙卯木이라면 木生火로 天干의 丙火와 丁火며 地支의 巳火와 午火가 식상이 된다.

2) 丙巳火 또는 丁午火라면 火生土로 天干의 戊土와 己土며 地支의 辰土와 戌土와 丑土와 未土가 식상이 된다.

3) 戊辰戌土 또는 己丑未土라면 土生金으로 天干의 庚金과 辛金이며 地支의 申金과 酉金이 식상이 된다.

4) 庚申金 또는 辛酉金이라면 金生水로 天干의 壬水와 癸水며 地支의 亥水와 子水가 식상이 된다.

5) 壬亥水 또는 癸子水라면 水生木으로 天干의 甲木과 乙木이며 地支의 寅木과 卯木이 식상이 된다.

식상은 식신과 상관으로 나눈다.

가. 식신(食神)

친자식을 식신이라 한다. 양과 양이 만났을 때와 음과 음이 만났을 때를 식신이라 한다.

(1) 甲寅木이라면 甲寅(양목)이 木生火로 음양이 같은 天干의 丙火(양화)와 地支의 巳火(양화)가 식신이 된다.

(2) 乙卯木이라면 乙卯(음목)이 木生火로 음양이 같은 天干의 丁火(음화)와 地支의 午火(음화)가 식신이 된다.

(3) 丙巳火라면 丙巳(양화)가 火生土로 음과 양이 같은 天干의 戊土(양토)와 地支의 辰土(양토)와 戌土(양토)가 식신이 된다.

(4) 丁午火라면 丁午(음화)가 火生土로 음과 양이 같은 天干의 己土(음토)와 地支의 丑土(음토)와 未土(음토)가 식신이 된다.

(5) 戊辰戌土라면 戊辰戌(양토)가 土生金으로 음과 양이 같은 天干의 庚金(양금)과 地支의 申金(양금)이 식신이 된다.

(6) 己丑未土라면 己丑未(음토)가 土生金으로 음과 양이 같은 天干의 辛金(음금)과 地支의 酉金(음금)이 식신이 된다.

(7) 庚申金이라면 庚申(양금)이 金生水로 음과 양이 같은 天干의 壬水(양수)와 地支의 亥水(양수)가 식신이 된다.

(8) 辛酉金이라면 辛酉(음금)이 金生水로 음과 양이 같은 天干의 癸水(음수)와 地支의 子水(음수)가 식신이 된다.

(9) 壬亥水라면 壬亥(양수)가 水生木으로 음과 양이 같은 天干의 甲木(양목)과 地支의 寅木(양목)이 식신이 된다.

(10) 癸子水라면 癸子(음수)가 水生木으로 음과 양이 같은 天干의 乙木(음목)과 地支의 卯木(음목)이 식신이 된다.

나. 상관(傷官)

의붓자식을 상관이라 한다. 양과 음이 만났을 때와 음과 양이 만났을 때를 상관이라 한다.

(1) 甲寅木이라면 甲寅(양목)이 木生火로 음양이 다른 天干의 丁火(음화)와 地支의 午火(음화)가 상관이 된다.

(2) 乙卯木이라면 乙卯(음목)이 木生火로 음양이 다른 天干의 丙火(양화)와 地支의 巳火(양화)가 상관이 된다.

(3) 丙巳火라면 丙巳(양화)가 火生土로 음과 양이 다른 天干의 己土(음토)와 地支의 丑土(음토)와 未土(음토)가 상관이 된다.

(4) 丁午火라면 丁午(음화)가 火生土로 음과 양이 다른 天干의 戊土(양토)와 地支의 辰土(양토)와 戌土(양토)가 상관이 된다.

(5) 戊辰戌土라면 戊辰戌(양토)가 土生金으로 음과 양이 다른 天干의 辛金(음금)과 地支의 酉金(음금)이 상관이 된다.

(6) 己丑未土라면 己丑未(음토)가 土生金으로 음과 양이 다른 天干의 庚金(양금)과 地支의 申金(양금)이 상관이 된다.

(7) 庚申金이라면 庚申(양금)이 金生水로 음과 양이 다른 天干의 癸水(음

수)와 地支의 子水(음수)가 상관이 된다.

(8) 辛酉金이라면 辛酉(음금)가 金生水로 음과 양이 다른 天干의 壬水(양수)와 地支의 亥水(양수)가 상관이 된다.

(9) 壬亥水라면 壬亥(양수)가 水生木으로 음과 양이 다른 天干의 乙木(음목)과 地支의 卯木(음목)이 상관이 된다.

(10) 癸子水라면 癸子(음수)가 水生木으로 음과 양이 다른 天干의 甲木(양목)과 地支의 寅木(양목)이 상관이 된다.

4. 재(財)

아극자(我剋者)로 財라한다.

내가 미워(극)하는 오행을 財라 한다.

본인이 극을 하는 자로 본인이 주도권을 잡고 지배 할 수 있는 처(재물)을 말한다.

1) 甲寅木 또는 乙卯木이라면 木克土로 天干의 戊土와 己土며 지지의 辰土와 戌土와 丑土와 未土가 재가 된다.

2) 丙巳火 또는 丁午火라면 火克金으로 天干의 庚金과 辛金이며 地支의 申金과 酉金이 재가 된다.

3) 戊辰戌土 또는 己丑未土라면 土克水로 天干의 壬水와 癸水이며 地支의 亥水와 子水가 재가 된다.

4) 庚申金 또는 辛酉金이라면 金克木으로 天干의 甲木과 乙木이며 地支의 寅木과 卯木이 재가 된다.

5) 壬亥水 또는 癸子水라면 水克火로 天干의 丙火와 丁火며 地支의 巳火와 午火가 재가 된다

재는 편재와 정재로 나눈다.

가. 편재(偏財)

본인이 남자 일 때는 애인으로 양과 양이 만났을 때와 음과 음이 만났을 때를 편재라 한다.

(1) 甲寅木이라면 甲寅(양목)이 木克土로 음양이 같은 天干의 戊土(양토)와 地支의 辰土(양토)와 戌土(양토)가 편재가 된다.

(2) 乙卯木이라면 乙卯(음목)이 木克土로 음양이 같은 天干의 己土(음토)와 地支의 丑土(음토)와 未土(음토)가 편재가 된다.

(3) 丙巳火라면 丙巳(양화)가 火克金으로 음과 양이 같은 天干의 庚金(양금)과 地支의 申金(양금)이 편재가 된다.

(4) 丁午火라면 丁午(음화)가 火克金으로 음과 양이 같은 天干의 辛金(음금)과 地支의 酉金(음금)이 편재가 된다.

(5) 戊辰戌土라면 戊辰戌(양토)가 土克水로 음과 양이 같은 天干의 壬水(양수)와 地支의 亥水(양수)가 편재가 된다.

(6) 己丑未土라면 己丑未(음토)가 土克水로 음과 양이 같은 天干의 癸水(음수)와 地支의 子水(음수)가 편재가 된다.

(7) 庚申金이라면 庚申(양금)이 金克木으로 음과 양이 같은 天干의 甲木(양목)과 지지의 寅木(양목)이 편재가 된다.

(8) 辛酉金이라면 辛酉(음금)이 金克木으로 음과 양이 같은 天干의 乙木(음목)과 地支의 卯木(음목)이 편재가 된다.

(9) 壬亥水라면 壬亥(양수)가 水克火로 음과 양이 같은 天干의 丙火(양화)와 지지의 巳火(양화)가 편재가 된다.

(10) 癸子水라면 癸子(음수)가 水克火로 음과 양이 같은 천간의 丁火(음화)와 지지의 午火(음화)가 편재가 된다.

나. 정재(正財)

본인이 남자 일 때는 본처로 양과 음이 만났을 때와 음과 양이 만났을 때를 정재라 한다.

(1) 甲寅木이라면 甲寅(양목)이 木克土로 음양이 다른 天干의 己土(음토))와 地支의 丑土(음토)와 未土(음토)가 정재가 된다.

(2) 乙卯木이라면 乙卯(음목)이 木克土로 음양이 다른 天干의 戊土(양토)와 地支의 辰土(양토)와 戌土(양토)가 정재가 된다.

(3) 丙巳火라면 丙巳(양화)가 火克金으로 음과 양이 다른 天干의 辛金(음

금)과 地支의 酉金(음금)이 정재가 된다.

(4) 丁午火라면 丁午(음화)가 火克金으로 음과 양이 다른 天干의 庚金(양금)과 地支의 申金(양금)이 정재가 된다.

(5) 戊辰戌土라면 戊辰戌(양토)가 土克水로 음과 양이 다른 天干의 癸水(음수)와 地支의 子水(음수)가 정재가 된다.

(6) 己丑未土라면 己丑未(음토)가 土克水로 음과 양이 다른 天干의 壬水(양수)와 地支의 亥水(양수)가 정재가 된다.

(7) 庚申金이라면 庚申(양금)이 金克木으로 음과 양이 다른 天干의 乙木(음목)과 地支의 卯木(음목)이 정재가 된다.

(8) 辛酉金이라면 辛酉(음금)이 金克木으로 음과 양이 다른 天干의 甲木(양목)과 地支의 寅木(양목)이 정재가 된다.

(9) 壬亥水라면 壬亥(양수)가 水克火로 음과 양이 다른 天干의 丁火(음화)와 地支의 午火(음화)가 정재가 된다.

(10) 癸子水라면 癸子(음수)가 水克火로 음과 양이 다른 天干의 丙火(양화)와 地支의 巳火(양화)가 정재가 된다.

5. 관(官)

극아자(剋我者)로 官이라 한다.

나를 미워(극)하는 오행을 官이라 한다.

본인을 극을 하는 자로 상대가 주도권을 잡고 본인이 지배를 받는 것을 관이라 하며 남편 직장 명예를 말한다.

1) 甲寅木 또는 乙卯木이라면 金克木으로 天干의 庚金과 辛金이며 地支의 申金과 酉金이 관이 된다.

2) 丙巳火 또는 丁午火라면 水克火로 天干의 壬水와 癸水이며 地支의 亥水와 子水가 관이 된다.

3) 戊辰戌土 또는 己丑未土라면 木克土로 天干의 甲木과 乙木이며 地支의 寅木과 卯木이 관이 된다.

4) 庚申金 또는 辛酉金이라면 火克金으로 天干의 丙火와 丁火이며 地支의 巳火와 午火가 관이 된다.

5) 壬亥水 또는 癸子水라면 土克水로 天干의 戊土와 己土이며 地支의 辰土와 戌土와 丑土와 己土가 관이 된다.

관은 편관과 정관으로 나눈다.

가. 편관(偏官)

본인이 여자일 때는 애인으로 양과 양이 또는 음과 음이 만났을 때를 편관이라 한다.

(1) 甲寅木이라면 甲寅(양목)을 金克木으로 음양이 같은 天干의 庚金(양금)과 地支의 申金(양금)이 편관이 된다.

(2) 乙卯木이라면 乙卯(음목)를 金克木로 음양이 같은 天干의 辛金(음금)과 地支의 酉金(음금)이 편관이 된다.

(3) 丙巳火라면 丙巳(양화)를 水克火로 음과 양이 같은 天干의 壬水(양수)와 地支의 亥水(양수)가 편관이 된다.

(4) 丁午火라면 丁午(음화)를 水克火로 음과 양이 같은 天干의 癸水(음수)와 地支의 子水(음수)가 편관이 된다.

(5) 戊辰戌土라면 戊辰戌(양토)을 木克土로 음과 양이 같은 天干의 甲木(양목)과 地支의 寅木(양목)이 편관이 된다.

(6) 己丑未土라면 己丑未(음토)를 木克土로 음과 양이 같은 天干의 乙木(음목)과 地支의 卯木(음목)이 편관이 된다.

(7) 庚申金이라면 庚申(양금)을 火克金으로 음과 양이 같은 天干의 丙火(양화)와 地支의 巳火(양화)가 편관이 된다.

(8) 辛酉金이라면 辛酉(음금)를 火克金으로 음과 양이 같은 天干의 丁火(음화)와 地支의 午火(음화)가 편관이 된다.

(9) 壬亥水라면 壬亥(양수)를 土克水로 음과 양이 같은 天干의 戊土(양토)와 地支의 辰土(양토)와 戌土(양토)가 편관이 된다.

(10) 癸子水라면 癸子(음수)를 土克水로 음과 양이 같은 天干의 己土(음토)와 地 支의 丑土(음토)와 미토(음토)가 편관이 된다.

나. 정관(正官)

본인이 여자일 때는 본 남편으로 양과 음이 만났을 때와 음과 양과 만났을 때를 정관이라 한다.

(1) 甲寅木이라면 甲寅(양목)을 金克木으로 음양이 다른 天干의 辛金(음금)과 地支의 酉金(음금)이 정관이 된다.

(2) 乙卯木이라면 乙卯(음목)를 金克木로 음양이 다른 天干의 庚金(양금)과 地支의 申金(양금)이 정관이 된다.

(3) 丙巳火라면 丙巳(양화)를 水克火로 음과 양이 다른 天干의 癸水(음수)와 地支의 子水(음수)가 정관이 된다.

(4) 丁午火라면 丁午(음화)를 水克火로 음과 양이 다른 天干의 壬水(양수)와 地支의 亥水(양수)가 정관이 된다.

(5) 戊辰戌土라면 戊辰戌(양토)을 木克土로 음과 양이 다른 天干의 乙木(음목)과 地支의 卯木(음목)이 정관이 된다.

(6) 己丑未土라면 己丑未(음토)를 木克土로 음과 양이 다른 天干의 甲木(양목)과 地支의 寅木(양목)이 정관이 된다.

(7) 庚申金이라면 庚申(양금)을 火克金으로 음과 양이 다른 天干의 丁火(음화)와 地支의 午火(음화)가 정관이 된다.

(8) 辛酉金이라면 辛酉(음금)을 火克金으로 음과 양이 다른 天干의 丙火(양화)와 地支의 巳火(양화)가 정관이 된다.

(9) 壬亥水라면 壬亥(양수)를 土克水로 음과 양이 다른 天干의 己土(음토)와 地支의 丑土(음토)와 未土(음토)가 정관이 된다.

(10) 支의 辰土(양토)와 戌土(양토)가 편관이 된다.

[천간 육신 조견표]

六神	正印	偏印	劫財	比肩	傷官	食神	正財	偏財	正官	偏官
甲寅	癸	壬	乙	甲	丁	丙	己	戊	辛	庚
乙卯	壬	癸	甲	乙	丙	丁	戊	己	庚	辛
丙巳	乙	甲	丁	丙	己	戊	辛	庚	癸	壬
丁午	甲	乙	丙	丁	戊	己	庚	辛	壬	癸
戊辰戌	丁	丙	己	戊	辛	庚	癸	壬	乙	甲
己丑未	丙	丁	戊	己	庚	辛	壬	癸	甲	乙
庚申	己	戊	辛	庚	癸	壬	乙	甲	丁	丙
辛酉	戊	己	庚	辛	壬	癸	甲	乙	丙	丁
壬亥	辛	庚	癸	壬	乙	甲	丁	丙	己	戊
癸子	庚	辛	壬	癸	甲	乙	丙	丁	戊	己

[지지 육신 조견표]

六神	正印	偏印	劫財	比肩	傷官	食神	正財	偏財	正官	偏官
甲寅	子	亥	卯	寅	午	巳	丑未	辰戌	酉	申
乙卯	亥	子	寅	卯	巳	午	辰戌	丑未	申	酉
丙巳	卯	寅	午	巳	丑未	辰戌	酉	申	子	亥
丁午	寅	卯	巳	午	辰戌	丑未	申	酉	亥	子
戊辰戌	午	巳	丑未	辰戌	酉	申	子	亥	卯	寅
己丑未	巳	午	辰戌	丑未	申	酉	亥	子	寅	卯
庚申	丑未	辰戌	酉	申	子	亥	卯	寅	午	巳
辛酉	辰戌	丑未	申	酉	亥	子	寅	卯	巳	午
壬亥	酉	申	子	亥	卯	寅	午	巳	丑未	辰戌
癸子	申	酉	亥	子	寅	卯	巳	午	辰戌	丑未

[육신(육친 십신)조견표]

	남명	여명
비견	형제. 자매. 동료.	자매. 동료
겁재	이복형제. 동료, 처애인 선후배	남자형제. 이복형제. 동료, 시부
식신	장모, 부하, 사위. 손자. 증조부.	자식, 부하, 증조부.
상관	조모. 부하, 손녀. 외조부.	자식, 부하, 조모, 외조부
편재	부친, 애첩, 처남, 형수	부친, 시모, 외손녀
정재	처, 처제, 백부, 숙부, 고모, 제수	백부, 숙부, 고모, 시부첩, 외손자
편관	아들, 매부, 매제, 조카	애인, 시누이, 며느리, 조카딸
정관	자식, 증조모, 조카딸, 귀인, 윗사람	남편, 남편의 형제, 귀인, 윗사람
편인	계모, 조부, 이모, 외숙, 외손자	계모, 조부, 이모, 외숙, 손녀
정인	모친, 장인, 은사, 외손녀, 증손녀	모친, 손자, 은사

제5장 사주(四柱)의 네기둥 세우기

1. 만세력(萬歲曆)

만세력이란 만년의 세월을 절기와 年과 月과 日과 時를 수록한 것이다.

과거의 연월일시와 절기를 또한 미래의 연월일시와 절기를 수록한 달력이다. 사주학에는 필수적이다.

2. 이십사절기(24節氣)

절기란 춘 하 추 동의 4계절을 가름하는 것이다. 매월 절과 기가 있는데 절과 기의 간격이 15일로 30일이 한 달이다. 양력은 태양을 위주로 하였기에 절기의 날짜 변화가 거의 일정하다. 음력은 달을 위주로 하였기에 절기의 날짜 변화가 일정치가 않다. 동양철학은 음력을 기준으로 하므로 만세력의 절기가 필수적이다.

사주학에서는 매월의 절입 입춘(寅 1월) 경칩(卯 2월) 청명(辰 3월) 입하(巳 4월) 망종(午 5월) 소서(未 6월) 입추(申 7월) 백로(酉 8월) 한로(戌 9월) 입동(亥 10월) 대설(子 11월) 소한(丑 12월)인 절(節)만을 기준한다.

[24절기조견표]

월별	절節	기氣
1월 寅月	입춘 立春(봄의 시작)	우수 雨水
2월 卯月	경칩 驚蟄(개구리가 눈을 뜸)	춘분 春分
3월 辰月	청명 淸明(봄 농사 준비)	곡우 穀雨
4월 巳月	입하 立夏(여름의 시작)	소만 小滿
5월 午月	망종 亡種(씨를 뿌린다)	하지 夏至
6월 未月	소서 小暑(한 여름)	대서 大暑
7월 申月	입추 立秋(가을의 시작)	처서 處暑
8월 酉月	백로 白露(이슬이 내림)	추분 秋分
9월 戌月	한로 寒露(찬 이슬이 내림)	상강 霜降
10월 亥月	입동 立冬(겨울의 시작)	소설 小雪
11월 子月	대설 大雪(큰 눈이 내림)	동지 冬至
12월 丑月	소한 小寒(한 겨울)	대한 大寒

3. 사주(四柱)구성

시주	일주	월주	년주	
시	일	월	년	〈천간〉
지	지	지	지	〈지지〉

#2015년 2월 20일 10시생—(음력)의 사주팔자

생년월일시(生年月日時)의 간지(干支)인 천간(天干)과 지지(地支) 글자는 년(年)의 2글자를 년주(年柱)라 하고, 월(月)의 2글자를 월주(月柱)라 한다.

일(日)의 2글자를 일주(日柱)라 하고, 시(時)의 2글자를 시주(時柱)라 한다.

년주(年柱) 월주(月柱) 일주(日柱) 시주(時柱)의 4기둥에 각 기둥에 2글자로 모두 8글자가 된다. 고로 4기둥 8자로 사주팔자(四柱八字)라 한다.

사주의 4기둥을 아래와 같이 세운다. 4기둥을 세우는 것은 오직 만세력의 의존하여 계산할 수밖에 없다.

근래에는 컴퓨터 등에 모든 것이 정리가 되어 있으니 손쉽게 접할 수가 있다. 그러나 원리는 알고 넘어가야 한다.

순서대로 년주年柱를 세우고 그 다음 월주月柱와 일주日柱 시주時柱를 차례대로 세운다.

그 다음 대운大運을 계산하면 사주팔자의 운의 흐름을 볼수가 있다.

1) 년주(年主)세우기

자기가 태어난 해(年度)의 간지를 만세력에서 찾는다.

년주는 태어난 년의 기둥이다. 입춘절기가 들어오는 날의 시간부터 새해가 시작된다.

년주는 음력을 기준으로 하는 것이 아니고 입춘일 기준으로 한다. 즉 년주는 음력 1월1일에 새해를 맞는 것이 아니고 절기상 입춘일부터 새해가 된다.

그리하여 음력 12월에 태어났어도 태어난 날이 입춘일이 지났으면 다음 년의 년주를 사용한다.

음력 1월에 태어 낳았어도 태어난 날이 입춘일이 지나가지 않았으면 전년도의 년주를 사용해야 한다. 예를 들면 2014년 12월 20일(음력)은 실제 갑오년(2014년)으로 년주가 甲午년이 되어야 한다.

그러나 2015년의 입춘절(음력—12월 16일)을 지났으니 甲午年(2014년)이 아니고 다음해인 乙未年(2015년)이 되는 것이다. 년주가 을미乙未가 되는 것이다.

이와 같이 년주는 입춘일을 기준으로 한다. 만약 입춘일에 태어 낳았다면 절입 시간을 참조해야 한다.

2) 월주(月柱) 세우기

자기가 태어난 해(연도)의 달(월)을 만세력에서 찾는다.

월주는 태어난 달의 기둥이고, 절입시기를 기준으로 한다.

절기가 들어오는 날의 시간부터 월주가 바뀐다. 즉 새로운 달이 시작이 되는 것이다.

寅月(1월), 卯月(2월), 辰月(3월), 巳月(4월), 午月(5월), 未月(6월), 申月(7월), 酉月(8월), 戌月(9월), 亥月(10월), 子月(11월), 丑月(12월)과 같이 월지는 변하지 않아도 월간은 변화한다.

甲己年은 丙寅月, 乙庚年은 戊寅月, 丙辛年은 庚寅月, 丁壬年은 壬寅月, 戊癸年은 甲寅月 부터 천간을 순서대로 붙이면 되는 것이다.

예를 들면 2015년 2월 20일(음력)에 태어 낳았다면 2월은 卯月인데 청명절(2월 17일)이 지났으니 3월인 辰月이 되는 것이다.

2015년이 乙未年으로 乙庚年은 寅月(1월)이 戊寅月, 己卯月, 庚辰月, 辛巳月, 壬午月......로 진행이 되니 月柱가 己卯月이 아니고 庚辰月이 된다.

[월간 조견표]

月	절입 節入	甲.己年	乙.庚年	丙.辛年	丁.壬年	戊.癸年
1월	입춘 立春	丙寅	戊寅	庚寅	壬寅	甲寅
2월	경칩 驚蟄	丁卯	己卯	辛卯	癸卯	乙卯
3월	청명 清明	戊辰	庚辰	壬辰	甲辰	丙辰
4월	입하 立夏	己巳	辛巳	癸巳	乙巳	丁巳
5월	망종 亡種	庚午	壬午	甲午	丙午	戊午
6월	소서 小暑	辛未	癸未	乙未	丁未	己未
7월	입추 立秋	壬申	甲申	丙申	戊申	庚申
8월	백로 白露	癸酉	乙酉	丁酉	己酉	辛酉
9월	한로 寒露	甲戌	丙戌	戊戌	庚戌	壬戌
10월	입동 立冬	乙亥	丁亥	己亥	辛亥	癸亥
11월	대설 大雪	丙子	戊子	庚子	壬子	甲子
12월	소한 小寒	丁丑	己丑	辛丑	癸丑	乙丑

3) 일주(日柱) 세우기

일주(생일)는 태어난 날을 말하는 것으로 절기와 관계가 없이 만세력에 있는 그대로 적는다.

일주는 사주팔자의 주인이 된다. 특히 일간은 자기의 몸체로 주인공이 된다. 절기에 관계없이 태어난 날을 만세력에 쓰여진 간지 자체가 일주가 된다.

예를 들면 2015년 2월 20일에 태어났다면 일주가 甲寅이 된다.

4) 시주(時柱) 세우기

시주는 태어난 시의 기둥으로 절기와 관계가 없다.

12시각으로 나누어 사용한다. 태양이 중천에 떠올라 그림자가 가장 짧은 때를 정오(낮12시)라 한다.

그러나 우리나라는 일본시각을 사용하는 관계로 경도상 8도의 차이가 발생하여 32분이 지나서 12시 32분이 정오가 된다는 것을 명심하길 바란다.

단. 자시子時에 태어 낳았다면 밤 0시가 기준이 되는 것이 아니고 0시 32분이 금일과 내일이 구분된다는 것을 명심하라.

자시子時, 축시丑時, 인시寅時, 묘시卯時. 진시辰時, 사시巳時, 오시午時, 미시未時, 신시申時, 유시酉時, 술시戌時, 해시亥時와 같이 지지는 변하지 않으나 천간天干은 변화한다.

갑기일甲己日은 갑자시甲子時, 을경일乙庚日은 병자시丙子時, 병신일丙辛日은 무자시戊子時, 정임일丁壬日은 경자시庚子時, 무계일戊癸日은 임자시壬子時부터 천간天干을 순서대로 붙이면 된다.

절기와는 관계가 없다.

예를 들면 2015년 2월 20일 10시(음력)에 태어났다면 10시는 사시巳時가 된다. 지지地支는 사시巳時가 정해졌으나 천간天干은 알 수가 없다.

일주日柱가 갑인일甲寅日이 되니 갑인일甲寅日은 갑자시甲子時, 을축시乙丑時, 병인시丙寅時, 정묘시丁卯時, 무진시戊辰時, 기사시己巳時, 경오시庚午時 .....로 진행되니 천간天干이 기토己土가 될 때 사시와 만나게 된다.

고로 시주時柱는 기사시己巳時가 된다.

[시주조견표]

시간時間	갑기일 甲己日	을경일 乙庚日	병신일 丙辛日	정임일 丁壬日	무계일 戊癸日
자시子時	갑자	병자	무자	경자	임자
축시丑時	을축	정축	기축	신축	계축
인시寅時	병인	무인	경인	임인	갑인
묘시卯時	정묘	기묘	신묘	계묘	을묘
진시辰時	무진	경진	임진	갑진	병진
사시巳時	기사	신사	계사	을사	정사
오시午時	경오	임오	갑오	병오	무오
미시未時	신미	계미	을미	정미	기미
신시申時	임신	갑신	병신	무진	경신
유시酉時	계유	을유	정유	기묘	신유
술시戌時	갑술	병술	무술	경술	임술
해시亥時	을해	정해	기해	신해	계해

고로 생년월일시가 2015년 2월 20일 10시(음력)라면

사주 4기둥은 년주年柱는 을미년乙未年, 월주月柱는 경진일庚辰月, 일주日柱는 갑인일甲寅日, 시주時柱는 기사시己巳時가 된다.

고로 위와같이 태어난 사람의 사주팔자를 아래와 같이 정리하게 되는 것이다.

시주　　일주　　월주　　년주

기己　　갑甲　　경庚　　을乙　~ 〈천간〉

사巳　　인寅　　진辰　　미未　~ 〈지지〉

5) 대운을 찾는법

예, 2015년 2월 20일 10시생(음력)

대운의 흐름을 어떻게 계산하는가? (2015년 2월 20일 10시一음력) 대운은 월주를 기준으로 한다. 대운은 10년 주기로 변하는데 몇 살 때 마다 변하는가를 행운세수(行運歲數)라 한다.

1) 남명(양년생) 여명(음년생)은 대운의 흐름은 월주가 순행을 한다.

즉 월주가 甲子면 乙丑 丙寅 丁卯 戊辰 己巳......의 순서대로 천간과 지지가 앞으로 나간다.

* 남명: 1964년 10월 20일 오후6시생

+ 대운의 흐름수: 생일날부터 다음 절기의 절입일까지의 날자수를 3분한다. (나머지 숫자는 4.4오입 한다.)

남명이 甲辰생으로 양년에 태어났다. 월주는 순행을 한다. 월주가 乙亥월로 절기가 10월인 입동달에 태어났다.

입동월(10월) 다음 절기가 대설월(11월)이 된다.

양년생은 순행을 하므로 입동월의 생일인 20일부터 다음절기인 대설일(11월4일)까지의 날자를 계산하여 3배의 숫자가 대운의 흐름의 숫자가 된다. 월주가 순행을 하므로 을해월, 병자월, 정축월, 무인월, 기묘월, 경진월......로 순행을 한다. 생일날(10월 20일)부터 대설(11월 4일)까지 날자수는 14일이 된다.

고로 14 나누기 3은 약 5가 되므로 대운의 흐름의 수는 0살. 5살. 15살. 25살. 35살.....마다 10년 단위로 대운이 변한다.

즉 5살에 세상운을 받기 시작하여 15살에 세상의 운이 변한다는 것이다.

사 주			
시주	일주	월주	년주
정丁	병丙	을乙	갑甲
유酉	자子	해亥	진辰

대운의 흐름						
55	45	35	25	15	5	0
辛	庚	己	戊	丁	丙	乙
巳	辰	卯	寅	丑	子	亥

2) 男命(음년생) 女命(양년생)은 대운의 흐름은 월주가 역행을 한다.

즉 월주가 乙丑이라면 甲子, 癸亥, 壬戌, 辛酉, 庚申...와 같이 천간과 지지가 뒤로 가는 것을 말한다.

남명: 2015년 2월 20일 10시생(음력)

대운의 흐름수: 생일날부터 전월의 절입일(청명)까지의 일수가 4일로 4일을 3분하면 대운의 수가 약1이 되고, 0살. 1살. 11살. 21살. 31살. 41살....마다 10년 단위로 대운이 변한다.

남명이 을미생으로 음년에 태어 낳았으므로 대운의 흐름은 월주(月柱)가 역행을 한다.

고로 생일날(2월 20일) 전월의 절기가 청명으로 청명일까지 일수가 4로 3분하면 약 1이 된다.

월주는 庚辰월이 역행을 하므로 己卯월, 戊寅월, 丁丑월, 丙子월, 乙亥월 순으로 역행을 한다.

정리를 하면 아래와 같이 1살부터 세상의 대운을 받기 시작하여 11살에 21살에 31살에,,,, 대운이 바뀐다.

즉 1살에 세상운을 받기 시작하여 11살에 세상의 운이 변한다는 것이다.

2015년 2월 20일 10시생 사주

사주팔자

時	日	月	年
己	甲	庚	乙
巳	寅	辰	未

대운의 흐름

41	31	21	11	1	0
乙	丙	丁	戊	己	庚
亥	子	丑	寅	卯	辰

제6장 지장간론(地藏干論 암장)

천간은 하늘이고 지지는 땅이다. 하늘은 척보면 날씨가 흐린지 맑은지가 투명하게 나타나나 땅은 땅속에 무엇이 숨어 있는지 파보아야만 알 수가 있다. 12지지의 속에는 천간(10간)의 기운이 숨어있는데, 이것을 지장간(地藏干 또는 암장)이라 한다. 여기. 중기. 정기로 3분한다.

숨어 있는 그 힘이 작용을 하는데 다만 월지에만 국한한다. 만약 寅月이라면 지지 寅木속에 숨어있는 천간은 戊土, 丙火, 甲木이다.

戊土가 또는 丙火가 또는 甲木이 寅月 중에 월 초(여기)냐, 월 중(중기)냐, 월 말(정기)에 따라 그 기운이 작용을 하는 것을 지장간 또는 월령 장간이라 한다.

여기는 월초로 장간이 전월의 힘이 잠재한다.

중기는 월중으로 여기와 정기의 중간에 그 힘이 잠재한다.

정기는 월말에 그 힘이 잠재한다.

寅月 중에서도 장간인 戊土, 丙火. 甲木이 여기, 중기, 정기에 따라 일간(본인)에게 미치는 영향이 어떤 것인가를 살펴보는 것이다.

[지장간조견표]

구분	여기	중기	정기
子月	壬水(10일 3분)	——	癸水(20일 6분)
丑月	癸水(9일 3분)	辛金(3일 1분)	己土(18일 6분)
寅月	戊土(7일 2분)	丙火(7일 2분)	甲木(16일 5분)
卯月	甲木(10일 3분)	——	乙木(20일 6분)
辰月	乙木(9일 3분)	癸水(3일 1분)	戊土(18일 6분)
巳月	戊土(7일 2분)	庚金(7일 2분)	丙火(16일 5분)
午月	丙火(10일 3분)	己土(10일 1분)	丁火(11일 2분)
未月	丁火(9일 3분)	乙木(3일 1분)	己土(18일 6분)
申月	戊土(7일 2분)	壬水(7일 2분)	庚金(16일 5분)
酉月	庚金(10일 3분)	———	辛金(20일 6분)
戌月	辛金(9일 3분)	丁火(3일 1분)	戊土(18일 6분)
亥月	戊土(7일 2분)	甲木(7일 2분)	壬水(16일 5분)

위의 장간표에서 보듯이 子月 중에서 월초의 10일간은 壬水의 영향을 받는다. 나머지 20일간은 癸水의 영향을 받는다는 것이다. 그러나 본인이 실전에 대입한 결과는 참조를 할 필요는 있다

그동안 20여년의 걸쳐 실전에 대입해서 얻은 답을 정리한 것은 제2편 사주해설론의 제2장 十二 地支論에서 상세히 다루었으니 깊이 있게 성찰하여 실전에 대입해 보라.

제7장 십이운성론(12運星論)과 십이신살론

1. 십이운성론

12운성이란 절궁 태궁 양궁 생궁 욕궁 대궁 관궁 왕궁 쇠궁 병궁 사궁 묘궁의 12를 말한다. 12운성은 일간이 각각의 지지를 만나 태어나고 성장하고 병들고 죽고 무덤에 들어가게 되면 인생의 모두가 끝나는 것을 절이라 한다.

즉 모태에서 태어나 죽을 때까지 인생의 순환과정을 말한 자연계의 생노병사를 말하는 것이다.

불교에서 말하는 윤회설과 같이 죽은 자의 혼이 다시 태아에 머물러 생성과정이 반복된다는 것이다.

각 운성별로 성정을 살펴보자.

1) 절(絶)

끝이니 곧 시작이로 실상이 없어 불안정한 시기다. 끊어졌다. 없어졌다.

2) 태(胎)

자궁속에 씨를 뿌리는 것으로 싹을 틔우는 시기다. 정체 상태다.

3) 양(養)

자궁속에서 태아가 자라나는 시기로 서서히 기다리는 시기다. 시작은 할 수가 있다.

4) 생(生)

자궁 속에 다 자란 태아가 세상에 나오는 시기이다. 진행하여 성장 할 수 있다.

5) 욕(浴)

태어난 생명을 알몸으로 목욕을 시키는 시기이다. 발가 벗었으니 망신수가 있다. 색정

6) 대(帶)

장성하여 의복을 갖추고 세상에 나가는 시기이다. 활동할 수가 있다.

7) 관(冠)

벼슬을 하고 자기 임무를 다하는 시기다. 큰 꿈을 갖을 수 있다.

8) 왕(旺)

왕성한 기운으로 기세가 당당한 시기다. 최고의 절정기다.

9) 쇠(衰)

활동을 멈추게 되고 쇠퇴하는 시기다. 내리막 길이다.

10) 병(病)

큰 꿈을 갖을 수 있다. 몸 마저 병이 들어 신음하는 시기다. 매사가 중지된다.

11) 사(死)

죽음을 맞게 되는 시기이다. 활동을 멈추고 탄식한다.

12) 묘(墓)

죽어서 무덤 속에 들어가는 시기이다. 모든 것이 끝이 나게 된다. 12운성 중 욕궁은 30%정도는 활용하고 묘궁만은 90%이상 활용하고 그 외는 참고만 하라. 묘궁은 무덤, 창고 등으로 숨겨놓은 것을 말하기도 한다. 12운성 중에 묘를 묘고(墓庫)라 한다

*** 12운성조견표**

조견표 순서는 甲木은 申순행, 乙木은 酉역행, 丙火는 亥순행, 丁火는 子역행, 庚金은 寅순행, 辛金은 卯역행, 壬水는 巳순행, 癸水는 午역행으로 순서를 정한다.

	甲	乙	丙	丁	戊	己	庚	辛	壬	癸
절	申	酉	亥	子	亥	子	寅	卯	巳	午
태	酉	申	子	亥	子	亥	卯	寅	午	巳
양	戌	未	丑	戌	丑	戌	辰	丑	未	辰
생	亥	午	寅	酉	寅	酉	巳	子	申	卯
욕	子	巳	卯	申	卯	申	午	亥	酉	寅
대	丑	辰	辰	未	辰	未	未	戌	戌	丑
관	寅	卯	巳	午	巳	午	申	酉	亥	子
왕	卯	寅	午	巳	午	巳	酉	申	子	亥
쇠	辰	丑	未	辰	未	辰	戌	未	丑	戌
병	巳	子	申	卯	申	卯	亥	午	寅	酉
사	午	亥	酉	寅	酉	寅	子	巳	卯	申
묘	未	戌	戌	丑	戌	丑	丑	辰	辰	未

+ 甲木은 申金이 절궁이 되는 것은 申金에 암장된 庚金 칠살이 튀어나와 피할 수 없기 때문이다.
+ 酉金이 태궁이 되는 것은 酉金에 암장된 辛金과는 정관과 정재의 관계로 부부가 되기 때문이다.
+ 戌土가 양궁이 되는 것은 戌土에 암장된 癸水가 정인이 되기 때문이다.
+ 亥水가 생궁이 되는 것은 亥水에 암장된 甲木 본인이 튀어 나오기 때문이다.
+ 子水가 욕궁이 되는 것은 子水가 정인 이지만 한랭한 자수가 되기 때문이다.
+ 丑土가 태궁이 되는 것은 丑土에 암장된 癸水로 흙에 뿌리를 내리게 되기 때문이다.
+ 寅木이 관궁이 되는 것은 寅木에 암장된 甲木으로 봄을 만나게 되기 때문이다.
+ 卯木이 왕궁이 되는 것은 卯月은 봄의 기운이 왕하기 때문이다.
+ 辰土가 쇠궁이 되는 것은 辰土가 봄의 기운이 끝나가기 때문이다.
+ 巳火가 병궁이 되는 것은 木生火로 木의 기가 설기가 시작되기 때문이다.
+ 午火가 사궁이 되는 것은 왕성한 여름철로 木의 기가 많이 설기가 되기 때

문이다.

+ 未土가 묘궁이 되는 것은 未土에 암장된 乙木이 튀어나와 자리를 양보하기 때문이다.

他日干도 이와 같이 유추하라. 12운성은 깊이 연구할 가치는 있으나 난해하기 때문에 기술하기가 힘이 든다. 그러나 묘고는 많은 영향을 가져오니 반드시 기억하라. 묘궁은 무덤 또는 창고속으로 들어가는 것을 말하는 것이다.

12운성 중에 묘궁은 묘고(墓庫)라 한다. 戊土와 己土는 묘고에서 제외한다. 土가 土속에 들어가지 않기 때문이다. 아래에 기록된 조견표중에 재고와 관고는 활용해 보라. 관고(官庫)는 남편이고 직장이요 재고(財庫)는 처이고 재물을 뜻하는 것으로 재고와 관고는 자세히 살펴보라.

未土는 甲(寅) 癸(子)의 墓庫(묘고)가 되고, 戌土는 丙(巳) 乙(卯)의 묘고가 되고, 丑土는 庚(申) 丁(午)의 묘고가 되고, 辰土는 壬(亥) 辛(酉)의 묘고가 되고, 戊土와 己土는 土속에 빠지지 않는다.

묘고(墓庫)의 예

예)

戊	丙	甲	丙
戌	寅	午	戌

일간인 丙火(본인)를 년지 戌土와 시지 戌土인 어머니자리와 자식자리에서 묘고로 관속에 잡아넣는다.

예)

壬	丁	丙	戊
子	丑	辰	辰

일간인 丁火(본인)를 일지 丑土인 배우자자리에서 묘고로 관속에 잡아넣는다.

예)

壬	丁	丙	戊
子	亥	辰	辰

월지인 격 辰土가 배우자자리 亥水와 자식자리 壬水를 묘고로 亥水와 壬

水를 관속에 잡아넣는다.

예)

戊	丙	癸	丙
戌	寅	巳	戌

어머니자리와 자식자리 戌土가 묘고로 體(일간)와 년간인 丙火와 격(월지) 巳火를 관속에 잡아넣는다.

[기타 고(庫)의 조견표]

	인수고 (印綬庫)	비겁고 (比劫庫)	식상고 (食傷庫)	재고 (財庫)	관고 (官庫)
木 甲乙	辰	未	戌	戌	丑
火 丙丁	未	戌	戌	丑	辰
金 庚辛	戌	丑	辰	未	戌
水 壬癸	丑	辰	未	戌	戌

재고(財庫)는 반드시 참고하고 관고(官庫)도 참고는 하라.

2. 십이신살론(12神殺論)

12신살이란 겁살, 재살, 천살, 지살, 년살, 월살, 망신살, 장성살, 반안살, 역마살, 육해살, 화개살의 12살을 말한다. 이 살의 기본 구성은 地支3합에서 비롯된 것이다.

12운성은 일간을 기준으로 하지만 12신살은 일지를 기준으로 한다.

	겁살	재살	천살	지살	년살	월살	망신살	장성살	반안살	역마살	육해살	화개살
亥卯未	申	酉	戌	亥	子	丑	寅	卯	辰	巳	午	未
寅午戌	亥	子	丑	寅	卯	辰	巳	午	未	申	酉	戌
巳酉丑	寅	卯	辰	巳	午	未	申	酉	戌	亥	子	丑
申子辰	巳	午	未	申	酉	戌	亥	子	丑	寅	卯	辰

12신살은 日支가 亥日, 卯日, 未日(亥卯未)이라면 申金부터 순서대로 겁살,

재살, 천살, 지살, 년살......화개살로 끝이 난다. 寅午戌일지면 亥水로 시작하고 巳酉丑 일지라면 寅木으로 시작하고 申子辰 일주라면 巳火로 시작하면 된다. 각 12신살의 성정을 살펴보자.

1. 겁살(劫殺): 겁탈당한다. 손재, 도난, 재앙, 파산, 강간등에 속한다.
2. 재살(災殺): 수옥살이라고 하며 감옥에 간다. 관재. 납치, 구속, 도망등에 속한다.
3. 천살(天殺): 하늘에서 내리는 살이다. 지진, 수해, 냉해, 천재 지변등을 말한다.
4. 지살(地殺): 역마살로 분주다사하다. 운전, 여행, 이사, 변동등을 말한다.
5. 년살(年殺): 도화살로 주색 망신을 당한다. 도박, 바람, 사교등을 말한다,
6. 월살(月殺): 고초살로 씨앗이 싹이 트지 않는다. 공상, 망상, 고통등을 말한다.
7. 망신살(亡身殺): 당신을 당한다. 재물, 보증, 이혼, 명예, 손상등을 말한다.
8. 장성살(將星殺): 주관이 강하고 무관이다. 자존심, 고집, 통솔력등을 말한다.
9. 반안살(攀鞍殺): 출세 승진을 한다. 치장, 부동산, 명예등을 말한다.
10. 역마살(驛馬殺): 지살과 동일하다.
11. 육해살(六害殺): 병에 시달리고 고독하다. 수술, 득병, 구설등을 말한다.
12. 화개살(華盖殺): 화려함을 나타낸다. 종교, 예술, 학문, 운동등을 말한다.

참고만 하라.

제8장 길신론(吉神論)과 흉신론(凶神論)

1. 길신론

길신은 내가 가는 길을 도와주고 협조하여 주는 신을 말한다. 그러나 운의 흐름이 절대적이다. 본인의 감정결과로 무시할 사항인가 참고할 사항인가로 구분하여 기록하니 참조하라.

1) 천을귀인(天乙貴人)

[천을귀인조견표]

일간	甲戊庚日	乙己日	丙丁日	辛日	壬癸日
천을귀인	丑 未	子 申	亥 酉	寅 午	巳 卯

천을귀인을 옥당귀인, 천은귀인이라고도 한다. 천을귀인은 일간을 위주로 지지와의 관계를 살핀다.

위의 조견표에서 보듯이 일간이 甲戊庚日인자는 년지 월지 일지 시지에 丑이나 未를 만나는 경우를 말한다. 이하 타 일간은 상의 조견표를 참조하라.

사주중의 천을귀인을 가진 자는 공명정대하고 임금을 모시게 되며 또한 살아가는데 귀인의 도움을 받게 된다.

천을귀인이 인수가 되면 훌륭한 어머니를 만나 문장가로 이름을 날리게 된다. 천을귀인이 재성이 되면 재물과 현모양처를 만나게 된다. 천을귀인이 관성이 되면 관록을 먹을 것이며 여자라면 남편덕이 있을 것이다.

천을귀인이 식상이 되면 식복은 물론 자식과 제자가 훌륭하게 된다고 한다. 그러나 천일귀인이 형.충.파.해나 공망이 되면 길신이 흉신으로 변한다고 한다. 참고만 하라.

2) 천덕귀인(天德貴人)

[천덕귀인 조견표]

月支	寅	卯	辰	巳	午	未	申	酉	戌	亥	子	丑
천덕귀인	丁	申	壬	辛	亥	甲	癸	寅	丙	乙	巳	庚

천덕귀인은 생년월지를 기준으로 한다. 寅月生이 천간에 丁火를 보면 천덕귀인이라 하고 酉月生이 地支에 寅木을 보면 천덕귀인이라 한다. 이하 他月支는 상의 조견표를 참조하라.

사주의 천덕귀인이 있으면 하늘의 도움을 받고 재앙을 막아 주니 일생을 편안하게 살아간다는 것이다. 참고만 하라.

3) 월덕귀인(月德貴人)

[월덕귀인 조견표]

월지	亥卯未	寅午戌	巳酉丑	申子辰
월덕귀인	甲	乙	庚	壬

월덕귀인은 생년월지를 기준으로 한다.

亥,卯,未 월지가 甲木을 만나면 월덕귀인이라 한다. 이하 他月支도 상의 조견표를 참조하라. 사주의 월덕귀인이 있으면 하늘의 도움을 받고 재앙을 막아 주니 일생을 편안하게 살아간다는 것이다. 참고만 하라.

4).문창귀인(文昌貴人)

[문창귀인 조견표]

일간	甲	乙	丙	丁	戊	己	庚	辛	壬	癸
문창귀인	巳	午	申	酉	申	酉	亥	子	寅	卯

문창귀인은 일간을 기준으로 한다. 각 일간의 식신이 되는 地支가 문창귀

인에 해당된다. 예를 들면 甲木의 地支중의 식신이 巳火가 되고, 乙木의 地支중의 식신이 午火가 된다. 他天干도 이와 동일하다.

사주중에 문창귀인이 있으면 학문과 인연이 있어 총명하고 문장력이 뛰어나 집필, 서예, 그림에 뛰어난다. 刑, 冲이나 공망을 보면 길성으로 작용을 못한다. 참고만 하라.

5) 문곡귀인(文谷貴人)

[문곡귀인 조견표]

일간	甲	乙	丙	丁	戊	己	庚	辛	壬	癸
문곡귀인	亥	子	寅	卯	寅	卯	巳	午	申	酉

문곡귀인은 일간을 기준으로 한다. 일간이 甲木이면 亥水가 문곡귀인이 된다. 이하 他日干도 상의 조견표를 참조하라. 문곡귀인은 편인으로 구성되어 있어 재치가 있고 순발력이 탁월하다.

학업에 탁월하고 암기력이 좋고 평생을 학업에 매진하면 명예를 얻는다. 刑, 冲이나 空亡을 보면 길성으로 작용을 못한다. 참고만 하라.

6) 금여성(金與星)

[금여성 조견표]

일간	甲	乙	丙	丁	戊	己	庚	辛	壬	癸
금여성	辰	巳	未	申	未	申	戌	亥	丑	寅

금여성은 일간을 기준으로 한다. 일간 甲木이 地支에 辰土가 있을 때에 해당된다. 이하 他日干도 상의 조견표를 참조하라. 금수레를 탄다는 뜻으로 출세운이 대길하다고 한다. 총명하고 영리하며 성정이 온후하다. 일지에 있으면 처덕이 있다고도 한다. 刑, 冲이나 공망을 보면 길성으로 작용을 못한다. 참고만 하라.

7) 건록(建祿)

일간	甲	乙	丙 戊	丁 己	庚	辛	壬	癸
건록	寅	卯	巳	午	申	酉	亥	子

건록은 일간을 기준으로 한다. 일간 甲木이 지지 寅木인 비견이 月支 있으면 건록이라 한다. 이하 他日干도 상의 조견표를 참조하라. 부모덕은 없지만 관운도 좋고 의식도 풍부하다고 한다. 다만 단순하고 정직한 면이 있다.

刑.冲이나 空亡을 보면 길성으로 작용을 못한다. 참조만 하라. 그 외의 천사성, 천주귀인, 암록, 삼기성, 천희신, 홍란성 등등 많은 이야기를 하나 답을 찾을 수가 없다. 참고만 하라.

2. 흉신론(凶神論)

흉신은 내가 가는 길을 방해하고 나쁜 작용을 하는 신을 말한다. 그러나 운의 흐름이 절대적이다. 본인의 감정결과로 무시할 사항인가 참고할 사항인가를 분리하여 기록하니 참조하라.

1) 도화살(桃花殺)

[도화살조견표]

일지	寅午戌	巳酉丑	申子辰	亥卯未
도화살	卯	午	酉	子

도화살은 日支를 기준으로 한다. 寅午戌 일지가 년지나 월지나 시지에 卯木을 만나면 12운성중에 욕궁으로 도화살이라 한다.

년지나 월지가 도화면 배우자와 다정다감하다고 한다.

시지가 도화면 배우자가 아닌 다른 사람에게 정을 주거나 창녀가 된다고 한다.

만약 충파가 되면 음탕하고 색정이 강하고 놀기를 좋아하며 간통으로 망신등을 당한다고 한다. 참고하고 연구하라.

예)

丁	庚	乙	癸
卯	午	未	卯

일지 午火와 년지 卯木과 시지 卯木이 도화살이다.

2) 역마살(驛馬殺)

[역마살 조견표]

일지	寅午戌	巳酉丑	申子辰	亥卯未
역마살	申	寅	亥	巳

역마살은 일지를 기준한다. 역마살은 한곳에 오래동안 머물지 못하고 밖으로 나돌아 다닌다는 것이다. 소극적인 면보다 적극적인 활동을 한다. 분주함이 심하고 속성속패하며 해외에 진출로 무역업등에 해당한다. 발전도 빠르고 실패도 빠르다. 참고하고 연구하라.

예)

丁	丙	丙	辛
酉	寅	申	巳

일지가 寅木으로 월지인 申金이 역마살이 된다.

3) 삼재살(三災殺)

[삼재살 조견표]

年支	寅午戌	巳酉丑	申子辰	亥卯未
삼재년	申酉戌	亥子丑	寅卯辰	巳午未

년지를 기준으로 한다.

申子辰年生의 합은 水局으로 봄철인 寅卯辰이, 亥卯未年生의 합은 木局으로 여름철인 巳午未이, 寅午戌年生의 합은 火局으로 가을철인 申酉戌이, 巳酉丑年生의 합은 金局으로 겨울철인 亥子丑을 만나면 설기가 된다고 한다.

예를 들면 申(원숭이띠) 子(쥐띠) 辰(용띠)는 寅(호랑이해) 卯(토끼해) 辰(용해)의 3년간 삼재살을 만나게 된다. 삼재살을 만나면 인패, 재패, 관패등 흉운을 만나 파란을 겪는다고 한다.

이와 같이 우리나라에서 잘 알려진 삼재파란은 전국민의 4분의 1이 여기에 해당이 된다는 결론에 이른다. 고로 합리적이라 볼 수가 없다.

그리하여 용신 삼재법을 활용하여야 한다고 한다.

예를 들면 木을 만나면 발전 할 수 있는 사주가 木의 기운이 설기 되는 巳午未年을 만나면 나쁘다고 한다. 참고만 하라.

甲	甲	乙	戊
戌	辰	卯	子

子年(쥐띠)생으로 寅年(호랑이해), 卯年(토끼해), 辰年(용띠해)로 3년간이 삼재이다.

4) 삼살방위

삼살이 있는 방향으로 이사, 여행, 사업, 출장등을 피해야 한다고 하나 본인은 무시를 한다. 참고만 하라.

[삼살방위]

年支	寅午戌년	巳酉丑년	申子辰년	亥卯未년
방위	북쪽	동쪽	남쪽	서쪽

5) 공망살(空亡殺)

공망살은 없다, 정지되었다, 파괴되었다등을 말한다.

공망살은 日柱를 기준으로 한다. 일주의 간지를 기준으로 하여 60갑자를 순서대로 진행하다가 천간이 癸로 끝나고 나머지 지지 2자가 공망이 된다.

예를 들면 己未 일주라면 己未 다음인 庚申, 辛酉, 壬戌, 癸亥로 끝이 난다. 癸亥 다음 글자인 子水와 丑土인 2글자가 공망이 되는 것이다.

木이 공망이면 부러지고, 火가 공망이면 불이 잘 타고, 土가 공망이면 흙이 무너지고, 金이 공망이면 쇠소리가 크고, 水가 공망이면 소리가 차분하다고 한다.

五行중 인수가 공망이면 학업에 지장은 물론 부모와도 인연이 박하다.

비견겁이 공망이면 형제 자매는 물론 친구덕이 없다.

재성이 공망이면 재물은 물론 처와도 인연이 박하다.

식상이 공망이면 자손은 물론 아랫사람과 인연이 박하다.

관성이 공망이면 직장은 물론 남편과도 인연이 박하다.

(1) 년지가 공망이면 부모 국가와 인연이 없다.

(2) 월지가 공망이면 형제 사회 배우자와 인연이 박하다.

(3) 시지와 공망이면 자식과 인연이 없다.

(4) 공망이 6합이나 충을 받으면 공망의 역할이 변한다. 반드시 참고하라.

예)

戊	庚	庚	丁
寅	午	戌	亥

일주 庚寅日을 기준으로 월지 戌土와 년지 亥水가 공망살이 된다.

예)

己	己	己	壬
巳	未	酉	子

일주가 己未일로 己未 다음은 庚申 辛酉 壬戌 癸亥로 천간 癸水가 亥水로 끝을 맺은 다음 지지 2글자 子水와 丑土가 공망이 된다. 고로 년지 子水가 공망살이 된다.

[공망조견표]

										공망
甲子	乙丑	丙寅	丁卯	戊辰	己巳	庚午	辛未	壬申	癸酉	戊亥
甲戌	乙亥	丙子	丁丑	戊寅	己卯	庚辰	辛巳	壬午	癸未	申酉
甲申	乙酉	丙戌	丁亥	戊子	己丑	庚寅	辛卯	壬辰	癸巳	午未
甲午	乙未	丙申	丁酉	戊戌	己亥	庚子	辛丑	壬寅	癸卯	辰巳
甲辰	乙巳	丙午	丁未	戊申	己酉	庚戌	辛亥	壬子	癸丑	寅卯
甲寅	乙卯	丙辰	丁巳	戊午	己未	庚申	辛酉	壬戌	癸亥	子丑

6) 양인살(羊刃殺)

[양인살 조견표]

일간	甲	丙	戊	庚	壬	癸
양인살	卯	午	午	酉	子	丑

양인살은 日干을 기준으로 한다. 음일간은 癸日干만 해당된다.

양인살이 사주에 있으면 너무 강하여 난폭하고 거칠고 극처 탈재 극부(克夫)를 한다고 한다.

양인이 호운을 만나면 권력을 잡아 권세를 얻는다고 한다.

군인 법관 외과의사등이 여기에 해당된다.

양인이 형충을 받으면 교통사고 불구자가 된다고 한다.

양인이 년에 있으면 부업을 계승하지 못하고, 월에 있으면 형제 덕이 없고, 일에 있으면 배우자를 파하고, 시에 있으면 자식을 파한다고 한다. 반드시 참고하라.

예)

甲	甲	乙	戊
戊	辰	卯	子

일간 甲木이 월지가 卯木으로 양인살이 된다.

예)

丁	庚	辛	戊
丑	申	酉	辰

일간 庚金이 월지가 酉金으로 양인살이 된다.

7) 상부살.상처살(喪夫殺.喪妻殺)

[상부(상처)살 조견표]

생년	寅卯辰生	巳午未生	申酉戌生	亥子丑生
상부.상처살	巳 丑	申 辰	亥 未	寅 戌

상부살은 년지를 기준으로 한다. 호랑이띠 토끼띠 용띠는 巳火와 丑土가 상부, 상처살이 된다. 다른 띠의 생년도 상기의 기록된 조견표와 같다.

이 살이 사주에 있으면 여자는 남편이 사망한다하여 상부살이라 하고 남자는 처가 사망한다하여 상처살이라고도 한다.

남자가 상처살이 있으면 처와 사별 또는 생이별로 고독하게 되고 여자가 상부살이 있으면 남편과 사별 또는 생이별로 독수공방을 한다고 한다. 참고만 하라.

8) 백호살

戊辰, 丁丑, 丙戌, 乙未, 甲辰, 癸丑, 壬戌

백호대살은 횡사 급사 총살 수술 사고 납치등 불의의 재난을 당하게 되는 악살이라 한다.

戊辰年, 丁丑年, 丙戌年, 乙未年, 甲辰年, 癸丑年, 壬戌年에 태어난 사람은 백호대살의 흉살을 가지고 태어났다. 백호살이 형이나 충이되면 그 흉이 배가 된다고 한다.

년주가 백호살이 임하면 초년 부모와, 월주에 임하면 중년으로 형제자매와, 일주에 임하면 본인이고 배우자며, 시주에 임하면 말년이요 자식이다.

육친 중에 백호살이 인수가 되면 모친이 출산 중 사망하고, 비견겁이 되면 형제자매가 횡사하고, 재성이 되면 처첩이 비명사이요, 관성이 되면 여자는 남편이 남자는 자식이 흉사하게 된다. 참고만 하라.

9) 괴강살(魁罡殺)

庚辰, 庚戌, 壬辰, 壬戌, 戊辰

괴강살은 다른 사람을 제압하는 강열한 힘을 가진 살이며 총명하고 엄격하여 권력을 잡는 살이다.

만약 여자라면 너무나 강하여 남편이 무력하거나, 첩을 얻거나, 가출 납치, 횡사를 당한다고 한다. 참고만 하라.

10) 탕화살(湯火殺)

寅 午 丑

탕화살은 화상 음독 자살 총상등의 흉살로 사주 중에 2개이상 있을 때만 작용을 한다고 한다.

이 살은 운의 흐름에서 만나게 되면 흉살이 발생한다는 것이다. 참고만 하라.

11) 상문살, 조객살(喪門殺.弔客殺)

[상문. 조객살 조견표]

년지	子	丑	寅	卯	辰	巳	午	未	申	酉	戌	亥
상문살	寅	卯	辰	巳	午	未	申	酉	戌	亥	子	丑
조객살	戌	亥	子	丑	寅	卯	辰	巳	午	未	申	酉

상문살은 년지를 기준으로 한다. 예를 들면 子年生이라면 寅년이 상문살

이 되고 戌年이 조객살이 된다.

즉 子年生이 사주중에 寅木이 있으면 상문살이 되고, 戌土가 있으면 조객살이 되는 것이다.

사주 중에 이살이 있고 세운에서 이 살을 만나게 되면 가정에 상을 당한다는 것이다. 참고만 하라.

12) 귀문관살(鬼門官殺)

[귀문관살 조견표]

子—酉	丑—午	寅—未	卯—申	辰—亥	巳—戌

귀문관살은 일지를 기준으로 한다. 일지인 子水가 사주중에 酉金을 보든지 일지인 酉金이 사주 중에 子水를 만나면 귀문관살이 된다. 他地支도 상의 조견표와 같다.

귀문관살이 사주 중에 있으면 총명하고 영리하나 까다롭고 신경질적이고 예민한 사람이다.

년월에 있으면 정신쇠약에 걸리고, 木火日柱로 정신병 환자가 될 수가 있다.

木일주는 저능아나 말더듬이가 있고, 水일주는 신기가 있고, 火일주는 정신질환이 있고, 土일주는 불감증 환자가 있다. 참고하고 연구해보라.

그 외에 화개살, 급각살, 고난살, 고진과숙살, 홍염살, 효신살, 현침살, 단교관살, 낙정관살, 천라지망살등등 많이 열거하였으나 실전에 대입하면 한없이 난해하니 참고만 하라.

제9장 사주해설편

1. 일간론(日干論)

일간은 본인으로 천간과 지지가 일간에 어떤 영향을 미치느냐를 확실히 알아야 비로서 정확하게 사주풀이를 할 수가 있으니 잘 숙지하여 오판이 없도록 해야 한다.

대부분의 명리학책에 기록된 일간론의 설명은 이헌령 비헌령으로 한없이 난해하기도 하지만 막상 실전에 대입할 수가 없을 뿐더러 정확도가 거의 없다는 것이 필자의 경험이다.

복잡하고 난해한 이론을 무시하고 본인의 임상 시험하여 얻은 결론만을 정립하였다.

본 필자가 아래에 기술한 것은 실제 임상시험의 결과를 분석한 것이다. 절대적인 것은 아니지만 적중률이 90%이상이니 열심히 암기하여 주기 바란다.

* 양은 밝고 동적으로 활발하여 거침없이 뻗어나가는 기상이 있다.

음은 어둡고 정적으로 조용하고 꾸준하게 진행을 한다.

고로 양과 양이, 음과 음이 만나면 성공과 실패의 결과가 투명하게 나타나고, 양이 음을, 음이 양을 만나면 성공과 실패의 결과가 큰 소리 없이 나타난다.

이유는 음과 양이 만나면 여자와 남자와의 관계로 연애를 하게 되어 투명하게 보이지 않기 때문이다.

1) 갑목일간(甲木日干)

甲木의 행운의 색깔: 밝고 찬란한 황색. 찬란한 빨강. 甲木의 자리가 戊土

(산의 흙, 5)이고 성장하기 위해서는 丙火(태양불, 7)를 만나야 한다.

甲木의 행운의 숫자: 5, 7

甲木은 형이상학적으로는 목이요 태풍이요 우뢰가 되고 형이하학적으로는 양목이요 대목이요 고목이라 한다. 다 자란 대목으로 견고하지만 고목이 되면 죽은 나무가 된다. 시초의 우두머리로 사장, 연장자, 책임자, 우뢰 천둥

예)

時	日	月	年
乙 亥	甲 戌	乙 卯	戊 辰

(1) 甲木이 천간을 만났을 때

甲木이 甲木을 만나면 비견으로 형제니 갖은 것을 나누어야 하고 甲木이 乙木을 만나면 겁재인 이복형제로 갑목이 고목이니 자리를 빼앗기게 된다.

甲木이 丙火를 만나면 식신으로 겨울 목이 목화통명으로 고목이라도 꽃이 피게 되고 甲木이 丁火를 만나면 상관으로 정화가 화롯불로 갑목이 화상을 입게 된다.

甲木이 戊土를 만나면 편재로 산에 나무가 제 자리로 뿌리를 내리고 클 수가 있고 甲木이 己土를 만나면 정재로 甲己合土로 음토인 기토를 보호를 하게 된다.

甲木이 庚金을 만나면 칠살로 대목이면 큰 도끼로 다듬어 대들보가 되고 甲木이 辛金을 만나면 정관으로 예리한 칼로 잘 다듬어 조경수가 된다.

甲木이 壬水를 만나면 편인으로 물길을 만들어 수로가 되니 할 일이 있고 甲木이 癸水를 만나면 답답하지만 水生木으로 노력이 헛되지는 않다.

(2) 甲木이 지지를 만날 때

甲木이 子水를 만나면 정인으로 겨울의 얼음물로 水生木은 하나 즐겁지가 않다.

甲木이 丑土를 만나면 정재로 동토로 뿌리를 내릴 수 없어 지장간 辛금 영향을 받게된다.

甲木이 寅木을 만나면 비견으로 甲木이 천간의 甲木을 만나는 것과 거의

동일하고 甲木이 卯木을 만나면 겁재로 甲木이 천간의 乙木을 만나는 것과 거의 동일하다.

甲木이 辰土를 만나면 편재로 축축한 흙인 辰土에 뿌리를 내릴 수 있어 자리를 잡는다.

甲木이 巳火를 만나면 식신으로 甲木이 천간의 丙火를 만나는 것과 거의 동일하고 甲木이 午火를 만나면 상관으로 甲木이 천간의 丁火를 만나는 것과 거의 동일하다.

甲木이 未土를 만나면 정재지만 未土가 12운성의 묘고로 답답하다.

甲木이 申金을 만나면 편관으로 甲木이 천간의 庚金을 만나는 것과 거의 동일하고 甲木이 酉金을 만나면 정관으로 甲木이 천간의 辛金을 만난 것과 거의 동일하다.

甲木이 戌土를 만나면 편재이나 사막의 흙으로 死土이니 갑목의 뿌리가 말라 죽게 된다.

甲木이 亥水를 만나면 편인으로 甲木이 천간의 壬水를 만나는 것과 거의 동일하다.

2) 을목일간(乙木日干)

乙木의 행운의 색깔: 무광인 황색. 무광인 빨강. 乙木의 자리는 己土(밭의 흙 10)이고 성장하기 위해서는 丁火(따뜻한 온실 2)를 만나야 한다.

을목의 행운의 숫자: 2, 10

乙木은 형이상학적으로는 木이요 바람이요 동쪽이 되고 형이하학적으로는 음목이요 어린 싹으로 생목이라 한다. 어린 木으로 무한한 성장 가능성은 있지만 큰 대목으로 쓸 수는 없다. 소식, 전문가, 꽃, 그림, 실바람

예)

時	日	月	年
丙 子	乙 丑	丁 亥	乙 未

(1) 乙木이 천간을 만났을 때

乙木이 甲木을 만나면 겁재로 이복동생이니 큰 나무가 어린목에게 먹이

를 다 뺏어가고 乙木이 乙木을 만나면 비견으로 형제이니 먹이를 나누어야 한다.

乙木이 丙火를 만나면 상관으로 어린 木이 뜨거운 태양불로 시들게 되고 乙木이 丁火를 만나면 식신으로 따뜻한 온실이니 잘 자랄 수가 있다.

乙木이 戊土를 만나면 정재로 山土이니 뿌리는 내리나 큰 나무에 가려 힘을 못 쓰고 乙木이 己土를 만나면 편재로 전토(밭의 흙)로 어린 싹이 성장하는 환경이 된다.

乙木이 庚金을 만나면 정관으로 도끼에 찍힐까 乙庚 합으로 피신처가 되고 乙木이 辛金을 만나면 칠살로 날카로운 칼에 상처를 입을까 두렵다.

乙木이 壬水를 만나면 정인으로 친어머니라고 의지하다가 큰물에 떠내려가기 쉽고 乙木이 癸水를 만나면 편인으로 무해무덕 하다.

(2) 乙木이 지지를 만날 때

乙木이 子水를 만나면 편인으로 乙木이 천간의 계수를 만나는 것과 거의 동일하고 乙木이 丑土를 만나면 편재로 동토니 뿌리를 내릴 수 없어 지장간의 辛金의 영향을 받는다.

乙木이 寅木을 만나면 겁재로 乙木이 천간의 甲木을 만나는 것과 거의 동일하고 乙木이 卯木을 만나면 비견으로 乙木이 천간의 乙木을 만나는 것과 거의 동일하다.

乙木이 辰土를 만나면 정재로 축축한 흙에 뿌리를 내릴 수 있어 자리를 잡는다.

乙木이 巳火를 만나면 상관으로 乙木이 천간의 丙火를 만나는 것과 거의 동일하고 乙木이 午火를 만나면 식신으로 乙木이 천간의 丁火를 만나는 것과 거의 동일하다.

乙木이 未土를 만나면 편재로 乙木이 천간의 己土를 만나는 것과 거의 동일하다.

乙木이 申金을 만나면 정관으로 乙木이 천간의 庚金을 만나는 것과 거의 동일하고 乙木이 酉金을 만나면 편관으로 乙木이 천간의 辛金을 만난 것과 거의 동일하다.

乙木이 戌土를 만나면 정재이지만 戌土는 사막의 흙인 死土로 12운성의 묘고가 된다.

乙木이 亥水를 만나면 정인으로 乙木이 천간의 壬水를 만나는 것과 거의 동일하다.

3) 병화일간(丙火日干)

丙火의 행운의 색깔: 찬란한 황색. 찬란한 청록색.

丙火는 戊土(산흙 5)을 따뜻하게 하여 甲木(대목 3)을 키워야만 할 일을 다한다.

丙火의 행운의 숫자: 3, 5

丙火는 형이상학적으로는 태양불로 광명을 나타내고, 형이하학적으로는 여름철 왕화로 甲木을 도와주고 乙木에게는 고통을 준다. 태양불로 水를 두려워하지도 않고 土와는 조화를 이룰 수도 있다.

광명, 허세, 사치, 영광, 오만.

예)

時	日	月	年
癸 亥	丙 寅	丁 未	壬 寅

(1) 丙火가 천간을 만났을 때

丙火가 甲木을 만나면 편인으로 산토가 따뜻하니 대목이 잘 자라 보람이 있고 丙火가 乙木을 만나면 정인으로 어린목으로 잘 자라게 하려면 노력이 필요하다.

丙火가 丙火를 만나면 비견으로 형제가 되니 먹이를 나누어야 하고 丙火가 丁火를 만나면 겁재로 이복형제가 되니 강도를 만나게 된다.

丙火가 戊土를 만나면 식신으로 산의 흙이니 할 일이 생기고 丙火가 己土를 만나면 상관으로 밭의 어린 싹을 말라죽게 하니 헛수고만 한다.

丙火가 庚金을 만나면 편재로 큰 광석을 만나게 되니 광채가 나고 丙火가 辛金을 만나면 정재로 丙辛合으로 丙火가 음금인 辛金을 보호하게 된다.

丙火가 壬水를 만나면 칠살로 큰 호수에 아침과 저녁의 일출과 노을로 아름답고 丙火가 癸水를 만나면 정관이지만 이슬, 안개로 짜증스럽다.

2) 丙火가 지지를 만났을 때

丙火가 子水를 만나면 子水가 정관으로 천간의 癸水를 만나는 것과 거의 동일하다.

丙火가 丑土를 만나면 상관이지만 丑土의 지장간의 辛金이 작용을 하다.

丙火가 寅木을 만나면 편인으로 천간의 甲木을 만나는 것과 거의 동일하고 丙火가 卯木을 만나면 정인으로 천간의 乙木을 만나는 것과 거의 동일하다.

丙火가 辰土를 만나면 식신이지만 辰土의 지장간에 癸水가 작용을 한다.

丙火가 巳火를 만나면 비견으로 천간의 丙火를 만나는 것과 거의 동일하고 丙火가 午火를 만나면 겁재로 천간의 丁火를 만나는 것과 거의 동일하다.

丙火가 未土를 만나면 상관으로 천간의 己土를 만나는 것과 거의 동일하다.

丙火가 申金을 만나면 편재로 천간의 庚金을 만나는 것과 거의 동일하고 丙火가 酉金을 만나면 정재로 재물이 불어난다.

丙火가 戌土를 만나면 식신으로 戌土는 死土이고 12운성의 묘고가 된다.

丙火가 亥水를 만나면 편관로 천간의 壬水를 만나는 것과 거의 동일하다.

4) 정화일간(丁火日干)

丁火의 행운의 색깔: 무광인 황색, 무광인 청록색.

정화는 기토(전답 10)를 따뜻하게 하여 을목(싹이튼 초목 8)을 키우니 보람이 있다.

丁火의 행운의 숫자: 8, 10

인자하고 자상함, 별, 봉사, 수도자.

丁火는 형이상학적으로는 문명지상으로 달과 별을 말하며 형이하학적으로는 등불 화롯불로 온화한 온실을 말한다. 쇠를 제련하고 어린木을 잘 키운다.

예)

時	日	月	年
癸 丑	丁 丑	丙 辰	戊 辰

(1) 丁火가 천간을 만났을 때

丁火가이 甲木을 만나면 정인이지만 丁火는 화롯불로 큰나무가 덥쳐 화롯불이 꺼지고 丁火정화가 乙木을 만나면 편인이지만 따뜻한 온실로 어린 乙木을 잘 자라게 한다.

丙火를 만나면 겁재로 이복형제가 되니 강도를 마나게 되고 丁火가 丁火를 만나면 형제가 되니 먹이를 나누어야 한다.

丁火가 戊土를 만나면 상관으로 산의 흙이니 정화가 화롯불로 쓸모가 없게 되고 丁火가 己土를 만나면 식신으로 전답을 따뜻하게 하여 어린 싹을 잘 자라게 한다.

丁火가 庚金을 만나면 정재로 丁火로 큰쇠를 제련하게 되며 丁火가 辛金을 만나면 편재로 보석의 강도를 높이기도 하고 보석을 녹일 수도 있다.

丁火가 壬水를 만나면 정관으로 큰물로 감당할 수가 없어 丁壬合으로 보호를 받고 丁火가 癸水를 만나면 癸水가 편관으로 화롯불이 꺼질까 두려워한다.

(2) 丁火가 지지를 만났을 때

丁火가 子水를 만나면 편관으로 천간의 癸水를 만나는 것과 거의 동일하고 丁火가 丑土를 만나면 식신이지만 丁火는 丑土가 12운성의 묘고가 된다.

丁火가 寅木을 만나면 정인으로 천간의 甲木을 만나는 것과 거의 동일하고 丁火가 卯木을 만나면 편인으로 천간의 乙木을 만나는 것과 거의 동일하다.

丁火가 辰土를 만나면 상관이지만 진토의 지장간에 癸水로 불이 꺼진다.

丁火가 巳火를 만나면 겁재로 천간의 丙火를 만나는 것과 거의 동일하고 丁火가 午火를 만나면 비견으로 천간의 丁火를 만나는 것과 거의 동일하다.

丁火가가 未土를 만나면 식신으로 천간의 己토를 만나는 것과 거의 동일하다.

丁火가 申金을 만나면 정재로 천간의 庚金을 만나는 것과 거의 동일하고 丁火가 酉金을 만나면 편재로 천간의 辛金을 만나는 것과 거의 동일하다.

丁火가 戊土를 만나면 상관이지만 戊土의 지장간의 丁火와 癸水가 작용을 한다.

丁火가 亥水를 만나면 亥水가 큰물이지만 정관으로 무해무덕하다.

5) 무토일간(戊土日干)

戊土의 행운의 색깔: 찬란한 청록색, 찬란한 빨강.

戊土(산)는 甲木(大木 3)과 丙火(태양불 7)를 만나야 산이 푸르고 무성하다.

戊土의 행운의 숫자: 3, 7

戊土는 만물의 중앙의 자리로 양토로 형이상학적으로는 구심점으로 조절의 역활을 하고 형이하학적으로는 산의 흙으로 나무를 생육하고 제방의 역할을 한다.

초목을 키우고 큰물의 제방 역활을 한다.

부동산, 과묵, 고집, 주먹.

예)

時	日	月	年
丙 辰	戊 戌	己 未	戊 辰

(1) 戊土가 천간을 만났을 때

戊土가 甲木을 만나면 칠살이지만 戊土가 대목을 키우니 그 명성이 아름답고 戊土가 乙木을 만나면 戊土가 乙木인 어린목을 키우는데 땀을 흘려야 한다.

戊土가 丙火를 만나면 편인이지만 戊土가 丙火와 협조하여 大木으로 키우고 戊土가 丁火를 만나면 정인이지만 화롯불로 산에 나무를 그슬리니 짜증스럽다.

戊土가 戊土를 만나면 비견으로 형제가 되니 먹이를 나누어야 하고 戊土가 己土를 만나면 겁재로 이복형제가 되니 강도를 만나게 된다.

戊土가 庚金을 만나면 식신으로 경금인 철광석의 보고가 되고 戊土가 辛金을 만나면 상관으로 산의 초목을 辛金인 날카로운 칼로 상처를 입는다.

戊土가 壬水를 만나면 편재로 壬수인 큰물을 제방 역할을 해주니 아름답고 戊土가 癸水를 만나면 정재로 戊癸合으로 음수인 癸水를 보호해야 한다.

(2) 戊土가 地支를 만났을 때

戊土가 子水를 만나면 정재로 재물이 차곡차곡 늘어난다.

戊土가 丑土를 만나면 겁재이지만 축토의 지장간의 辛金이 작용을 한다.

戊土가 寅木을 만나면 편관으로 천간의 甲木을 만나는 것과 거의 동일하고 戊土가 卯木을 만나면 정관으로 천간의 乙木을 만나는 것과 거의 동일하다.

戊土가 辰土를 만나면 비견이지만 辰土의 지장간에 癸水가 작용을 한다.

戊土가 巳火를 만나면 편인으로 천간의 丙火를 만나는 것과 거의 동일하고 戊土가 午火를 만나면 정인으로 천간의 丁火를 만나는 것과 거의 동일하다.

戊土가 未土를 만나면 겁재로 천간의 己土를 만나는 것과 거의 동일하다.

戊土가 申金을 만나면 식신으로 천간의 庚金을 만나는 것과 거의 동일하고 戊土가 酉金을 만나면 상관으로 辛金을 만나는 것과 거의 동일하다.

戊土가 戌土를 만나면 비견이지만 戌土의 지장간에 丁火와 癸水가 작용을 한다.

戊土가 亥水를 만나면 편재로 천간의 壬水를 만나는 것과 거의 동일하다.

6) 기토일간(己土日干)

己土의 행운의 색깔: 무광택인 청록색, 무광택인 빨강.

己土(밭)는 乙木(어린싹 8)과 따뜻한 丁火(온실 2) 만나야 밭이 푸르다.

己土의 행운의 숫자: 2, 8

己土는 만물의 중앙의 위치로 음으로 형이상학적으로 원기의 역할을 하고 형이하학적으로는 전답으로 모든 곡식을 키우는 역할을 한다.

기록, 교제, 사랑, 인장.

예)

時	日	月	年
甲 辰	己 丑	戊 戌	辛 丑

(1) 己土가 天干을 만났을 때

己土가 甲木을 만나면 정관으로 甲己合土로 보호를 받고 己土가 乙木을 만나면 칠살이지만 전답의 乙木인 초목을 키우니 보람이 있다.

己土가 丙火를 만나면 정인으로 자라는 초목이 뜨거운 태양불로 시들게 되고 己土가 丁火를 만나면 편인으로 싹이 튼 초목이 따뜻한 온실로 잘 자라게 된다.

己土가 己土를 만나면 비견으로 형제가 되니 먹이를 나누어야 하고 己土가 戊土를 만나면 겁재로 이복형제가 되니 강도를 만나게 된다.

己土가 庚金을 만나면 상관으로 기토가 기르는 초목이 庚金 큰칼에 상처를 입고 己土가 辛金을 만나면 식신으로 己土에 초목을 예리한 칼로 솎아주니 잘 자란다.

己土가 임수를 만나면 정재로 己土가 기르는 초목이 壬水 큰물이 덮칠까 두렵고 己土가 癸水를 만나면 편재로 기토가 기르는 초목이 단비를 만나게 되니 기쁘다.

(2) 己土가 지지를 만났을 때

己土가 子水를 만나면 편재로 천간의 癸水를 만나는 것과 거의 동일하다.

己土가 丑土를 만나면 비견이지만 축토의 지장간의 辛金이 작용을 한다.

己土가 寅木을 만나면 정관으로 천간의 甲木을 만나는 것과 거의 동일하고 己土가 卯木을 만나면 편관으로 천간의 乙木을 만나는 것과 거의 동일하다.

己土가 辰土를 만나면 겁재이지만 辰土의 지장간에 癸水가 작용을 한다.

己土가 巳火를 만나면 정인으로 천간의 丙火를 만나는 것과 거의 동일하고 己土가 午火를 만나면 편인으로 천간의 丁火를 만나는 것과 거의 동일하다.

己土가 未土를 만나면 비견으로 천간의 己土를 만나는 것과 거의 동일하다.

己土가 申金을 만나면 상관으로 천간의 庚金을 만나는 것과 거의 동일하고 己土가 酉金을 만나면 식신으로 辛金을 만나는 것과 거의 동일하다.

己土가 戌土를 만나면 겁재이지만 戌土의 지장간에 丁火와 癸水가 작용을 한다.

己土가 亥水를 만나면 정재로 천간의 壬水를 만나는 것과 거의 동일하다.

7) 경금일간(庚金日干)

庚金의 행운의 색깔: 찬란한 청록색. 찬란한 빨강

庚金은 丁火(화롯불 2)를 만나야 제련이 되고 갑목(3)을 만나야 대들보를 만들 수가 있다.

庚金의 행운의 숫자: 2, 3

庚金은 천지의 생살권을 장악하는 결단을 쥐고있는 자리로 형이상학적으로는 바람과 찬서리로 만물의 결실을 맺게하는 역할을 하고 형이하학적으로는 철광석으로 제련되지 않은 철광석으로 丁火(불)를 만나야 제련이 된다.

고집, 투쟁, 무관, 스포츠맨.

예)

時	日	月	年
辛 巳	庚 辰	乙 酉	乙 丑

(1) 庚金이 천간을 만났을 때

庚金이 甲木을 만나면 편재로 대목을 다듬어 대들보를 만들 수가 있고 庚金이 乙木을 만나면 정재이지만 乙庚合으로 경금인 음목인 乙木을 보호한다.

庚金이 丙火를 만나면 편관으로 庚金인 철광석이 빛을 발할 수가 있으며 庚金이 丁火를 만나면 정관으로 庚金을 제련해준다.

庚金이 戊土를 만나면 편인으로 戊土(산토)가 고향이니 두려울 것이 없고 庚金이 己土를 만나면 정인이지만 己土(전밭)에 의지하기가 곤란하다.

庚金이 庚金을 만나면 비견으로 형제가 되니 먹이를 나누어야 하고 庚金이 辛金을 만나면 겁재로 이복형제가 되니 강도를 만나게 된다.

庚金이 壬水를 만나면 식신으로 金生水로 활발하게 壬水(큰물)를 生할 수가 있고 庚金이 癸水를 만나면 상관으로 庚金이 金生水 하는데 癸水(안개)로 답답하다.

(2) 庚金이 지지를 만났을 때

庚金이 子水를 만나면 상관으로 천간의 癸水를 만나는 것과 거의 동일하다.

庚金이 丑土를 만나면 정인이지만 庚金은 丑土가 12운성의 묘고가 된다.

庚金이 寅木을 만나면 편재로 천간의 甲木을 만나는 것과 거의 동일하고 庚金이 卯木을 만나면 정재으로 재물이 차곡차곡 쌓인다.

庚金이 辰土를 만나면 편인이지만 辰土의 지장간에 癸水가 작용을 한다.

庚金이 巳火를 만나면 편관으로 천간의 丙火를 만나는 것과 거의 동일하고 庚金이 午火를 만나면 정관으로 천간의 丁火를 만나는 것과 거의 동일하다.

庚金이 未土를 만나면 정인으로 천간의 己土를 만나는 것과 거의 동일하다.

庚金이 申金을 만나면 비견으로 천간의 庚金을 만나는 것과 거의 동일하고 庚金이 酉金을 만나면 겁재로 천간의 辛金을 만나는 것과 거의 동일하다.

庚金이 戌土를 만나면 편인이지만 戌土의 지장간에 丁火와 癸水가 작용을 한다.

庚金이 亥水를 만나면 식신으로 천간의 壬水를 만나는 것과 거의 동일하다.

8) 신금일간(辛金日干)

辛金의 행운의 색깔: 무광택인 청록색. 무광택인 검정

辛金은 癸水(얕은 물 6)속에 있을 때 광채가 나고 乙木(초목 8)만나야 솎아내는 일이 생긴다.

辛金의 행운의 숫자: 6, 8

辛金은 庚金이 제련된 금으로 예리하고 날카로운 성질로 형이상학적으로는 마무리가 된 결정체이고 형이하학적으로는 금, 은, 동으로 제련된 금이라 더 이상 불이 필요치가 않다.

보석, 전문가, 정밀기계.

예)

時	日	月	年
己 丑	辛 丑	己 未	戊 申

(1) 辛金이 천간을 만났을 때

辛金이 甲木을 만나면 정재로 재물이 차곡차곡 쌓이고 辛金이 乙木을 만나면 편재로 辛金(예리한 칼)이 乙木(어린목)을 마음대로 다룬다.

辛金이 丙火를 만나면 정관이지만 丙辛合을 하여 辛金의 의지처가 되고 辛金이 丁火를 만나면 칠살 편관으로 한편으로는 두려움을 느낀다.

辛金이 戊土를 만나면 정인지만 辛金(보석)이 戊土(산토)에 매몰되고 辛金이 己土를 만나면 편인으로 己土(전답)에 곡식을 조율하여 준다.

辛金이 庚金을 만나면 겁재로 이복형제가 되니 강도를 만나게 되고 辛金이 酉金을 만나면 비견으로 형제가 되니 먹이를 나누어야 한다.

辛金이 壬水를 만나면 상관으로 壬水(큰물)에 빠저버리게 되고 辛金이 癸水를 만나면 식신으로 癸水(작은 물)속에 들어가니 광채가 난다.

(2) 辛金이 지지를 만났을 때

辛金이 子水를 만나면 식신으로 천간의 癸水를 만나는 것과 거의 동일하다.

辛金이 丑土를 만나면 편인이지만 丑土의 지장간의 辛금이 작용을 한다.

辛金이 寅木을 만나면 정재로 천간의 甲木을 만나는 것과 거의 동일하고 辛金이 卯木을 만나면 편재로 천간의 乙木을 만나는 것과 거의 동일하다.

辛金이 辰土를 만나면 정인이지만 申金은 辰土가 12운성의 묘고가 된다.

辛金이 巳火를 만나면 정관으로 천간의 丙火를 만나는 것과 거의 동일하고 辛金이 午火를 만나면 편관으로 천간의 丁火를 만나는 것과 거의 동일하다.

辛金이 未土를 만나면 편인으로 천간의 己土를 만나는 것과 거의 동일하다.

辛金이 申金을 만나면 겁재로 천간의 庚金을 만나는 것과 거의 동일하고 辛金이 酉金을 만나면 비견으로 천간의 辛金을 만나는 것과 거의 동일하다.

辛金이 戌土를 만나면 정인이지만 戌土의 지장간인 丁火와 癸水가 작용을 하다.

辛金이 亥水를 만나면 상관으로 천간의 壬水를 만나는 것과 거의 동일하다.

9) 임수일간(壬水日干)

壬水의 행운의 색깔: 찬란한 황색. 찬란한 빨강.

壬水(강물)는 丙火(태양 7)가 있야 푸른 물로 아름답고 戊土(5)가 있어야 제방을 해준다.

壬水의 행운의 숫자: 5, 7

壬水는 양으로는 천간의 끝으로 곧 시작으로 형이상학적으로는 물의 원천인 하늘의 구름으로 생명의 원천이요 형이하학적으로는 바다요 호수요 강물이다.

무법자, 도적, 청백리, 지랄.

예)

時	日	月	年
甲 辰	壬 辰	戊 寅	己 酉

(1) 壬水가 천간을 만났을 때

壬水가 甲木을 만나면 식신으로 水生木으로 甲木이 시원한 소통이 되고

壬水가 乙木을 만나면 상관으로 水生木 하려니 乙木으로 소통이 안 되니 답답하다.

壬水가 丙火를 만나면 편재로 丙火(태양불)로 큰물이 푸르러 아름답고

壬水가 丁火를 만나면 정재로 丁壬合으로 음화인 丁火를 보호해야 한다.

壬水가 戊土를 만나면 편관이지만 戊土(산토)가 壬水(강물)의 제방이 되고

壬水가 己土를 만나면 정관으로 己土(전발)가 壬水(강물)에 쓸려 흙탕물이 한다.

壬水가 庚金을 만나면 편인이지만 庚金이 金生水로 큰 수원이 되고

壬水가 辛金을 만나면 정인이지만 辛金(보석)이 임수의 작은 수원도 못된다.

壬水가 壬水를 만나면 비견으로 형제가 되니 먹이를 나누어야 하고

壬水가 癸水를 만나면 겁재로 이복형제가 되니 강도를 만나게 된다.

(2) 壬水가 지지를 만났을 때

壬水가 子水를 만나면 겁재로 천간의 癸水를 만나는 것과 거의 동일하다.

壬水가 丑土를 만나면 정관이지만 丑土의 지장간인 辛金이 작용한다.

壬水가 寅木을 만나면 식신으로 천간의 甲木을 만나는 것과 거의 동일하고

壬水가 卯木을 만나면 상관으로 천간의 乙木을 만나는 것과 거의 동일하다.

壬水가 辰土를 만나면 편관이지만 진토가 12운성의 묘고가 된다.

壬水가 巳火를 만나면 편재로 천간의 丙火를 만나는 것과 거의 동일하고

壬水가 午火를 만나면 정재로 壬水가 재물이 차곡차곡 쌓인다.

壬水가 未土를 만나면 정관으로 천간의 己土를 만나는 것과 거의 동일하다.

壬水가 申金을 만나면 편인으로 천간의 庚金을 만나는 것과 거의 동일하고

壬水가 酉金을 만나면 정인으로 辛金을 만나는 것과 거의 동일하다.

壬水가 戌土를 만나면 편인이지만 戌土의 지장간에 丁火와 癸水가 작용을 한다.

壬水가 亥水를 만나면 비견으로 천간의 壬水를 만나는 것과 거의 동일하다.

10) 계수일간(癸水日干)

癸水의 행운의 색깔: 무광택인 청록색. 무광택인 백색.

癸水(시냇물)는 乙木(초목 8)을 키워야하고 물속에 申金(보석 4)이 있어야

물빛이 아름답다.

癸水의 행운의 숫자: 4, 8

癸水는 형이상학적으로 음수요 하늘의 안개가 되며, 형이하학적으로는 이슬이요 시냇물이다.

水가 음인데 水中의 壬水는 음중의 양수로 남자의 기질이나 癸水는 여자의 기질이다.

슬픔, 자비심, 폭군, 양육.

예)

時	日	月	年
甲 子	癸 卯	乙 丑	壬 戌

(1) 癸水가 천간을 만났을 때

癸水가 甲木을 만나면 상관으로 甲木이 큰물로 감당할 수가 없고

癸水가 乙木을 만나면 식신으로 水生木으로 적당히 소통을 하니 편안하다.

癸水가 丙火를 만나면 정재로 재물이 차곡차곡 쌓이고

癸水가 丁火를 만나면 편재로 丁癸충으로 癸水가 주도권을 잡는다.

癸水가 戊土를 만나면 정관으로 戊癸合으로 의지를 하고

癸水가 己土를 만나면 편관이지만 己土(전밭)를 감당할 수가 없다.

癸水가 庚金을 만나면 정인으로 庚金이 金生水로 안정이 되고

癸水가 辛金을 만나면 편인으로 癸水가 辛金(보석)을 품으니 그 물이 투명하다.

癸水가 壬水를 만나면 겁재로 이복형제가 되니 강도를 만나게 되고,

癸水가 癸水를 만나면 비견으로 형제가 되니 먹이를 나누어야 된다.

(2) 癸水가 地支를 만났을 때

癸水가 子水를 만나면 비견으로 천간의 癸水를 만나는 것과 거의 동일하고,

癸水가 丑土를 만나면 편관이지만 丑土의 지장간인 辛金이 작용한다.

癸水가 寅木을 만나면 상관으로 천간의 甲木을 만나는 것과 거의 동일하고,

癸水가 卯木을 만나면 식신으로 천간의 乙木을 만나는 것과 거의 동일하다.

癸水가 辰土를 만나면 정관이지만 辰土의 지장간이 癸水가 작용을 한다.

癸水가 巳火를 만나면 정재로 천간의 丙火를 만나는 것과 거의 동일하고,

癸水가 午火를 만나면 편재로 천간의 丁火를 만나는 것과 거의 동일하다.

癸水가 未土를 만나면 편관으로 未土가 12운성의 묘고가 된다.

癸水가 申金을 만나면 정인으로 천간의 庚金을 만나는 것과 거의 동일하고

癸水가 酉金을 만나면 편인으로 천간의 辛金을 만나는 것과 거의 동일하다.

癸水가 戌土를 만나면 정관이지만 戌土의 지장간에 丁火와 癸水가 작용을 한다.

癸水가 亥水를 만나면 겁재로 천간의 壬水를 만나는 것과 거의 동일하다.

이상과 같이 수록된 일간론은 반드시 숙지하라.

2. 지지론(地支論)

* 지지론을 거창하게 설명들을 하나 코걸이, 귀걸이, 팔걸이 등등으로 답을 찾을 수가 없다.

여러 가지로 이러쿵 저러쿵 설명들을 하는데 탁상공론에 불과하다. 십이지지는 지장간에 상부상조 할 수가 있는 오행이 있다. 고로 지지의 답은 지장간에 있다. 십이지지론은 아래에 상세히 기록한 것을 반드시 숙지해야만 사주의 흐름을 풀 수가 있는 것이다.

1) 子水

천간 癸水와 성질이 비등하다. 子水의 지장간 중의 癸水만이 튀어나와 癸水(작은 물)인 얕은 물에 보석을 담그면 물과 보석이 함께 찬란한 빛을 발하니 癸水와 辛金은 천생연분이다,

2) 丑土

천간의 辛金과 성질이 비등하다. 丑土는 꽁꽁 얼은 겨울 土로 임수를 제

방할 수가 없다. 丑土의 지장간 중의 辛金만 튀어나와 癸水와 짝을 이룬다.

3) 寅木

천간의 甲木과 성질이 비등하다. 寅木의 지장간 중의 戊土와 丙火가 튀어나와 戊土는 산으로 甲木의 보금자리로 丙火인 태양 빛을 받아야 성장 할 수가 있다. 甲木과 丙火와 戊土는 서로가 합심하게 될 수 밖에 없다.

4) 卯木

천간의 乙木과 성질이 비등하다. 새싹이 튼 乙木(어린초목)이 山土를 만나면 甲木에 가려 생명을 유지 할 수가 없다. 왕한 태양불을 만나면 시들어 버린다. 고로 하늘을 볼 수가 있는 己土(잔답)에서 싹이 터서 따뜻한 丁火를 만나야 잘 자랄 수가 있다. 乙木과 丁火와 己土는 서로가 협조할 수 밖에 없다.

5) 辰土

천간의 癸水와 성질이 비등하다. 물기가 많은 젖은 흙으로 壬水를 제방할 수가 없다. 고로 土의 역활을 못한다. 辰土의 지장간 중의 癸水가 튀어나와 갈 길을 안내한다. 辰土에는 木만은 뿌리를 내려 자리를 잡을 수가 있다.

6) 巳火

천간의 丙火와 성질이 비등하다. 巳火의 지장간 중의 戊土만 튀어나와 산에 甲木을 키운다. 戊土(산)에 甲木(대목)으로 산이 푸르니 丙火는 甲木과 戊土와 상부상조 할 수밖에 없다.

7) 午火

천간의 丁火와 성질이 비등하다. 午火의 지장간 중의 己土만 튀어나와 己土(밭)에서 새싹인 卯木을 키운다. 丁火는 乙木과 己土와는 불가분의 관계가 될 수밖에 없다.

8) 未土

천간의 己土와 성질이 비등하다. 未土의 지장간 중의 丁火와 乙木이 튀어나와 己土(전답)에서 자라나고 있는 乙木(곡식)을 따뜻한 丁火로 잘 자라게 한다. 己土는 乙木과 丁火와는 헤어질 수가 없다.

9) 申金

천간의 庚金과 성질이 비등하다. 申金의 지장간 중의 壬水만 튀어나와 金

生水로 庚金(철광석)이 시원하게 체증을 풀어 소통을 하게 한다. 庚金과 壬水는 함께 갈 수 밖에 없다.

10) 酉金

천간의 辛金과 성질이 비등하다. 辛金은 보석으로 얕은 물에 담겨 있을 때 물도 보석도 함께 찬란한 빛을 발한다. 辛金과 癸水가 함께 할 때 그 빛이 찬란하다.

11) 戌土

천간의 辛金으로 본다. 戌土는 사막의 흙으로 死土(죽은 흙)로 壬水를 제방을 할 수가 없다. 다만 戌土의 지장간 중의 丁火만이 튀어나와 癸水와 함께 작용을 한다.

12) 亥水

천간의 壬水와 성질이 비등하다. 壬水는 호수물의 원천(금생수)인 庚金이 없으면 물이 말라 버린다. 庚金에게 매달려야 생명을 유지할 수가 있다.

이상과 같이 요점만을 간략하게 설명한 것을 아래에 다시 정리를 한다.

90%는 각기 월마다 숨어있는 지장간의 천간과 지지간 필연적으로 상부상조 할 수 있는 관계를 기술하니 본인 또는 지인의 사주에 대입하면 놀랄 정도로 감탄 할 것이다.

地支 子水는 天干의 辛金과 상호 협조하고,

地支 丑土는 天干 辛金의 역할을 하고,

地支 寅木은 天干의 丙火와 戊土와 상호 협조하고,

地支 卯木은 天干의 丁火와 己土와 상호 협조하고,

地支 辰土는 天干의 癸水 역활을 하고,

地支 巳火는 天干의 甲木과 戊土와 상호 협조하고,

地支 午火는 天干의 乙木과 己土와 상호 협조하고,

地支 未土는 天干의 乙木과 丁火와 상호 협조하고,

地支 申金은 天干 壬水와 상호 협조하고,

地支 酉金은 天干 癸水와 상호 협조하고,

地支 戌土는 天干의 丁火와 癸水의 역할을 하고,

地支 亥水는 天干 庚金과 상호 협조를 한다는 것을 명시하니 유념하라.

3. 일주론(日柱論)

일주론을 명리학의 책마다 거창하게 설명들을 하나 코걸이, 귀걸이, 팔걸이 등등으로 답을 찾을 수가 없다. 여러 가지로 이러쿵 저러쿵 설명들을 하는데 탁상공론에 불과하다. 본인이 그동안 실전을 통해 얻은 결론은 일간이 월주로부터 어떠한 영향를 받느냐를 관찰하면 그 정확도가 90%이상이라는 결론을 얻었다. 월주가 본인의 정신이요 환경으로 월지의 영향은 60%-70%이고 월간의 영향은 30%-40%이기 때문이다.

아래에 庚子日柱만을 실제로 혈육, 친지, 지인등등의 사주를 검토한 내용을 아래에 기술하니 참조를 바란다.

#. 庚子日柱

* 박경일　　乙 庚 甲 辛

　　　　　　丑 子 午 巳

성격과 사회활동: 정관격으로 보수적이고 신중하고 원칙주의자이다.

월지 午월이 체(庚金)를 다스려 주니 사람은 부드럽고 친화력이 있다. 격 午火는 정인(未土)과 정재(乙木)가 짝으로 정인과 정재의 성질이 포함되어 있다. 정인으로 끈기가 있고 정재로 알뜰하나, 월간에 편재(甲木)가 떠있어 부드럽고 배려심이 많다.

* 박주동　　癸 庚 癸 乙

　　　　　　亥 子 未 丑

성격과 사회활동: 정인격으로 보수적이고 격이 乙木과 丁火를 쓰니 乙木이 정재로 인색하고 丁火가 정관으로로 庚金을 제련하려하나 월간 癸水가 충하고 제거해버리니 겉으로는 부드러운 체 하지만 포기할 줄 모르는 지독한 사람이다. 전혀 대화가 통할 수가 없는 사람이다.

격(未土-환경과 정신)은 丁火가 짝으로 사회활동을 하려면 사회자리 癸水가 충극을 하니 사회생활은 빵점이다.

* 김현욱　　壬 庚 戊 庚

午 子 寅 午

성격과 사회생활: 편재격으로 시원스럽고 양팔통으로 성질이 급하고 월간에 편인이 떠있어 거짓말도 잘하고 머리회전이 빠르다.

격(寅木-환경과 정신)은 편관(丙火)과 편인(戊土)이 짝으로 사회활동은 격이 사회자리 戊土로 나가고, 국가지리에는 午火가 庚金을 다스려주니 많은 사람과 어울린다. 편재격으로 돈을 잘 쓰고 편관(丙)으로 일을 저지르고 편인(戊)로 거짓말을 잘한다.

* 김경일　　0 庚 壬 壬

0 子 寅 午

성격과 사회생활: 편재격으로 월간에 식신이 떠 있으니 시원스럽고 솔직담백하고 화통하며 꺼리낌이 없고 많은 사람을 좋아하고 어울린다.

체는 사회자리(壬水)와 국가자리(壬水)가 짝으로 숨을 쉬니 사회활동이 활발하다. 격(寅木-환경과 정신)이 살아나려면 사회, 국가자리에 丙火나 戊土가 있어야 하는데 壬水가 丙火를 水克火로 격(寅木-환경)의 숨통을 끊으니 몸만 바쁘고 보람이 없다.

* 황기순　　丁 庚 戊 壬

酉 子 申 午

성격과 사회생활: 비견격(건록격)으로 체와 격이 같으니 단순하고 金水로 짜여져 사람이 맑다. 월간에 편인이 떠있어 머리가 잘 돌아가고 시원스럽다. 체와 격이 국가자리(壬水)와 짝으로 숨을 쉬니 활동이 활발하고 많은 사람이 좋아한다. 단, 壬水는 활발하나 재물(木)과는 큰 인연이 없다.

* 진윤숙　　丁 庚 己 乙

丑 子 丑 酉

庚金 일간으로 월지가 丑土이니 겁재격으로 격인 丑土가 辛金으로 癸水를 쓰니 상관을 쓰게 되고 월간에 정인(己土)과 년간에 乙木(정재)이 모두가 오행 중 음으로 양일간이 오행의 음으로 둘러쌓여 있으니 말이 안 통하고 싸가지가 없고 이기적이다. 단 월간에 정인과 겨울생으로 교양있는 체 한다.

제10장 격국론(格局論)

모든 역술가나 역학서에는 내격(정인격. 편인격. 건록격. 양인격. 상관격. 식신격. 정재격. 편재격. 정관격. 편관격)이니 외격 또는 편격(곡직격. 염상격. 가색격. 종혁격. 윤하격. 종인격. 종살격. 종재격. 종아격. 종강격. 종화격. 가종격. 가화격 등등)이니 하며 난해하게 열거하여 사람을 혼란스럽게 하고 있다.

아무리 실전에 대입해 보아도 답을 찾을 수가 없어서 본인은 무시를 한다. 그리하여 그동안 감정 결과를 토대로 내격만을 보이는 그대로 정리를 하였다. 특히 비견격과 겁재격은 건록격과 양인격등으로 구분을 하나 본인은 있는 그대로 비견격과 겁재격으로 내격 정리를 하였다.

본인이 열심히 연구를 하여 실전에 대입을 해 보아도 답을 찾을 수 없는 외격은 과감히 무시해 버렸다. 격국은 사주팔자의 기본 틀로써 숙명이 되고 나무로 보면 줄기이다.

* 격국은 어떻게 정하는가?

첫 번째는 일간(본인)과 월지의 육신 관계에 따라 분류가 된다.

두 번째는 일간이 陽이고 월지가 陽일 때와, 일간이 陰이고 월지가 陰일 때와, 일간이 陽이고 월지가 음일 때와, 일간이 음이고 월지가 양일 때의 관계를 구분하는 것이다.

일간과 월지의 陰陽이 다를 때 즉 일간이 양이고 월지가 음 일 때와 또는 일간이 음이고 월지가 양일 때를 정격이라 한다.

정격은 정인격, 겁재격, 상관격, 정재격, 정관격이 있다.

일간과 월지의 음양이 같을 때, 즉 일간이 陽이고 월지가 陽일 때와 또는 일간이 陰이고 월지가 陰일 때를 편격이라 한다.

편격은 편인격, 비견격, 식신격, 편재격 편관격이 있다. 단, 십이지지론에서 辰土와 戌土와 丑土에 대한 설명을 하였다.

土는 원래 제방(물을 막는 역할)을 해야 하는데 辰土는 물기가 많은 흙으로 제방을 할 수가 없어 癸水의 역할로 본다.

戌土는 사막의 흙으로 제방을 할 수가 없어 가을 흙이라 辛金으로 본다.

丑土는 겨울의 동토로 제방을 할 수가 없어 辛金으로 본다. 이와 같이 토중에 辰土, 戌土, 丑土는 土의 역활을 못한다는 사실을 꼭 명심하라.

* 격의 중요성

내격만을 다루겠다 격은 줄기로 뼈대라고 할 수가 있다.

월주 중에 월지가 격으로 격은 정신이요 환경으로 그 사람의 인품과 성품을 구분하는데 대단히 중요하다. 단 월간이 격에 미치는 경향도 중요하다.

월지가 합을 이루었느냐 또는 충을 받았느냐도 살필 필요가 있다.

아래의 설명은 인품과 성품을 설명하는데 기본적인 면만 기술하겠다.

1. 정인격(正印格)

외적으로는 따뜻하고, 보수적이고, 끈기는 있으나 다른 사람을 자기 틀 속에 가두려한다. 예를 들면 甲木(양목)일간을 生(수생목)하여 주는 월지가 子水(음수)일 때 또는 乙木(음목) 일간을 생하여 주는 월지가 亥水(양수)일 때 정인격이라 한다. 일간과 월지의 음과 양이 다르다. 학문과 친모에 해당하여 정신은 학문과 부모에 관심이 있다. 正母, 보수적, 끈기, 이기주의, 인색, 연구형, 합리적, 진실성, 마마보이, 교육학, 인류학, 고고학, 교육자, 문필가

남자: 효자 가문 부모 전통중시 윤리 관념이 강해서 결혼 생활은 처와 모친과의 갈등, 부부 불화, 별거.

여자: 시가(財)와 불화

[구성표]

日干	甲	乙	丙	丁	戊	己	庚	辛	壬	癸
月支	子	亥	卯	寅	午	巳	丑未	辰戌	酉	申

예)

癸	庚	癸	乙
未	子	未	丑

일간인 庚金(양금)을 월지인 未土(음토)가 土生金 하고 음양이 다르니 정인이다.

예)

丙	己	己	甲
寅	巳	巳	午

일간인 己土(음토)를 월지인 巳火(양화)가 火生土를 하는데 음과 양이 다르니 정인이다.

2. 편인격(偏印格)

머리회전은 빠르나 거짓말을 잘 한다.

예를 들면 甲木(양목)일간을 生하여 주는 월지가 亥水(양수)일 때 또는 乙木(음목)일간을 生하여 주는 월지가 子水(음수)일 때 편인격이라 한다. 일간과 월지의 음과 양이 동일하다.

타 일간도 동일하다.

계모, 재치, 순발력, 민첩, 임기응변, 융통성, 거짓말의 천재, 이기적, 잡기, 용두사미, 도박 변덕, 이성에 몰입, 약속위반

남자: 교육, 연구, 기능기술, 이공계, 교육자, 정보공학.

[구성표]

日干	甲	乙	丙	丁	戊	己	庚	辛	壬	癸
月支	亥	子	寅	卯	巳	午	辰戌	丑未	申	酉

예)

甲	己	庚	甲
戌	亥	午	午

일간인 己土(음토)를 월지인 午火(음화)가 火生土하고 음양이 같으니 편인이다.

예)

丁	甲	癸	癸
卯	寅	亥	亥

일간인 甲木(양목)을 월지인 亥水(양수)가 水生木하고 음양이 같으니 편인이다.

3. 겁재격(劫財格 양인격)

특히 양일간은 대부분 자존심이 몹시 강하고 적극적이고 활동적이지만 성격이 불량하다.

예를 들면 甲木(양목) 일간과 오행이 같은 월지가 卯木(음목)일 때 또는 乙木(음목)일간과 오행이 같은 월지가 寅목(양목)일 때 겁재격이라 한다. 일간과 월지의 음과 양이 다르다.

타 일간도 동일하다.

이복형제, 단순, 지랄형, 독선적, 의협심, 승부사, 불화, 사기성, 변덕, 이중인격 투기장, 조합, 각종 모임, 언론학, 사회학,

남: 처를 불편하게 한다.

여: 형제로 인한 애정이 파탄.

[구성표]

일간	甲	乙	丙	丁	戊	己	庚	辛	壬	癸
월지	卯	寅	午	巳	丑 未	辰 戌	酉	申	子	亥

예)

甲	甲	乙	戊
戌	辰	卯	子

일간인 甲木(양목)이 월지인 卯木(음목)과 같은 木으로 음과 양이 다르니 겁재다.

예)

己	辛	戊	壬
亥	丑	申	辰

일간인 辛금(음금))이 월지인 申(양금)과 같은 金으로 음과 양이 다르니 겁재이다.

4. 비견격(比肩格, 건록격)

활달하고 활동적이지만 단순하다.

예를 들면 甲木(양목)일간과 오행이 같은 월지가 寅木(양목)일 때 또는 乙木(음목)일간과 오행이 같은 월지가 卯木(음목)일 때 비견격이라 한다. 일간과 월지의 음과 양이 같다.

타 일간도 동일하다. 급하고 단순하나 활동적이다.

형제, 단순, 민첩, 활동적, 통솔력, 적응력, 외관은 겸손 내면은 음흉, 언론학, 사회학, 각종모임, 사회사업, 목사, 야권 운동가.

[구성표]

일간	甲	乙	丙	丁	戊	己	庚	辛	壬	癸
월지	寅	卯	巳	午	辰 戌	丑 未	申	酉	亥	子

예)

己	辛	戊	壬
亥	丑	申	辰

예)

辛	丁	甲	辛
丑	亥	午	巳

일간인 丁火(음화)가 월지인 午火(음화)와 같은 火로 음과 양이 같으니 비견이다.

예)

戊	丙	丁	丁
子	申	巳	未

일간인 丙火(양화)는 월지인 巳火(양화)가 같은 火로 음과 양이 같으니 비견이다.

5. 상관격(傷官格)

날카롭고, 영리하고, 말솜씨도 뛰어나고, 예술방면에 재능이 있고 베풀기도 하지만, 싸가지형이다.

예를 들면 甲木(양목) 일간이 生(목생화)하여 주는 월지가 午火(음화)일 때 또는 乙木(음목) 일간이 生하여 주는 월지가 巳火(양화)일 때 상관격이라 한다. 일간과 월지의 음과 양이 다르다.

타 일간도 동일하다.

서자, 총명, 민첩, 예리, 싸가지, 다재다능, 창조정신, 독선적, 비판가, 이중인격, 교육학, 철학, 언론, 예능, 발명가, 검사, 기자.

남: 애욕은 충만하나 악습으로 처와 인연이 흉.

여: 색욕이 지나쳐 일부종사가 힘들다. 자녀 잉태부터 부부간의 애정이 금이 간다.

[구성표]

日干	甲	乙	丙	丁	戊	己	庚	辛	壬	癸
月支	午	巳	丑 未	辰 戌	酉	申	子	亥	卯	寅

예)

丁	庚	壬	壬
丑	辰	子	申

일간인 庚金(양금)이 월지인 子水(음수)를 金生水하고 음양이 다르니 상관이다.

예)

癸	己	甲	庚
酉	亥	申	午

일간인 己土(음토)가 월지인 申金(양금)을 土生金 하고 음양이 다르니 상관이다.

6. 식신격(食神格)

평화롭고 남을 배려하는 마음도 크나 자기위주이다.

예를 들면 甲木(양목)일간이 生(木生火)하여 주는 월지가 巳火(양화)일 때 또는 乙木(음목) 일간이 生하여 주는 월지가 午火(음화)일 때 식신격이라 한다.

타 일간도 동일하다.

친자, 단순, 낙천적, 진취적, 적극적, 능변가, 자기위주, 불화 인허가권, 농수산, 제조업, 연구원, 정신과 의사.

남: 가정과 자식을 중요시, 애정발동, 색정, 자존심, 집착, 감정억제, 고집, 불화

여: 남편보다 자식이 먼저, 자식이 많으면 남편이 흉.

[구성표]

日干	甲	乙	丙	丁	戊	己	庚	辛	壬	癸
月支	巳	午	辰 戌	丑 未	申	酉	亥	子	寅	卯

예)

丙	庚	辛	丁
戌	寅	亥	未

일간인 庚金(양금)이 월지인 亥水(양수)를 금생수하고 음양이 같으니 식신이다.

예)

丙	丁	己	戊
午	巳	未	辰

일간인 丁火(음화)가 월지인 未土(음토)를 화생토하고 음양이 같으니 식신이다.

7. 정재격(正財格)

이재에 밝고, 매우 성실하며, 인색하고, 임기응변식의 일처리를 싫어한다. 예를 들면 甲木(양목)일간이 극(木극土)하는 월지가 未土(음토)일 때 또는 乙木(음목)일간이 극하는 월지가 戊土(양토)일 때 정재격이라 한다.

일간과 월지의 음과 양이 다르다.

타 일간도 동일하다.

본처, 저축형, 현금애착, 근면, 성실형, 합리적, 인색, 수전노, 인내형, 집념형.

남: 본능적으로 성욕에 과욕, 부정 교제, 변칙적 성생활, 입신양명을 위해 여자 선택, 가정불화, 재혼.

여: 직선적인 애정으로 열광적인 쾌락, 변태적인 성생활, 물질을 배경으로 결혼, 수절은 불가, 색정문제 발생.

[구성표]

日干	甲	乙	丙	丁	戊	己	庚	辛	壬	癸
月支	丑 未	辰 戌	酉	申	子	亥	卯	寅	午	巳

예)

戊	壬	庚	甲
申	寅	午	午

일간인 壬水(양수)가 월지인 午火(음화)를 水克火를 하고 음양이 다르니 정재이다.

예)

己	辛	丙	己
丑	酉	寅	亥

일간인 辛金(음금)이 월지인 寅木(양목)을 金克木을 하고 음양이 다르니 정재이다.

8. 편재격(偏財格)

의협심이 강하고, 사업에 뜻이 있고, 금전규모도 크고, 솔직하고 호색하며, 쓸 때는 아끼지 않고 잘 쓴다.

예를 들면 甲木(양목)일간이 극하는 월지가 戌土(양토)일 때 또는 乙木(음목)일간이 극하는 월지가 未土(음토)일 때 편재격이라 한다. 일간과 월지의 음과 양이 동일하다.

타 일간도 동일하다.

애인, 단순 화끈형, 활동적, 다정다감, 투기형, 낭비형, 즉흥적 대기업가. 경제학, 경영학, 증권투자.

남: 본능적으로 성욕에 과욕, 부정 교제, 변칙적 성생활, 입신양명을 위해 여자 선택, 가정불화, 재혼.

여: 직선적인 애정으로 열광적인 쾌락, 변태적인 성 생활, 물질을 배경으로 결혼, 수절은 불가, 색정문제 발생.

[구성표]

日干	甲	乙	丙	丁	戊	己	庚	辛	壬	癸
月支	辰 戌	丑 未	申	酉	亥	子	寅	卯	巳	午

예)

壬	丙	丙	丙
辰	寅	申	申

일간인 丙火(양화)가 월지인 申金(양금)을 火克金으로 음과 양이 같으니 편재이다.

예)

癸	丁	辛	戊
卯	亥	酉	戌

일간인 丁火(음화)가 월지인 酉金(음금)을 火克金으로 음과 양이 같으니 편재이다.

9. 정관격(正官格)

원칙주의 자로 법질서를 잘 지키고 고지식하지만 다른 사람을 자기 틀속에 가두려 한다.

예를 들면 甲木(양목)일간을 극(금극목)하는 월지가 酉金(음금)일 때 또는

乙목(음목)일간을 극하는 월지가 申金(양금)일 때 정관격이라 한다. 일간과 월지의 음과 양이 다르다.

타 일간도 동일하다.

법질서를 잘 지키고 고지식하나 원칙주의자로 타협을 모른다. 본남편, 원칙형, 보수형, 책임감, 고상한체, 융통성부족, 계산적, 결벽증, 행정학, 교육학, 국가기관의 공직, 각급 기관장, 공무원.

남: 현모양처, 정상적인 부부관계, 가문 명예를 중시하는 애정.

여: 순종, 일편 단심, 남편 내조, 가정이 중심, 집안의 배경으로 인한 결혼.

[구성표]

日干	甲	乙	丙	丁	戊	己	庚	辛	壬	癸
月支	酉	申	子	亥	卯	寅	午	巳	丑 未	辰 戌

예)

辛	庚	丙	壬
巳	戌	午	申

일간인 庚金(양금)이 월지인 午火(음화)에게 火克金을 당하고 음양이 다르니 정관이다.

예)

甲	己	丙	甲
子	丑	寅	子

일간인 己土(음토)가 월지인 寅木(양목)에게 火克金을 당하고 음양이 다르니 정관이다.

10. 편관격(偏官格)

지혜롭고, 투쟁적이고, 모험성이 강하나 성격이 거칠다.

예를 들면 甲木(양목)일간을 극하는 월지가 申金(양금))일 때 또는 乙木(음목)일간을 극하는 월지가 酉金(음금)일 때 편관격이라 한다.

일간과 월지의 음과 양이 동일하다. 타 일간도 동일하다.

극하는 월지가 酉金(음금)일 때 편관격이라 한다. 애인. 과단성, 독선적, 저돌적, 의협심, 탐재형, 탐관형, 잔인형, 승부형, 법학, 경찰학, 군인, 경찰, 검사

남: 여자 폭행, 파혼.

여: 적극적 연애, 탈선행위, 부부 이별.

[구성표]

日干	甲	乙	丙	丁	戊	己	庚	辛	壬	癸
月支	申	酉	亥	子	寅	卯	巳	午	辰 戌	丑 未

예)

辛	丁	甲	戊
丑	丑	子	申

일간인 丁火(음화)가 월지인 子水(음수)에게 수극화를 당하고 음과 양이 다르니 편관이 된다.

예)

癸	戊	甲	戊
亥	午	寅	子

일간인 戊土(양토)가 월지 寅木(양목)에게 木克土를 당하고 음과 양이 다르니 편관이 된다.

이상과 같이 격은 선천적으로 타고난 숙명으로 그 기질은 변하지 않는다.

그러나 월지가 본인의 정신이고 환경으로 월지가 합이 되든가 충이 되든가 또는 월간의 오행에 따라, 그 기질이 변한다는 것을 명심하길 바란다.

양일간(陽日干)이 陽의 月支를 만날 때와 음일간(陰日干)이 陰의 月支를 만나는 것 즉 陽이 陽을 만날 때, 陰이 陰을 만날 때를 偏格이라 한다.

陽日干이 陰의 月支를 만날 때와 陰日干이 陽의 月支를 만나는 것 즉 陽이 陰을 만날 때, 陰이 陽을 만날 때를 正格이라 한다.

偏格은 과감하여 犯法을 저질러도 허술한 반면 正格은 침착하여 犯法을 저질러도 치밀하다.

11. 월지가 辰土, 戌土, 丑土일때의 격

辰土, 戌土, 丑土는 土의 역할을 못한다고 하였다. 그리하여 辰月, 戌月, 丑月생은 아래와 같은 격국으로 보는 것을 원칙으로 한다.

辛	戊	丙	壬
巳	戌	丑	申

丑土를 辛(酉)으로 보아 상관격으로 본다.

乙	丁	己	乙
巳	卯	丑	巳

丑土를 辛金(酉金)으로 편재격으로 본다.

甲	甲	丙	戊
戌	辰	辰	子

辰土를 癸水로 보아 정인격으로 본다.

甲	己	戊	辛
辰	丑	戌	丑

戌土를 辛金으로 보아 식신격으로 본다.

甲	己	丙	甲
子	丑	戌	子

戌土를 辛金(酉金)으로 보아 식신격으로 본다.

제11장 용신론(用神篇)

역술가나 역학서의 용신법에 현옥되면 큰 코를 다친다.

운의 흐름은 계절의 변화에 끌려가니 용신이란 무시를 하라.

모든 역학서나 역술가들이 말하는 용신법을 나누어 보면 억부법, 조후법, 통관법, 병약법, 전왕법 등등으로 나누어 이러쿵 저러쿵 난리를 친다.

용신이란 일간(본인)을 이롭게 도와주는 것을 말한다. 년.월.일.시에 따라서 각기 다른 사주를 갖게 된다.

사주가 다르면 팔자도 다르다. 사주팔자 중에 음양오행이 조화를 이루면 일생이 편안하다고 한다.

그러나 대부분의 사주는 木,火,土,金,水의 오행 중 빠진 오행이 있는 사주도 있고, 또는 오행이 몰려 있는 사주도 있다. 일간을 돕는 쪽으로 몰려 있으면 신강하다하고, 반대로 일간의 힘을 약하게 하는 쪽으로 몰려 있으면 신약이라 한다.

사주팔자를 감정을 하려면 우선 일간(본인의 몸)이 강(왕)한가 약(쇠)한가를 판별을 해야 한다.

고로 일간(본인)의 강약은 年柱와 月柱와 日支와 時柱와의 관계를 보아 결정이 된다.

일간(본인)이 년주, 월주, 일지, 시주가 정인이나 편인으로 생을 받든가, 또는 비견이나 겁재가 되면 일간이 힘을 받으니 신강해진다.

년지, 월주, 일지, 시주가 정관이나 편관이 되든가, 정재나 편재가 되든가, 식신이나 상관이 되면 일간(본인)의 힘이 빠지게 되니 신약해진다.

일간(본인)에게 절대적인 영향을 끼치는 것은 월주라는 것을 반드시 기억하라.

월주는 계절의 환경이 되기 때문이다.

신강이니 신약이니 하는 것에 치우치지 말고 무시해도 된다.

어차피 운의 흐름은 봄(木), 여름(火), 가을(金), 겨울(水)로 순행을 하던지 또는 봄(木), 겨울(水), 가을(金), 여름(火)로 역행을 하던지 계절의 변화에 영향을 피할 수가 없는 것이다.

즉 木火土金水의 계절의 따라 울기도 하고 웃기도 하는 것이다.

좋은 계절을 만나게 되느냐 흉한 계절을 만나게 되느냐가 절대적이다.

많이 사용하는 억부용신, 통관용신, 조후용신만을 간단히 설명을 하겠다. 본인은 용신론을 약간만 참고 할 뿐이다.

1. 신강사주(身强四柱)

1) 태왕사주(太旺四柱)

예1)

癸	癸	丁	庚
亥	酉	亥	寅

癸일간을 도와주고 힘이 되는 것과 장애가 되는 것.

@ 도와주고 힘이 되는 것.

년간(정인)+월지(겁재)+일지(편인)+시간(비견)+시지(겁재)

@ 힘을 빼고 장애가 되는 것.

년지(상관)+월간(편재)

이상과 같이 癸日干과 같은 亥水가 월지로 그 힘이 강한데 년간과 일지와 시주가 보완까지 하고 있으니 癸日간에 힘을 빼는 년지 寅木과 월간 丁火는 전혀 힘을 쓸 수가 없으니 그 기상이 하늘을 찌를 듯하니 신강(태왕)사주라 한다.

예2)

癸	癸	戊	壬
亥	丑	申	子

癸日干을 도와주고 힘이 되는 것과 장애가 되는 것.

@ 도와주고 힘이 되는 것.

년간(겁재)+년지(비견)+월지(정인)+시간(비견)+시지(겁재)

@ 힘을 빼고 장애가 되는 것.

월간(정관)+일지(편관)

월지의 힘이 절대적으로 태왕사주로 본다.

2) 중왕사주(中旺四柱)

예1)

庚	丁	戊	乙
子	未	寅	未

丁火일간을 도와주고 힘이 되는 것과 장애가 되는 것.

@ 도와주고 힘이 되는 것.

년간(편인)+월지(정인)

@ 장애가 되는 것.

년지(식신)+월간(상관)+일지(식신)+시간(정재)+시지(편관)

이상과 같이 丁일간을 생하는 것은 2개이고 丁일간의 힘을 빼는 것이 5개라도, 월지가 가장 큰 힘을 발하니 신왕 사주로 보아야 한다.

예2)

戊	丙	戊	己
戌	子	寅	卯

丙火 일간을 도와주는 것과 장애가 되는 것.

@ 도와주고 힘이 되는 것.

년지(정인)+월지(편인)

@ 장애가 되는 것.

년간(상관)+월간(식신)+일지(정관)+시간(식신)+시지(식신)

이상과 같이 丁일간을 생하는 것은 2개이고, 정일간의 힘을 빼는 것이 5개라도 월지가 가장 큰 힘을 발하니 신왕사주로 보아야 한다.

2. 신약사주(身弱四柱)

1) 태약사주(太弱四柱)

예1)

辛	丁	戊	庚
巳	酉	子	寅

丁火 일간을 도와주는 것과 장애가 되는 것

@ 도와주고 힘이 되는 것.

년지(정인)+시지(겁재)

@ 장애가 되는 것.

년간(정재)+월간(상관)+월지(편관)+일지(편재)+시간(편재) 이상과 같이 가장 힘이 왕한 월지인 편관의 극을 받는데, 다른 오행까지도 장애가 되니 전혀 힘을 쓸 수가 없다. 이런 사주를 천격으로 취급을 하기도 하나 참고만 하라.

예2)

癸	己	庚	辛
酉	酉	子	亥

己土 일간을 도와주는 것과 장애가 되는 것.

@ 도와주는 것이 없다.

@ 장애가 되는 것. 100%

일간 기토가 전혀 의지처가 없고 金과 水만 있어 외격에서는 종재격이라고도 하나 외격은 무시하라.

2) 중약사주(中弱四柱)

예1)

乙	丁	己	乙
巳	卯	丑	巳

丁火 일간을 도와주는 것과 장애가 되는 것.

@ 도와주고 힘이 되는 것.

년간+년지+일지+시간+시지

@ 장애가 되는 것.

월간+월지

정일간이 방해하는 것은 2개이고, 도움을 받는 것이 5개라도 월주의 힘이 가장 크므로 신왕사주로 볼 수가 없다.

예2)

壬	庚	辛	壬
午	申	亥	寅

庚金 일간을 도와주는 것과 장애가 되는 것.

@ 도와주고 힘이 되는 것.

월간(겁재)+일지(비견)

@ 장애가 되는 것.

년간(식신)+년지(편재)+월지(식신)+시간(식신)+시지(정관)

3. 억부용신(抑扶用神)

억부용신은 일간을 도와주는 五行이 있어 일간이 강왕하면 일간을 억제하는 관성이나 또는 재성이나 식상을 용신을 정하여 강(왕)한 기운을 설기시켜 중화를 이루게 해야 하고 그와 반대로 일간이 약하면 일간을 도와주는 인성이나 비견겁을 용신으로 정하여 기운을 북돋아 주는 것이다. 참고만 하라.

예)

乙	乙	癸	癸
酉	巳	亥	卯

일간(본인)인 乙木이 월주와 년주의 도움을 받으니 지나치게 태왕하다. 너무나 태왕하니 일간의 힘을 억제해야 한다. 다행히 일지 巳火와 시지 酉金이 巳酉合 金局을 이루어 金克木으로 일간인 乙木을 억제하니 용신이 되는 것이다. 참고만 하라.

예)

丙	丙	辛	丙
申	寅	亥	辰

일간(본인)이 丙火로 월주와 년지가 방해하고 힘을 빼가니 태약하다. 너무나 일간이 태약하니 일간의 힘을 북돋아 주어야 한다. 다행히 일주에 인성인 寅木이 있어 도와주니 용신이 되는 것이다. 참고만 하라.

4. 통관용신(通關用神)

사주팔자에서 서로가 극을 하는 오행의 세력이 비등해서 으르렁거릴 때 이를 소통시켜 주는 오행을 용신으로 삼는 것이다.

예)

己	戊	乙	癸
未	戌	卯	未

일간(본인)이 戊土로 월주와 년주가 木으로 그 힘이 태왕하여 戊土를 극을 하니 도저히 견딜 수가 없다. 그리하여 木의 기운을 빼서 土의 기운을 살려주는 것이 火이다. 木과 土의 중개자 역할을 하는 火를 통관용신이라 한다. 즉 巳火와 午火가 통관용신이 된다. 木生火하여 火生土를 말한다. 참고만 하라.

예)

丁	丙	丙	辛
酉	申	申	巳

일간(본인)이 丙으로 사주 형성이 火와 金으로만 이루어져 火金상전으로 바람잘 날이 없다고 본다. 고로 土를 만나야 火生土 土生金이 되어야 싸움을 멈춘다고 본다. 고로 土를 통관용신이라고 한다. 참고만 하라.

5. 조후용신(調候用神)

사주팔자가 계절에 따라 한습조열을 살펴서 용신을 삼는 것이다. 예를 들면 여름(조열)생은 메마르고 뜨거우니 시원한 水가 용신이 되고, 겨울(한습)생은 춥고 습하니 따뜻한 火가 용신이 되는 것이다. 건강운에는 잘 맞는다.

예)

乙	癸	庚	辛
卯	丑	子	卯

일간(본인 癸丑)이 추운 겨울생으로 지나치게 춥고 습한 계절로 물이 꽁꽁 얼었으니 따뜻한 火가 있어야 꽁꽁 얼은 물이 녹을 수가 있으니 필연적으로 여름철 火가 용신이 되는 것이다. 고로 巳火와 午火가 용신이 되는 것이다.

6. 자리론과 육친론(六親論)

동양사상은 철저한 자리사상이다. 주역의 元亨利貞과 같은 원리이다.

육친은 일간(본인)이 년주, 월주, 일지, 시주에 따라 혈연관계를 배속시킨 것으로 년주는 부모자리요, 월주는 형제자매자리요, 일지는 배우자자리요, 시주는 자식자리로 혈연관계를 본다.

예) 1932년 5월 15일 10시생

時	日	月	年
辛	庚	丙	壬
巳	戌	午	申

76	66	56	46	36	26	16	6
甲	癸	壬	辛	庚	己	戊	丁
寅	丑	子	亥	戌	酉	申	未

생년월일		자리	천간자리	지지자리
년주	壬申年	부모. 국가	壬水(父. 국가))	申金(母. 국가)
월주	丙午月	형제. 정신. 환경	丙火(형제. 사회)	午火(형제. 환경. 정신)
일주	庚戌日	본인. 배우자	庚金(본인 몸둥이)	戌土(배우자. 건강)
시주	辛巳時	자식	辛金(아들)	巳火(딸)

일간인 나(본인)를 기준으로 하여 부모(국가)자리와 나와의 관계, 형제(사회 정신)자리와 나와의 관계, 배우자(본인 건강)자리와 나와의 관계, 자식자리와 나와의 관계를 살피면 좋은 인연인지 나쁜 인연인지를 알 수가 있다.

전장에서 설명한 일간론을 대입해서 해석을 하면 된다.

* 父(아버지)

庚金(본인)과 壬水(부)와의 관계는 식신이고 짝으로 庚金의 숨통으로 활동무대가 된다.

* 母(어머니)

庚金(본인)과 申金과의 관계는 비견(형제)으로 나누어야 하니 짜증스럽다.

* 兄弟(형제)

庚金(본인)과 丙火와 午火와의 관계는 丙火는 편관(칠살)로 다정하지는 못하나 큰 재물 또는 명예로 도움을 받을 수도 있고, 午火는 정관으로 庚金을 다스려 편안하게 도움을 받는다.

* 정신(환경)

庚金(본인)과 午火와의 관계는 정관격으로 보수적이고 원칙주의자로 다른 사람과 타협을 모른다. 관격은 관극아(비견, 겁재)로 형제를 괴롭힌다. 午火는 乙木과 己土와는 불가분의 관계로 짝이니 乙木이 정재로 구두쇠이고 己土는 정인으로 끈기가 있다.

* 배우자(본인의 건강)

戊土는 死土로 쓸모가 없고 또한 辛金으로 보아 癸水와 丁火를 쓰므로 丁火는 본인 庚金을 다스려주니 다정하다. 癸水는 상관으로 짜증스럽고 또한 午戌합으로 격을 묶으니 환경이 묶여 답답하고 사회활동을 방해한다. 배우자는 병주고 약준다.

* 아들

庚金(본인)과 辛金과의 관계는 겁재로 재물을 빼앗긴다.

* 딸

庚金과 巳火와의 관계는 편관 칠살로 불편하지만 아버지의 명예를 회복하여 주니 그런대로 무난하다.

7. 궁합론(宮合論)

결혼 상대자와 용신이 같으면 길하다고도 한다,

본인에게 없는 五行이 상대자에게 있으면 길하다고 한다.

겨울생을 여름생을 만나면 길하다고 한다.

본인의 용신을 생하여 주는 희신을 갖은 자를 만나면 길하다고 한다.

년지가 6합 또는 3합을 이룰 때 길하다고 한다.

일주가 합이 되면 길하다고 하는 등 가장 이론이 분분한 것이 바로 궁합론이다.

본인은 상기에서 논하는 이론에 동의할 수가 없다. 아래에 설명하는 것은 본인이 그동안 임상시험 결과를 요약하여 정리하니 깊이있게 성찰하길 바란다.

* 결혼 시기는 운의 흐름이 日支가 6합 또는 3합 되는 년에 결혼하게 된다.

* 결혼 시기는 日支가 합으로 묶였을 때, 충으로 깨는 년에 결혼한다.

* 남자는 財성운을 만날 때 여자를 만나게 된다.

* 여자는 官성운을 만날 때 남자를 만나게 된다.

* 비견 劫財운을 만날 때 결혼과 인연이 적다.

* 여명은 식신 상관운에는 결혼하지 마라.

본인이 그동안 많은 사람을 감정하여 얻은 결론은

첫째 당사자의 일간과 상대방의 년간과의 관계를 살핀다.

둘째 당사자의 일간과 상대방의 년지와의 관계를 살핀다.

셋째 당사자의 월지와 상대방의 년간과의 관계를 살핀다.

넷째 당사자의 월지와 상대방의 년지와의 관계를 살핀다.

이유는 궁합이란 상대가 따뜻해야 하고, 편안해야 하고, 안심하고, 본인이 의탁할 수가 있어야 한다. 본인에게 가장 따뜻하게 하고, 편안하게 하고, 의탁할 수 있는 자는 자신을 보호해주는 부모 이상은 없다. 고로 본인(일간)과 상대방의 부모자리와의 관계를 살펴야 되는 것이다. 즉 본인의 일간과 월지를 상대방의 년주와의 관계를 살펴야 한다. 고로 상대방의 띠와의 관계를 살펴야 한다.

예)

1948년 2월 10일 술시생(남명)										
時	日	月	年	65	55	45	35	25	15	5
甲	甲	乙	戊	壬	辛	庚	己	戊	丁	丙
戌	辰	卯	子	戌	酉	申	未	午	巳	辰

(1) 4살 연하인 壬辰生과의 궁합은?

배우자 ; 壬辰生(용띠)

본인의 일간: 甲木　　본인의 월지: 卯木

1) 일간 甲木이 상대의 년간 壬水와의 관계는 편인이고 상대에서는 식신의 관계로 상대의 통로가 되니 양호하다.

2) 일간 甲木과 상대의 년지 辰土와의 관계는 甲木이 辰土에 뿌리를 내리

니 상대에게 의지할 수가 있다.

3) 월지 卯木과 상대의 년간 壬水와의 관계는 임수는 정인이지만 묘목을 쓸어버리니 조심하지 않으면 환경과 정신이 마비가 될 수 있다.

4) 월지 卯木과 상대방의 년지 辰土와의 관계는 卯木이 辰土에 뿌리를 내리니 정신과 환경이 크게 발전 할 수가 있다.

결론: 4가지 중의 3가지가 좋고 1가지만 나쁘니 궁합은 80점 이상이다. 이와 같이 만나면 모든 것을 극복하고 발전할 수가 있다.

(2) 6살 연하인 甲午生과의 궁합은?

배우자: 甲午生(말띠)

본인의 일간: 甲木 본인의 월지: 卯木

1) 일간 甲木이 상대의 년간 甲과의 관계는 비견으로 상대가 도둑이다.

2) 일간 甲木이 년지 午火와의 관계는 상관의 관계로 짜증스럽고 많은 상처를 입는다.

3) 월지 卯木과 상대의 년간 甲木과의 관계는 겁재로 상대가 강도 짓을 한다.

4) 월지 卯木과 상대방의 년지 午火와의 관계는 식신으로 환경과 정신이 활동할 수 있는 무대를 만들어준다.

결론: 4가지 중의 3가지가 나쁘고 1가지만 좋으니 궁합은 25점짜리다. 이와 같이 만나면 상대방으로 인해 많은 재물의 손실과 상처를 입을 확률이 80%이상이다.

8. 재물론(財物論)

세월이 흘러감에 따라 돈과 재물이 쌓여서 부를 누릴 때가 있고 또는 돈과 재물이 바닥이 나서 빚 때문에 고통을 받을 때가 있다. 이점을 잘 유의해야 한다. 그러면 재물은 어느 때 늘어나는가.

첫번째는 편재와 정재운을 만날 때이고, 두 번째는 식상이 생재를 할 때이다. 투자를 해도 무난하다.

돈과 재물과의 인연이 나쁜 것은 첫 번째 겁재운을 만나면 파산하게 되고, 두 번째 비견운을 만나게 되면 파산을 하기 시작한다

예)

時	日	月	年	42	32	22	12	2
己	丁	丙	己	辛	庚	己	戊	丁
酉	亥	子	亥	巳	辰	卯	寅	丑

본인은 丁日干으로 화롯불이다.

+ 戊대운(12살—16살): 상관운으로 중학교를 중퇴하게 된다.
+ 己대운(22살—26살): 丁火가 식신운인 己土로 짝을 만나니 활발한 활동과 건강은 좋아지나 공부와는 인연이 없다,
+ 卯대운(27살—31살): 丁火가 편인운인 卯木이 짝으로 木生火로 활발하게 火(불)기운이 힘을 받고 공부운이 양호하다..
+ 庚대운(32살—36살): 丁火가 정재운을 만나니 철광석을 제련을 하여 도구를 만드니 돈과 재물이 저절로 늘어난다.
+ 辰대운(37살—41살): 丁火가 젖은 흙을 만나니 화롯불이 꺼지고 더구나 월지(정신 환경)子水를 子辰合으로 묶어버리니 숨통이 막혀 움직일 수가 없게 된다.
+ 辛대운(42살—46살): 丁火가 편재운을 만나니 큰 재물이 보이고 월간 丙火와 丙辛합 水로 관운까지 좋아진다.
+ 巳대운(47살—51살): 丁火가 겁재운을 만나니 전 재산 모두가 없어지는구나.

9. 취직론(就職論)

직장 구하기가 몹시도 어려운 시절이 현재 한국의 상황이다. 그러나 첫째 관운을 만나면 묘하게도 직장을 얻게 되고 그 다음은 인수운을 만날 때는 직장이 보이게 된다. 상관운을 만나면 대부분 파직이 된다. 영구직업이라 생각하는 공무원도 상관운을 만나면 직장에 문제가 발생하는것이다. 식신운을 만

나면 직장과 인연이 나빠진다.

예)

時	日	月	年	41	31	21	11	1
乙	辛	庚	戊	乙	丙	丁	戊	己
未	亥	申	申	卯	辰	巳	午	未

본인은 辛일간으로 격(申金)이 상관(壬水)을 쓰므로 보석 또는 예리한 칼이다. 그런데 21살부터 35살까지 무려 15년간 官運을 만나니 직장에서 승승장구할 운을 맞이했다.

+ 丁대운(21살—25살): 巳 대운(26살—30살), 丙 대운(31살—35살). 29살(丙子年)에 대학원을 졸업하고 대형 금융회사에 픽업되어 국장까지 승진을 하였다.

+ 辰대운(36살—40살): 辰土가 일지 亥水를 묘고(墓庫)에 잡아넣으니 건강이 문제가 생겨 41살(戊子)년에 유방암을 수술한 사람이다.

직장을 잠시 쉬게 된 사람이다. 그 후 재운을 만나 사업을 하는 사람이다.

10. 시험론

지금 한국의 현실은 9급 공무원 시험이 옛날 사법고시 만큼이나 어려운 실정이다. 9급 공무원이 되기 위해 5년 이상을 머리가 터지게 열심히 공부에 매달린 수험생이 수십만 명에 달한다고 하니 젊은 청년들의 삶이 안타깝기도 하다. 그러나 그 높은 경쟁에서도 합격 할 수 있는 것은 인수운을 만났을 때 이고, 그 다음은 관운을 만났을 때 가능하다. 상관운을 만나면 무조건 낙방을 하고 그 다음은 재운과 식신운을 만날 때 대부분 낙방을 하게 된다.

예)

時	日	月	年	41	31	21	11	1
甲	甲	癸	丁	戊	己	庚	辛	壬
子	申	丑	酉	申	酉	戌	亥	子

본인은 甲日干(대목)으로 16살—20살까지 편인(亥水)을 만나니 시험운이

대단히 좋다. 19살 때 서울대 경제학과를 우수한 성적으로 합격을 하였다. 그런데 31살—35살가지 정재운을 만나니 사법고시에 계속 낙방을 하게 된 사람이다. 이와 같이 대부분은 운의 흐름에 끌려가게 된다.

11. 운명론(運命論)-(대운론과 소운론)

다 팔아먹어도 팔자만은 팔아먹을 수가 없다. 즉 운의 흐름(팔자)은 일생동안 변하지 않기 때문이다. 숙명과 운명은 다른 것이다.

숙명은 바꿀 수가 없다.

타고난 사주팔자 8글자의 형성은 본인의 의지와는 전혀 관계가 없이 선천적으로 타고나는 것을 숙명이라 한다.

부모도, 형제도, 자식도 바꿀 수가 없는 것이 타고난 숙명이다. 부모와 형제를 잘 만난 사람도 많고, 고통을 받는 사람도 허다하다.

재벌 2세도 운의 흐름을 역행하면 하루 아침에 무일푼 신세가 된다.

운명은 다스려 나갈 수가 있다.

세상을 살다보면 즐거운 일도 있고, 고통스런 일도 있다. 운의 흐름이 좋은 기운을 만나면 좋은 변화가 생기고, 나쁜 기운을 받으면 나쁜 변화가 생긴다.

대운이란 인생살이를 10년주기로 바뀌는 운의 흐름을 말한다. 10년이면 세운(일년간)을 10번 만나게 된다, 세운의 영향도 크다는 사실을 꼭 기억하라.

대운이란 天干 5년과 地支 5년간을 합해서 10년 동안 본인과의 관계를 파악하는 것이다. 예를 들면 사주팔자(숙명)는 망망대해에 떠있는 배라면 대운(운명)은 그 배가 가게 되는 항로와 같다.

만약 항로 중 태풍을 만날 수도 있는 것이다.

그래서 일기예보에 철저히 의지해야만 되는 것이다.

그리하여 사주팔자 숙명을 잘 타고났다 할지라도 대운의 흐름이 좋지 못하면 고달픈 인생을 겪게 된다.

사주팔자(숙명)가 나쁘다 할지라도 운의 흐름이 좋으면 즐거운 인생을 살아가게 된다.

고로 대운과 소운의 흐름을 알고 잘 다스리면 고달픈 인생에서 벗어날 수가 있는 것이다.

지금까지 일반편에서는 體(일간 본인)가 十神(인수. 비겁, 식상, 재, 관)과 합, 충, 묘고를 만났을 때 어떠한 영향을 미치는 가를 위주로 설명을 했다.

일반론만 완전히 터득하면 그 적중율이 90%에 가깝다.

즉 비견운을 만나면 형제로 나누어야 하기 때문에 도둑을 만나게 되고,

겁재운을 만나면 이복형제로 강도를 만나게 되고,

식신운을 만나면 친자식으로 활발한 활동을 하게 되고.

상관운을 만나면 이복자식으로 파직, 관재, 수술, 여자는 이별 또는 바람이 나게 되고,

편재운을 만나면 사업을 하게 되고.

정재운을 만나면 재물이 차곡차곡 쌓이고,

편관운을 만나면 벼락출세를 하게 되고,

정관운을 만나면 승진과 취직이 되고,

편인운을 만났을 때도 시험에는 합격을 하나 도식으로 밥그릇을 엎을 수도 있고,

정인운을 만나면 시험에 합격을 하고,

合을 만나면 모든 것이 묶이어 답답하고.

충을 만나면 요동을 치고,

묘고를 만나면 만사가 불통이 된다는 사실만 설명을 하기로 한다.

아래에 예를 든 3인은 본인의 지인으로 운의 흐름을 상세히 기록한 것이니 숙지하면 많은 도움이 될 것이다.

예1) 남자(일생 운)

時	日	月	年
辛	庚	丙	壬
巳	戌	午	申

76	66	56	46	36	26	16	6
甲	癸	壬	辛	庚	己	戊	丁
寅	丑	子	亥	戌	酉	申	未

정관격(천성)

월지 午火가 정관으로 午火의 짝은 乙木(정재)과 己土(정인)로 정재와 정인의 정신이 함축되어 있다. 정재로 돈을 아끼고, 정인으로 끈기가 있다.

관격은 官克 我(비견겁재)로 형제를 괴롭힌다.

대운이 6살부터 10살까지 5년간은 天干 丁火가 주관을 한다.

11살부터 15살까지는지지 5년간은 地支 未土가 주관을 한다.

10년간은 丁火와 未土의 영향을 받는 것을 대운이라 한다.

소운이란 6살부터 10살 사이 5년간 소운(년)은 戊寅年(6살) 己卯年(7살) 庚辰年(8살) 辛巳年(9살) 壬午年(10살)의 5번의 년도를 만나게 되는 것을 소운이라 한다. 丁未 대운은 5년간 丁火 사령관이 해마다 담당관을 파견하여 소운 1년간을 다스리게 하는 것이다.

소운은 6살 戊寅年은 戊土와 寅木이 1년간 파견되어 본인을 지배한다.

7살 己卯年은 己土와 卯木이 1년간 본인을 지배한다.

8살 庚辰年은 庚金과 辰土가 1년간 본인을 지배한다.

9살 辛巳年은 辛金과 巳火가 1년간 본인을 지배한다.

10살 壬午年은 壬水와 午火가 1년간 본인을 지배하는 것이다.

이때 사령관 丁火와 파견된 담당관의 성격을 잘 파악하여 다스려야 한다.

16살에 대운이 바뀌어 25살까지 10년간은 싫든 좋든 戊土와 申金의 지배를 받게 된다.

일간: 庚金(본인)

\+ 丁 대운(6살―10살)

사령관 정관인 丁火가 화롯불로 庚金(일간)을 제련해주니 즐겁고 편한 생활을 하게 된다.

+ 未 대운(11살—15살)

사령관 정인 未土가 밭의 흙으로 씨앗을 뿌리며 공부에 열중한다.

+ 戊대운(16살—20살)

사령관 편인 戊土가 산의 흙으로 庚金(일간)이 어머니 품에 들게 되니 식록이 풍부하다.

"소운 18살(庚寅年): 배우자 자리가 寅午戌合되니 결혼하게 된다.

+ 申 대운(21살—25살)

사령관 申金이 비견으로 형제와 친구로 도둑을 만나니 대학을 중퇴하니 국가자리 壬水가 짝으로 활동을 할 수는 있다.

"소운25살(乙未年): 배우자 자리 戌土가 丑戌未형살과 일간 庚金이 乙木(財))과 합으로 처와 문제가 발생한다.(처가 사망한다).

+ 己 대운(26살-30살)

사령관 정인 己土가 격 午火의 짝으로 고향에서 부모님 모시고 농사일을 한다.

"소운 27살(戊戌年): 배우자 자리 戌土가 午戌合된 것을 또 다시 合으로 묶으니 재혼을 한다.

+ 酉 대운(31살-35살)

사령관 酉金이 겁재로 이복형제 강도로 사업한다고 파산을 하게 된다.

+ 庚 대운(36살-40살)

사령관 庚金이 비견으로 도둑운으로 돈 때문에 헤맨다.

+ 戌 대운(41살-45살)

사령관 戌土가 배우자자리 午戌合을 또 다시 合으로 묶으니 배우자와 이혼수인데 다행이도 춤바람으로 정신 못 차린다.

+ 辛 대운(46살-50살)

丙辛合水로 庚金(본인)이 숨통이 터져 숨을 쉴 수는 있으나 겁재로 돈 때문에 헤맨다.

+ 亥, 壬 대운(51살-55살)

庚金(일간)의 짝으로 식상이니 편안하게 활동을 한다.

"소운 52살(癸亥年): 아버지 자리 壬水를 地支가 식신 亥水를 만나니 많은 부모 유산을 물려받는다. 단(癸水가 상관으로 법적으로 좀 시끄러웠다)

+ 子 대운(56살-60살)

격이 午戌로 묶인 것을 子午충으로 풀어주어 좋아보이나 상관으로 많은 상처를 받았으며 모친자리 申金과 申子 합으로 모친이 사망한다.

+ 癸 대운 (61살-65살)

상관으로 발광을 한다.

+ 丑 대운(56살-70살)

丑은 辛金으로 보아 癸水가 짝이 되니 상관의 역활을 한다. 더구나 庚金(본인)과 午火(격 환경 정신)를 묘고로 잡아넣으니 죽을 운이다. 신장암(70세 辛巳年)을 수술을 했다.

예2) 남자(성공한 케이스)

時	日	月	年
癸	丁	戊	戊
卯	巳	午	戌

59	49	39	29	19	9
甲	癸	壬	辛	庚	癸
子	亥	戌	酉	申	未

본인: 일간인 丁火

아버지: 년간 戊土　　어머니: 년지 戌土

형제(정신): 월간 戊土　　형제(환경.정신): 월지 午火

배우자: 일지 巳火　　아들: 시간 癸水

딸: 시지 卯木

+ 父(아버지)

丁火(본인)와 戊土(父)와의 관계는 상관으로 본인은 상처만 입는다.

+ 母(어머니)

丁火(본인)과 戊土(母)와의 관계는 戊土를 辛金으로보아 편재가 되나 午戌合으로 어머니가 본인이 가는 길을 답답하게 만든다.

+ 형제

丁火(본인)과 戊土(형제, 사회자리)와 관계는 상관으로 본인에게 상처만을 입힌다, 午火(형제, 정신, 환경) 비견으로 도둑이니 돈을 뜯어 간다.

+ 배우자

丁火(본인)과 巳火(처)와의 관계는 겁재로 강도 짓을 한다.

+ 천성

비견격(건록격)으로 체(본인) 丁火와 격 午火로 몸과 정신이 같으니 단순하고 활달하다.

단순하고 급하지만 화통하고 순발력이 있으나 월간 戊土가 상관으로 예리하고 날카롭다.

+ 정신과 환경

丁火(본인)와의 관계는 비견에 午戌合까지 되니 활동 무대가 사방이 도둑이요 가는 길 마다 발목이 잡히니 이 같은 어려운 환경을 어찌할꼬.

이상과 같이 혈육인 부모(국가)와 형제(사회)는 가는 길을 막고 상처를 준다. 또 다른 형제와 배우자는 도둑 강도로 재물을 탈취해 간다.

부모도, 형제도, 배우자의 만남도 이와 같은 흉악한 악연으로 숙명을 타고난 사람도 극히 드물다.

더구나 운명의 흐름 마져 학운과는 인연이 없고, 39세 이후에는 인생이 험악한 가시발길을 만나게 되는 운명이다.

이 같은 숙명을 타고 났으니 사주팔자(숙명)치고는 힘든 운명을 타고났다.

[본인의 운명]

대운은 10년마다 변한다. 10년이 악운이라 해도 10년 안에 세운(소운)을 10번 만나게 된다.

10번의 세운을 만나는 동안 최소한 한 두번은 누구에게나 기회가 온다.

그 기회를 지혜롭게 활용하면 때에 따라서는 1, 2년의 좋은 기회가 수십 년 간을 행복하게 할 수도 있는 것이다.

고로 사주팔자(숙명)를 탓하지 말고 운의 흐름(운명)을 잘 파악하여 대처하라.

김0우씨는 숙명은 좋지 않지만 운명을 잘 다스려 크게 성공한 케이스다.

운의 흐름은 일간(본인)이 운의 흐름에서 만나게 되는 천간의 오행과 또는 지지의 오행과 함께 가게 되는데 만난 오행과 일간(본인)과의 관계를 살피면 된다.

+ 癸 대운(9사—13살): 丁火(본인)가 癸水와 5년간을 함께 간다.

癸水와 관계는 편관의 관계로 丁癸沖으로 사고를 조심해야 하나, 戊癸合으로 상관을 묶으니 안정된다. 단, 공부는 열심히 했다. 戊土(아버지)가 戊癸合으로 아버지가 사망.

+ 未 대운(14살—18살): 丁火(본인)가 未土와 5년간을 함께 간다.

未土와 관계는 짝이지만 식신의 관계로 즐거운 활동의 무대로 공부를 멀리하고 즐기는데 정신이 팔렸다.

+ 庚 대운(19살—23살): 丁火(본인)가 庚金과 5년간을 함께 간다.

庚金과 관계는 정재의 관계로 이성간의 눈을 뜨게 되니 공부를 접는 운이다.

"소운 19살(丙辰年) 丙辰年을 만나게 되니 辰土 중의 癸水가 튀어 나와 편관 癸水를 만나게 되니 정신을 차려 열심히 공부를 하여 연세대학교에 합격하게 된다.

"소운 21살(戊午年) 戊午年을 만나게 되니 戊土가 상관이 되니 학운과 인연이 끊어지게 되니 군에 입대하였다.

+ 申 대운(24살—28살): 丁火(본인)가 申金과 5년간을 함께 간다.

申金과 관계는 정재의 관계로 이성간의 눈을 뜨게 되니 공부를 접는 운이다.

"소운 27살(甲子年) 甲子年을 만나게 되니 甲木이 정인이 되고, 子水가 편관(벼락 출세)으로 대형 증권회사에 발탁된다.

+ 壬 대운(39살—43살): 丁火(본인)가 壬水와 5년간을 함께 간다.

壬水와의 관계는 정관으로 순조롭게 승진하여 본부장이 된다.

“소운 41살(戊寅年) 戊寅年을 만나게 되니 戊土가 상관으로(98년 IMF) 파직을 당한다.

“소운 42살(己卯年) 己卯年을 丁火(본인)의 짝을 만나고 己土(식신)로 활동이 활발해지고 卯木(편인)이 또 문서를 가져오니 파산되는 회사를 인수하게 된다.

+ 戊 대운(44살—48살): 丁火(본인)가 戊土와 5년간을 함께 간다.

戊土가 상관으로 보지 않고 辛金으로 보며 丁火와 癸水의 역활을 한다는 것을 명심하라. 격 午火와 합이 되니 환경과 정신이 묶이고 답답하다.

“소운 44살(辛巳年) 辛巳年을 만나 辛金(편재)로 큰 돈이 들어오지 巳火(겁재)로 강도이니 부도가 날 운이고, 戊土(상관)로 시끄럽지만 짝으로 국가자리 사회자리가 활발해지니 과감하게 대출까지 받아 2개의 회사를 인수한다.

“소운 45살(壬午年) 壬午年을 만나 丁壬 合木으로 문서도 잡고, 또한 국가

“소운 46살(癸未年) 癸未年을 만나 상관 戊土를 戊癸合火로 묶어주고, 또한 편관으로 협회장이 된다. 未土(식신)를 만나니 짝으로 활동무대가 활발해진다.

“소운 47살(甲申年) 48살(乙酉年)에 회사가 5개로 늘어나 획기적인 발전을 가져온다. 甲과 乙은 문서이며, 사회 국가자리 戊土가 살아나니 활동무대가 발전한다.

+ 癸 대운(49살—53살): 丁火(본인)가 癸水와 5년간을 함께 간다.

癸水와의 관계는 사회, 국가 자리 상관인 戊土를 合으로 묶어주니 평탄은 하나 사회 활동은 위축이 된다.

“소운 49살(丙戌年) 丙戌年을 만나 丙火(비견)가 강도운이나 사회 국가자리 戊土가 살아난다.

단, 戊土가 격의 합 午戌을 또 한번 묶으니 답답하다.

이상과 같이 자기의 사주팔자(숙명)에 끌려가지 않고 운의 흐름(운명)을 잘 다스려 크게 성공하고 있는 분이다.

상의 기록된 김0우의 50평생 살아온 숙명을 정리하면 아래와 같다.

+ 부친: 12살(己酉年)에 부친(戊土가 酉金 상관운을 만남)이 사망했다.
+ 모친: 31살(戊午年)에 모친(戊土가 午火와 午戌合)으로 교통사고로 불구가 되어 보살피고 있는지가 20년이 넘었다.
+ 배우자: 47살(甲申年)에 85세된 장모가 치매에 걸려 지금까지 최고의 요양원에 모시고 있으니 배우자로 연결되어 많은 돈이 나간다.
+ 형제: 사고뭉치 동생을 데리고 있다.

이와 같이 혈육인 부모 형제 배우자와의 악연인 숙명과 운명이 험한 가시밭길이었으나 운의 흐름(운명)을 잘 다스려 모든 것을 안고 베풀어가고 있는 김0우분께 찬사를 보낸다.

예3) 여자(실패한 케이스)

時	日	月	年	55	45	35	25	15	5
丙	甲	丁	癸	癸	壬	辛	庚	己	戊
寅	子	巳	卯	亥	戌	酉	申	未	午

본인: 일간인 甲木

아버지: 년간 癸水　　　어머니: 년지 卯木

형제(정신): 월간 丁火　　형제(정신.환경): 월지인 巳火

배우자: 일지 子水　　　아들: 시간 丙火

딸: 시지 寅木

몸둥이(甲木)와 격(巳火)과 짝이 같으므로 단순하고 활달하다.

+ 父(아버지): 甲木(본인)과 癸水(부친)와의 관계는 정인으로 교육을 시키려 한다.
+ 母(어머니): 甲木(본인)과 卯木(모친)과의 관계는 겁재로 돈을 빼어간다.
+ 형제: 甲木(본인)과 丁火(형제)와의 관계는 상관으로 상처를 준다.

巳火와 관계는 식신으로 활동의 무대가 된다.

+ 천성 환경: 甲木(본인)과 巳火는 짝으로 식신격으로 단순하고 급하지만 화통하다. 월간인 丁火가 상관으로 날카롭고 예리하다.

+ 배우자: 甲木(본인)과 子水(남편)와의 관계는 정인으로 꼼꼼하지만 잔소리가 심하며 답답하다.

이상과 같이 혈육과의 관계는 어쩔 수 없는 숙명이다. 그러면 운명(운의 흐름)은 어떻게 흘러가느냐? 壬대운(49세)까지는 승승장구 할 운명을 타고 났다. 그러면 지금에 이르기까지의 삶을 살펴보자.

+ 戊 대운(5살—9살): 甲木(본인)이 戊土와 5년간 함께 간다.

甲木이 편재 戊土(산)를 만나니 풍요롭고 즐겁게 잘 자랐다.

+ 午 대운(10살—14살): 甲木(본인)이 午火와 5년간 함께 간다.

午火와의 관계는 상관으로 정신을 못 차린다.

"소운11살(癸丑年) 癸丑年에 아버지 자리가 戊癸合되니 아버지가 사망한다.

+ 己 대운(15살—19살: 甲木(본인)이 己土와 5년간 함께 간다.

己土와의 관계는 정재인데 甲己合에 財運을 만나게 되니 학업을 중단한다.

+ 未 대운(20살—24살): 甲木(본인)이 未土와 5년간을 함께 간다.

未土와의 관계는 정재이나 묘고(墓庫)로 친척집에서 고용살이를 한다.

+ 庚 대운(25살—29살): 甲木(본인)이 庚金과 5년간 함께 간다.

庚金과의 관계는 편관으로 직장 또는 남자로 본인은 직장을 잡고 남자도 만나게 된다.

"소운 25살(丁卯年) 丁卯年이 상관으로 바람이 나게 된다. 26살 때 소운(세운) 戊辰年을 만나니 甲木(본인)이 辰土에 뿌리를 내리고 戊土(산의 흙)를 만나니 제자리를 찾아가니 너무나 아름답다.

+ 申 대운(30살—34살): 甲木(본인)이 申金과 5년간을 함께 간다.

격 巳火를 巳申합으로 묶으니 답답하지만, 申金과의 관계는 편관으로 보험회사에서 명성을 떨치게 된다.

+ 辛 대운(35살—39살): 甲木(본인)이 辛金과 5년간 함께 간다.

辛金과의 관계는 정관으로 보험회사에서 확고하게 자리를 잡는다.

+ 酉 대운(40살—44세): 甲木(본인)이 酉金과 5년간을 함께 간다.

酉金과의 관계는 정관으로 국가자리 癸水가 살아나니 활동을 할 수 있으나, 월지 巳火와 巳酉丑 3합으로 정신과 환경이 묶이니 판단이 흐려지고 환경의 변화로 직장을 그만 둔다.

"소운 41살(甲午年) 甲午年을 만나니 午火가 상관으로 직장을 차버린다,

"소운 44살(丙戌年) 丙戌年을 만나니 丙火가 식신으로 활동 무대가 활성화가 되니 기분 좋아지고, 음식점을 시작하여 떼돈이 들어오니 아파트에 투자한다.

+ 壬 대운(45살—49살): 甲木(본인)이 壬水와 5년간을 함께 간다.

壬水와의 관계는 편인으로 상관 丁火를 丁壬합으로 묶어주니 좋고, 甲木이 스스로 壬水의 식신이 되어 시원스런 통로가 된다.

"소운 46살(戊子年) 본인 甲木과는 짝이나 국가자리 癸水를 戊癸합으로 묶으니 활동무대가 답답하다.

* 소운 47살(己丑年) 己土가 정재로 甲己합되니 돈 따라 가나 甲木인 양이 己土음과 합을 하니 손해만 보고 재물이 묶였으니 답답하다.

더구나 丑土가 월지(정신 환경) 午火를 묘고(무덤)로 가두니 가시밭길을 걷기 시작한다.

+ 戊 대운(50살—54살): 甲木(본인)이 戊土와 5년간 함께 간다.

戊土와의 관계는 식신이지만 戊土가 死土로 갑목이 뿌리를 내릴 수가 없으며 또한 戊土는 丁火와 癸水와 짝으로 월간의 상관을 丁癸충으로 상관이 요동을 치고 또한 격인 巳火를 묘고로 가두니 의지할 곳이 없게 된다.

상의 기록된 박0정의 50평생 살아온 숙명을 정리하면 아래와 같다.

+ 부친: 11살 때 부친이 사망

+ 모친: 현재까지도 시골에 계신 어머니에게 신경을 쓴다.

+ 배우자: 지금껏 백수로 부인을 감시만 한다.

+ 형제: 큰 오빠로 인하여 많은 상처를 입고 있으나 작은 오빠에게 도움은 많이 받고 있다.

+ 환경, 정신: 정신은 맑고 화통하며 활동하는 무대가 아름답다.

이상과 같이 자신의 활동무대인 사회가 아름다워도 감정과 기분에 의하여 세상을 살아가면 실패를 하여 쓰라린 고생을 하게 되는 것이다.

44살 때 단 1년간의 실수를 48살 47이상과 같이 자기의 사주팔자(숙명)에 끌려가며 운의 흐름(운명)을 기분과 감정에 의하여 행동을 하면 고난을 겪게 된다.

삶이 험한 가시밭길로 들어가게 된다.

좋은 壬대운을 만나니 또 다시 용꿈을 꾸다가 10년 이상을 고통에서 벗어나지 못한다. 이상과 같이 자기의 사주팔자(숙명)에 끌려가며 운의 흐름(운명)을 기분과 감정에 의하여 행동을 하면 고난을 겪게 된다.

제2편 실전편

제1장 인수격

제2장 비견겁격(양인격, 건록격)

제3장 식상격

제4장 재격

제5장 관격

제2편 실전편

실전에서는 많은 실례를 들어 설명을 하였다. 내격의 10격을 각 격국마다 실전의 예를 상세히 풀어서 정리를 하였으니 잘 숙지하면 적중률은 놀라울 정도가 된다.

실전편에서는 일반편에서 다루지 아니한 실례를 들어 상세히 설명을 하였다. 일반편에서는 운의 흐름과 기타 모든 관계를 주로 체(일간)와의 관계만을 주로 설명하였다. 실전편에서는 격(정신과 환경)의 활동과 변화에 비중을 많이 두었다. 또한 일간, 격, 배우자, 자식의 활동무대(년주, 월간)와의 관계를 설명하였다.

실전편에서는 각 격마다 20명으로 총200명의 실제 상담을 통해 상세히 풀어서 정리를 하였으니 열심히 정독하기를 바란다. 실전편을 숙지하면 그 적중률은 95%이상이란 것을 확신하니 열심히 숙지하기를 바란다.

木火土가 한 조이고 金水를 한 조란 것을 명심하라. 예를 들면 木生火 火生土는 가능하나, 土生金이 힘들고 金生水는 가능하나 水生木은 힘이 든다.

甲丙戊가 짝이 되고, 乙丁己가 짝이 되고, 庚壬이 짝이 되고, 辛癸가 짝이 되어 서로가 상부상조를 한다는 것을 명심하라. 辰戌丑은 土는 土이나 土의 역활을 못한다는 것을 반드시 명심하라.

즉 木은 土에 뿌리를 내리고 火로 숨을 쉰다.

火는 木에 근거를 두고 土로 숨을 쉰다.

土는 火에 근거를 두고 木으로 빛(명예)을 발한다.

金은 土에 근거를 할 수가 없고 水로 숨을 쉴 뿐이다.

水는 金에 근거는 둘 수가 있으나 숨 쉴 곳이 없다는 것이다.

년간과 년지와 월간은 체가 활동하는 무대고, 용(격)이 활동하는 무대이고, 배우자가 활동하는 무대이고, 자식이 활동하는 무대라는 것을 명심하라. 아래에 격국 마다의 예를 열거하였으니 반드시 숙지하라.

제1장 인수격

1. 정인격

					81	71	61	51	41	31	21	11
丁	己	癸	辛		壬	辛	庚	己	戊	丁	丙	乙
卯	丑	巳	未		寅	丑	子	亥	戌	酉	申	未

* 남편자리: 丑土, 사회자리 (癸水)와 짝으로 현실주의자다.

丑土는 편재(癸水)를 쓰고, 격(巳火)이 정관(甲木)과 겁재(戊土)를 쓰니 본인과는 이율배반이지만 財(癸水)가 투간으로 사업을 하여 돈을 벌 수도 있다.

* 자식자리: 丁火 卯木, 卯木이 丁火로 숨을 쉬는데, 일지 丑土(남편자리)가 丁火를 묘고로 묶으니 숨통이 막힌다.
* 酉운: 丑(건강, 배우자)과 巳(정신, 환경)으로 酉를 만나면 巳酉丑으로 묶으니 본인 또는 배우자가 흉하다.
* 戌운: 卯(자식)와 巳(격)를 묘고로 잡아넣으니 자식 또는 본인이 흉하다.

* 정인격으로 격(巳火)이 정관(甲木)과 짝이니 체면을 유지하려한다.

* 대문간 식신(辛金)이 사회자리(癸水)로 흐르고 생재를 하니 사회성은 있다.

* 戊운: 격(巳火)을 묘고로 묶으니 만사가 막히고, 또한 정관(甲木)의 숨통인 巳火를 묘고로 묶으니 남편도 흉하다.

* 辛丑운: 식신으로 生財를 하니 양호하나 자식자리(丁과 卯)를 입묘하고 충으로 자식이 흉하다.

甲午年(83세)사망　癸未년(73세)남편사망

				61	51	41	31	21	11	1
癸	丙	丁	己	甲	癸	壬	辛	庚	己	戊
巳	辰	卯	亥	戌	酉	申	未	午	巳	辰

* 정인격으로 원칙이 흔들리지 않고 끊기가 있으며, 격(卯木)의 짝 상관(己土)으로 상관의 성질이 함축되어 날카롭고 예리하다.

* 국가자리: 己亥, 대문간 亥水가 己土와 격 卯木을 쓸어버리고 합을 하니 대권은 힘들다.

* 남편자리: 辰土, 격 卯木이 辰土에 뿌리를 내리나 격의 숨통(丁火)을 매화시키고 국가자리(亥水)를 입고하니 배우자 덕은 없다.

* 체(丙火)가 국가, 사회자리에 甲木과 戊土가 없으니 활동무대가 불량하나 격(卯木)이 국가자리(己土)와 사회자리(丁火)를 쓰니 사회 활동이 대단히 양호하다. 단 국가자리가 상관으로 정부 비판을 잘하는 야당정치인이다.

* 辰운: 卯木(격)이 辰土에 뿌리를 내리지만, 卯木이 숨을 쉬는 숨통인 丁火를 꺼 버리니 격이 숨을 쉴 수가 없다.

* 戌운: 丙火(체)와 卯木(격)을 묘고로 묶으니 흉하다.

* 巳 午 未운: 격 卯木이 火로 숨을 쉬니 활발한 활동은 하지만, 비견과 겁재에 상관으로 도둑이 끊이지 않고 관재수로 시끄럽다.

* 未운: 격의 짝으로 사화자리 丁火가 살아나니 사회활동은 활발하나 금전으로 고통을 받는다.

* 壬운: 편관으로 벼락출세를 하니 국회에 진출한다. (甲申년-46세) 국회진출.

* 癸운: 정관이지만 상관 견관되니 시끄럽다. (戊子년-50세) 낙선.

(壬辰년-54세) 체(丙편)가 편관을 만나니 국회에 진출한다.

* 酉운: 격충으로 환경의 변화가 온다. (丙申년-58세) 국가자리(亥水)가 살아나니 수도권에서 최다득표 당선

* 甲운: 체의 짝으로 체가 살아나니 국가자리 상관이 甲己합으로 묶이어 시끄러운 일은 발생하지 않지만 국가 자리가 답답하다. (庚子년-62세) 당선. (상관 견관으로 짜증스럽다).

						62	52	42	32	22	12	2
辛	丁	甲	戊			辛	庚	己	戊	丁	丙	乙
丑	卯	寅	申			酉	申	未	午	巳	辰	卯

* 체(丁火)는 격(寅木)이 흉신인데 격(寅木)이 겁재 (丙火)와 상관(戊土)을 쓸 수 밖에 없고, 더구나 국가자리(대문간)가 상관(戊土)으로 봉사하라.

* 국가자리 정재(부모자리-申金)가 壬水을 써야하는데 역마로 충을 받으니 바쁘기만 하다.

* 己운: 체의 짝으로 흉신(甲木)을 甲己합은 하나 사회자리가 묶이니 답답하다.

* 未운: 체의 짝이고 격(寅木)을 묘고로 입고하지만 寅월로 넘어간다.

단. 寅월의 寅木을 따뜻한 未土가 온실속에서 보호를 한다고 본다.

						49	39	29	19
乙	甲	戊	庚			癸	甲	乙	丙
亥	辰	子	寅			未	申	酉	戌

* 천간에 甲戊庚이 떠있어 격이 있고 겉으로는 인격을 갖추어 보인다.

* 체(甲木)가 식신(丙火)을 쓰므로 자식생각을 많이 한다.

* 남편: 갑목(체)이 뿌리는 내리지만 정관(辛酉)이 숨을 쉬는 격. 子 배우자 자리가 子辰합을 하니 흉하다.

* 申운, 子운, 辰운을 만나면 자진으로 묶인 것을 또 한 번 묶으니 흉하다.

* 癸운: 체(甲木)의 짝인 財(戊土)가 활동무대로 합을 하니 사회활동은 물론

금전적으로 답답하다.

		85	75	65	55	45	35	25	15	5
辛 壬 壬 癸		癸	甲	乙	丙	丁	戊	己	庚	辛
亥 戌 戌 酉		巳	寅	卯	辰	巳	午	未	申	酉

* 壬일간이 월간에 甲 또는 戊가 없으면 싸가지가 없다.
* 格(戌土)이 丁火과 癸水를 쓰니 국가자리가 겁재 癸로 봉사하는 선생님 또는 공무원하라.
* 格(戌土)이 정재(丁火)와 겁재(癸水)를 쓰니 이기적이고 대문간 겁재로 의심이 많다.
* 格이 財庫로 돈이 있다.
* 戊운: 쟁합이지만 壬을 제방하니 길하다.
* 癸운: 庚子년(88세)사망

		64	54	44	34	24	14
癸 己 乙 壬		壬	辛	庚	己	戊	丁
酉 卯 巳 午		子	亥	戌	酉	申	未

* 격(巳火)과 일지(卯木)와의 사이에 辰土(체 己土의 재고)로 재물창고가 있다.
* 식상이 생재를 하니 재물과는 인연이 양호하다.
* 己일간은 壬水(財)가 왕하면 쓸어버린다. 재물이 왕해지면 몸수가 흉해진다.
* 체(己土)가 활동무대(乙木, 午火)가 짝으로 사회성은 있으나 격(巳火)의 짝이 없으니 별 볼일 없다.
* 庚운: 대문간 壬水가 짝을 만나고 상관생재까지 되니 재산은 늘어나나 몸수를 조심해야 한다. 더구나 상관이다. 심장에 핀을 꽂는다.
* 戊운: 일지(배우자, 건강) 卯木과 월지(정신, 환경) 巳火의 묘고로 흉하다.

					85	75	65	55	45	35	25	15
戊	己	辛	乙		庚	己	戊	丁	丙	乙	甲	癸
辰	亥	巳	亥		寅	丑	子	亥	戌	酉	申	未

* 체(己土)는 대문간(乙木)과 짝인데 자식(식신 辛金)이 충극으로 가는 길을 가로막는다.

* 격(巳火)이 양쪽에서 충을 받으니 주관이 없다.

* 戌운: 격(巳火)을 입고하니 흉하다.

* 亥운: 格충을 또 다시 충을 하니 지각이 요동치나 돈이 바닥이다.

* 戊운: 격은 살지만 겁재로 재물운이 대흉하다. 壬午년과 癸未년에 천간이 財지만 비견으로 돈 나간다.

* 子운: 편재로 식신(辛金)의 짝으로 사회자리가 활발해지고 재물도 늘어난다.

단. 辛이 살아나 일간(체)의 짝인 대문간(관-乙木)을 충극하니 몸수와 망신수를 조심하라.

* 丑운: 국가자리(관 乙木))가 충극을 당하니 인격이 망가진다.

* 庚운: 체의 짝 대문간(乙木)을 묶어버리나 상관으로 생재를 하니 재물은 늘어나나 병마에 시달린다. (신축년)87세 사망

					69	59	49	39	29	19	9
0	己	辛	乙		甲	乙	丙	丁	戊	己	庚
0	酉	巳	亥		戌	亥	子	丑	寅	卯	辰

* 정인격으로 격(巳火)이 정관(甲木)을 쓰니 원칙주의자로 기본이 흔들리지 않지만 자기 틀에 모든 것을 맞추고 다른 사람을 자기틀 속에 가두려한다.

* 격(巳火)은 寅木(정관)을 쓰고 국가자리(亥水)는 申金(상관)을 쓰니 정관과 상관이되니 겁이 없고 서로가 상충이 되어 사회생활은 원만하지 못하다.

* 처자리: 식신으로 편안하고 巳酉합을 巳亥충으로 격을 살게 하니 양호하나 국가자리(대문간 官-乙)가 충극을 하니 인격을 망가트린다.

* 辰운: 酉金(건강자리 또는 배우자자리)의 묘고와 합으로 흉하다.

* 卯,寅,丁운: 卯木과 寅木은 官으로 명예가 승승장구 한다.

  丁火는 체와 짝으로 국가자리(乙木)가 살아나니 명성을 떨친다.

* 乙운: 체의 짝이나 사회자리(辛金)를 충하니 많은 변화가 생긴다.

  62세(丙子년)국무총리, 63세(丁丑년) 대통령낙선

* 亥운: 격충으로 환경이 요동친다. 67세(辛巳년) 대통령 낙선.

* 甲운: 정관으로 격이 살아나나 체와 합이 되고, 국가자리와 사회자리가 받아주지 못하니 별 볼일 없다.

					51	41	31	21
甲	甲	戊	庚		甲	癸	壬	辛
子	午	子	子		午	巳	辰	卯

* 未운: 체(갑목)과 격(자수)의 묘고로 흉하다.

* 甲戊庚으로 외모는 귀공자다.

* 정인격에 격이 정관을 요하니 원칙주의자이고 반듯해 보인다.

* 정인격으로 공부는 열심히 하지만 국가자리(대문간)가 편관으로 엉뚱한 방향으로 나간다.

* 처자리: 午火, 상관으로 불량, 체(甲木)가 丙火로 숨을 쉬는데 水가 왕하므로 결혼과 동시에 골치가 아프다.

* 壬운: 대문간 庚金이 살아나니 사회 활동은 할 수가 있으나 격의 겁재다.

* 辰운: 격(子水)이 요하는 辛金을 묘고로 잡아넣고, 또한 배우자(건강자리 午火)를 매화시키니 처 또는 본인의 건강을 조심하라.

* 癸운: 戊癸합 火로 체(甲木)가 숨을 쉬나 財가 합되니 금전운은 답답하다.

* 甲운: 사회자리(戊土)가 살아나 활동은 하나, 비견으로 돈이 나가고 더구나 격(子水)의 상관으로 시끄럽다.

50 40 30

丁 甲 壬 辛 丁 戊 己

卯 辰 辰 卯 亥 子 丑

* 정인격(辰土)이 국가자리가 辛金(정관)으로 까다롭고 대접을 받으려 한다.

* 격(辰土)가 국가자리 辛金과 짝이 되니 사회성은 있다.

* 처자리: 자형살(辰辰)로 스스로 불량하다.

* 丁운: 丁壬합에 앞서 대문간 정관(辛金)을 먼저 치고 들어오니 직장과 인격이 망가진다. 더구나 상관이다.

乙 壬 己 丁 庚 辛 壬 癸 甲

巳 辰 酉 酉 子 丑 寅 卯 辰

* 정인격에 격(酉金)이 겁재(子水)를 요하니 사업은 불가하다.

* 처자리: 辰土, 배우자 자리가 癸水를 요하므로 子생 또는 丑생이 양호하다.

* 자식: 처자리가 辰酉합으로 묶여서 불량한데 巳생은 巳酉丑으로 건져주니 자식을 얻으면 좋아진다.

* 辰운: 체(壬水)와 격(酉金)이 묘고를 만나니 흉하다.

* 癸운: 겁재로 돈은 나가나 격(酉金)이 짝을 만나니 활동은 한다.

* 庚운: 체(壬水)의 짝으로 좋아지나 격(酉金)의 겁재로 몸만 바쁘다.

甲 己 辛 乙 丙 丁 戊 己

戌 未 巳 卯 子 丑 寅 卯

* 대문간이 편관(己土)으로 명예욕은 있으나 격이 정관(甲木)을 쓰니 예의가 바르고 반듯해보이는 학자사주이다.

* 격이 겁재(戊土)를 쓰니 사업은 불가하고 돈을 쓰게 된다.

* 정인격에 격이 정관을 요하니 월급 받는 일을 하라. 사회자리가 식신으로 타인을 편하게 한다.

* 戊운: 격이 살아나니 활동은 하나 겁재로 돈이 나간다. 재격이면 겁재운에

깡통을 찬다.

* 丁운: 체와 대문간의 짝(乙木)을 살려주고 乙木의 흉신인 辛金을 제거하니 양호하다.

* 丙운: 財가 無로 丙辛合 水로 財를 창출하니 재물이 늘어난다.

* 子운: 공망이지만 財밭으로 양호하다.

				53	43	33	23
癸	甲	庚	乙	甲	乙	丙	丁
酉	辰	辰	未	戌	亥	子	丑

* 丑운: 격고(辰酉)을 건져준다.

* 乙운: 활동무대(未土)가 짝을 만나니 좋아지나 겁재로 재물과 인연이 없다.

* 亥운: 사회자리가 乙庚으로 묶였으나 활동무대(사회자리 庚金)가 살아난다.

단. 격 辰의 묘고가 되고 격의 겁재로 재물과는 인연이 없다.

* 甲운: 辰土에 뿌리를 내리나 비견으로 돈이 나간다.

己	甲	丙	癸	癸	甲	乙
丑	戌	辰	亥	丑	寅	卯

* 국가자리(亥水)가 격고지만 대문간 정인(癸水)으로 공부는 하나 체의 숨통 병화를 불량하게 만든다.

* 밤중에 태어 났고, 격(辰土)이 癸水를 쓰니 丙火가 무력하게 되니 밤에 활동을 해야하고, 癸水의 상대가 辛金으로 작은 기계를 다룬다.

* 국가자리(亥水)를 격이 묘고로 묶어 버린다.

* 甲寅운: 친구가 붙으니 공부하라.

* 癸운: 격이 살아나 양호하나 壬午년에는 체의 상관과 격의 겁재로 방황한다.

				49	39	29
壬	庚	己	戊	甲	癸	壬
午	寅	未	戌	子	亥	戌

* 격이 귀문관살(寅未)에 묘고로 머리가 좋다.
* 처자리: 寅木, 배우자는 국가자리(戊土)로 나가려고 하나 격의 묘고로 가두려고 한다.
* 자식자리: 壬午, 배우자는 격의 묘고를 寅午戌로 빠져나가려 하나 자식 午火가 격 未土와 뜻이 같으니 처의 뜻대로는 안 된다.
* 癸운: 상관으로 격의 짝(丁火)을 극을 해버리니 대흉하다.
* 亥운: 체(庚金)의 짝으로 국가자리(戊土)가 잘 다스리나 격을 쓸어버리니 몸만 바쁘다.

庚 丁 壬 壬　　　　丙 乙 甲

戊 丑 寅 寅　　　　午 巳 辰

* 체(丁火)의 흉신 甲木을 제거하는 庚金이 필요하다.
* 활동무대를(壬水)를 다스려주는(제방) 戊土가 필요한데 체(丁火)의 상관으로 거침없이 불법을 저지른다.
* 辰운: 격(寅木)은 뿌리를 내리나 체(丁火)를 매화시키니 흉하다.
* 丙운: 격과 국가자리(寅木)는 양호해지나 겁재로 돈이 나간다.
* 午운; 비견에 격상관으로 국가자리(寅木)가 흉해지니 활동을 멈추어라.

乙 戊 甲 辛　　　　己 戊 丁 丙

卯 子 午 丑　　　　亥 戌 酉 申

* 인수격 사주는 자식이 적다.
* 정인격으로 격(午火)이 정관(乙木)을 쓰는데 대문간 상관(辛金)으로 겁이 없다.
* 申운: 식신운으로 癸亥년 결혼을 한다.
* 戌운: 격의 묘고를 午戌로 건져주니 양호하다.
* 己운: 격은 살아나나 겁재이다. 甲己합(편관합)으로 바람난다.

戊 壬 辛 癸　　　　丁 戊 己 庚

申 寅 酉 酉　　　　巳 午 未 申

* 정인격에 격이 대문간 겁재(癸水)를 쓰니 사업은 불가하므로 선생, 공무원으로 봉사하라.

* 격이 대문간 겁재(癸水)를 쓰니(요하니) 친구와 함께 가라.

* 처자리: 寅木, 태양이 있을 때 났으니 숨을 쉴 수가 있고 식신으로 활동을 한다.

* 財(火)운을 만나면 격이 죽으니 사업은 안된다. 여관같은 고정수입을 가져라.

乙 丙 癸 癸　　　　己 庚 辛

亥 子 卯 卯　　　　未 申 酉

* 관살혼잡으로 귀신병을 조심하라.

* 대문간 정관으로 까다롭고 대접을 받으려 한다.

* 격(卯木)이 활동무대에 짝이 없으니 사회성은 없다.

* 辛酉, 庚申운: 재발으로 활동무대(癸水)가 살아나니 대량하다.

* 己未운: 亥卯未三合에 상관으로 대흉하다.

0 癸 壬 己　　　　戊 己 庚 辛

0 亥 申 未　　　　辰 巳 午 未

* 격이 壬水를 쓰니 겁재가 되고, 대문간이 관으로 학자사주이다.

* 巳운: 財가 격과 합으로 떼돈이 들어올 수도 있다.

2. 편인격

				72	62	52	42	32	22	12	2
甲	己	庚	甲	壬	癸	甲	乙	丙	丁	戊	己
戌	亥	午	午	戌	亥	子	丑	寅	卯	辰	巳

* 丑운: 상관(庚金)과 월지(午火)를 묘고로 묶으니 상관은 날뛰고 환경과 정신은 답답하다.
* 체(己土)가 격(환경과 정신)이 같은 짝으로 단순하고, 편인격으로 순발력이 있고 거짓말을 잘한다. 더구나 여름생으로 일을 벌린다.
* 상관과 견관으로 겁이 없다. 상관 庚金이 甲庚충되니 일생이 시끄럽다.
* 남편자리: 亥水, 사회자리 상관(庚金)을 살려 국가자리 甲木(정관)을 다루니 남편도 겁이 없다.
* 자식자리: 甲戌, 체(己土)가 甲己합을 이루니 자식에게 의지하라.
* 乙운: 체(己土)와 격(午火)이 살아나고 乙庚합으로 결혼한다. 乙亥년(42세 결혼)
* 丑운: 상관(庚金)과 월지(午火)를 묘고로 묶으니 상관은 날뛰고 환경과 정신은 답답하다.
* 甲寅운: 상관 견관 되니 대흉하다.
* 子운: 財(子水)가 격을 충하니 환경이 변하고 재물이 보인다.

				78	68	58	48	38	28	18	8
丁	丁	己	乙	辛	壬	癸	甲	乙	丙	丁	戊
未	酉	卯	酉	未	申	酉	戌	亥	子	丑	寅

* 丁己乙 三奇가 떠있으니 사회에서는 귀공자같이 보인다.
* 편인격으로 순발력(위기관리 능력)은 있으나 양충으로 격이 깨졌다.
* 월간에 식신이 떠있어 타인에게 베푼다.

* 亥운: 배우자자리 酉金이 상관을 만나고, 丁卯년 또는 丁未년(세-세)에 亥卯未합 되어 왕한 木국이 酉金을 충하니 배우자 사망.

* 戊운: 격을 입고하니 대흉하나 부모자리가 酉金이 卯酉충으로 묘고를 막아 줄 수 도 있다.

* 癸운: 몸수 조심, 처자리(酉金)가 식신을 만나니 배우자가 날뛴다. 배우자 관리를 잘하라.

	65	55	45	35	25	15	5
壬 辛 辛 己	戊	丁	丙	乙	甲	癸	壬
辰 亥 未 亥	寅	丑	子	亥	戌	酉	申

* 편인격으로 순발력이 뛰어나고 거짓말의 천재이다.
* 격(未土)이 財(乙木)를 쓰니 욕심이 많고, 돈이 되면 수단과 방법을 안 가린다.
* 격(未土)이 체(辛金)의 財庫로 먹고는 살며 대문간 상관으로 자식위주로 산다.
* 부모자리, 남편자리: 상관(亥水)로 불량하다.
* 丙운: 상관 견관되고 丙辛쟁합으로 복잡하지만 정관으로 넘어간다.
* 子운: 체는 살지만 격(未土)의 짝(丁火)을 꺼버리니 별 볼일 없다.
* 丑운: 격충으로 요동을 치고, 격(未土)이 丁火와 乙木과 짝인데 癸水가 살아나 丁癸충을 하게 된다.
* 戊운: 壬水가 없으면 체(辛金)가 매몰되는데 시간에 壬水가 있어 넘어갈 수가 있다.

	59	49	39	29	19	9
己 甲 乙 甲	辛	庚	己	戊	丁	丙
巳 子 亥 辰	巳	辰	卯	寅	丑	子

* 처자리: 子水, 부모자리(辰土)가 격(亥水)을 묘고로 묶었는데, 子辰合으로 구해주니 양호하다. 특히 戊申생이 양호하다.
* 형제: 격이 묶였고 비겁으로 불량하다.
* 寅운: 戊寅년(35세) 경찰공무원 합격으로 발령받는다.

* 卯운: 辰亥를 亥卯로 건져주나 비겁으로 별 볼일 없다.

* 辰운: 일지(배우자, 건강)子水와 합이 되고 월지(환경, 정신)亥水의 묘고로 흉하다.

	43	33	23	13
丁 癸 己 乙	甲	乙	丙	丁
巳 酉 丑 巳	申	酉	戌	亥

* 편인격으로 사기성이 농후하다. 격(丑土)이 巳酉丑합과 丑월생으로 마음을 들어내지는 않는다고 하지만 음팔통이다.

* 乙운: 편재 丁火가 떠있어 식신생재가 되니 많은 돈을 벌지만 격이 살지 못한다.

* 酉운: 체(癸水)는 살지만 격이 쟁합을 하니 별 볼일 없다.

* 甲운: 상관이지만 국가자리(정재 巳火)가 상관생재로 살아나니 시끄럽지만 돈은 많이 번다.

* 申운: 정인이지만 겁재(壬水)가 살아나 국가자리(乙木)와 사회자리(己土)를 쓸어버리니 대흉하다.

丁 癸 戊 丙	壬	癸	甲
巳 未 戌 戌	辰	巳	午

* 격(戌土)이 재고로 먹고는 산다.

* 편인격으로 요령을 부린다.

* 활동무대에 정재와 정관이 떠 있으니 너무나 이기적이고 자린고비다.

* 戊癸合火를 격(戌土는 丁火와 癸水가 요하다)을 쓰니 자기위주로 바쁘다.

* 午운: 財밭이다. 단, 寅(상관)년에 寅午戌합으로 별 볼일 없다.

* 巳운: 정재지만 격(戌土)이 입고를 하니 별 볼일 없다.

* 壬운: 쟁합이며 겁재로 격상관이 되니 대흉하다.

46 36 26

戊 乙 戊 己　　　癸 甲 乙

寅 亥 辰 亥　　　亥 子 丑

* 격이 辰亥로 박수무당해라.

* 관(申酉)이 공망으로 직장생활이 불량하고, 土多木으로 피곤병으로 산다.

* 체(乙木)와 활동무대(戊土, 己土)는 火를 만나야 하는데, 격(辰土)은 癸水를 요하니 이율배반이다.

* 격(辰土)이 안방자리 亥水를 입고한 것을 삼합(子辰)인 子水 또는 충을 하는 戊土라야 환경이 살아난다. 육합(寅亥)으로 또 한번 묶으니 불량하다.

* 처자리: 巳생은 격고를 巳亥충으로 풀어주고 활동무대(戊土와 己土)를 살려주니 양호하다.

乙 癸 癸 壬　　　丁 戊 己 庚

卯 酉 丑 辰　　　未 申 酉 戌

* 격이 체를 쓰니 단순하고 丑월의 卯時생으로 火가 약하다.

* 庚, 酉, 申운: 체(水)와 金은 짝으로 흘러는 가나, 비견 겁재가 살아나니 재물과는 인연이 없다.

* 戊운: 戊癸합 火가 쟁합으로 돈을 따라간다. 단, 격(丑土)이 매몰이 된다.

* 丁未운: 자식자리가 살고 財운이지만 사주에 火가 없으니 별 볼일 없다.

56 46 36 26 16 6

辛 丙 壬 丁　　　丙 丁 戊 己 庚 辛

卯 辰 寅 未　　　申 酉 戌 亥 子 丑

* 격고로 머리가 좋고, 丁壬合 木이 丙辛合 水로 水生木되니 체(丙火)가 양호하다.

* 체(몸 丙火)와 격(정신 寅木)이 같은 것을 요하니 정직한 체한다.

* 격(寅木)을 따뜻한 상관(未土)이 묘고로 묶었으니 도둑과 집단생활을 한다.

* 처자리: 辰土, 戊午생으로 매화가 되니 고생하려고 들어왔다.

* 亥운: 편재(庚金)가 살아나니 뜬구름 잡는다.

* 戌운: 안방자리가 충이 되니 부부가 갈등한다.

* 申운: 편재가 격을 충하니 큰 돈이 보인다.

				46	36	26
甲	己	戊	癸	癸	甲	乙
子	亥	午	卯	丑	寅	卯

* 처자리: 亥水, 본인(己土) 부모(卯木) 형제(午火)를 다 쓸어버리니 처를 집에 있게 하다.

* 부모자리: 癸卯, 戊癸합 火와 卯木으로 체와 격을 살려주니 양호하다.

* 자식: 印격과 官격은 아들이 잘된다. 甲己합으로 의지하고 싶으나 격을 충거(子午)한다.

* 甲운; 정관으로 쟁합이 되고 사회자리(戊土)인 겁재만 살아난다.

* 寅운: 丙戌년애는 寅午戌로 대흉하다.

* 癸운: 재밭이지만 쟁합이 된다.

				53	43	33
庚	癸	辛	戊	乙	丙	丁
申	卯	酉	子	卯	辰	巳

* 체와 격이 같이 쓰니 단순하다.

* 격이 대문간 비견(子水)으로 흐르니 바쁘기만 하다.

* 丁巳운: 재밭으로 돈은 버나, 격(환경 酉金)이 子水로 흐르니 水火충되어 바쁘다.

* 辰운: 격고로 체도 함께 빠지게 된다.

* 乙卯운: 申時로 낮에 태어나 태양이 떠있어 財(丙火)가 있으니 식신생재가 되어 대량하다. 내충으로 능히 극복한다.

51 41 31

0	癸	癸	丁	丁	戊	己
0	未	丑	酉	未	申	酉

* 격이 체를 쓰고 격이 사회자리(형제자리) 비견(癸水)을 쓰니 의리를 찾는다.

* 처자리: 未土, 丑未로 불안한데 丙午생은 午未로 편안하다.

* 戊운: 戊癸합 火로 대문간 편재(丁火)가 살아나나 천간으로 흘러다니는 돈이다. 단, 辛巳년에는 격을 삼합으로 묶으니 불량하다.

* 申운: 정인이지만 격에 입고가 되고 겁재 壬水만 살아난다.

45 35 25

丙	癸	丙	庚	辛	壬	癸
辰	未	戌	子	巳	午	未

* 丙庚으로 급수가 있고 대문간에 정인으로 장사꾼은 아니다.

* 격이 丁火와 癸水를 쓰는데, 대문간 子水가 있어 사회성은 있다.

* 체와 격이 서로 쓰고 나가니 본인 위주로 산다.

* 午운: 財밭이지만 木이 없고, 편재가 午戌합이 되니 돈을 버릴 수도 있다.

50 30 30

辛	丙	庚	辛	丙	乙	甲
卯	子	寅	卯	申	未	午

* 체(丙 양火)가 합이 되어 불량하다.

* 丙, 丁, 庚, 辛운이 들어 올 때마다 쟁합이 된다.

* 財(申酉)가 공망으로 정재(辛金)가 체와 합(丙辛)으로 작은 돈 때문에 고통을 받는다.

* 午운: 격상관에 겁재로 배우자(子水)를 충하니 남편과 이별을 한다.

* 未운: 격을 묘고로 묶지만 월지 寅木은 따뜻하게 보호를 받는다.

甲 癸 戊 辛　　　辛 庚 己

寅 酉 戌 酉　　　丑 子 亥

* 체(癸水 음)가 戊癸합 火로 財(火)를 창출하니 바쁘게 돈 따라간다.

* 부모: 辛酉, 체의 짝이나 격(戌土)의 비견으로 격을 살리지 못하고 인수(金)가 태왕으로 母子멸자가 된다.

* 자식: 甲寅, 상관이지만 火운을 만나면 상관이 꽃이 핀다.

* 己운: 격이 요하는 癸를 극하고 戊癸합 火를 깨니 대흉하다.

* 庚운: 정인이지만 金多로 불량하다.

丙 乙 戊 乙　　　癸 壬 辛

戌 丑 子 酉　　　巳 辰 卯

* 편인격이 격이 편관(酉金)을 쓰니 정신은 명예쪽에 있다.

* 남편자리: 丑土, 정관(庚金)을 입고시키니 남편이 피곤하다.

* 자식: 戌土, 공망으로 자식은 떠나야한다.

* 辰운: 정관(庚金)의 숨통(壬水)를 입고하니 이별한다.

* 巳운: 상관으로 가정이 파괴된다.

0 癸 甲 己　　　己 庚 辛

0 未 戌 酉　　　巳 午 未

* 체의 흉신인 상관이 甲己合土로 탁한 사람이지만 상관이 합거되니 나쁜 짓은 못한다.

* 국가와 사회자리가 합으로 불량하나 부모(酉金)는 의지처가 된다,

* 庚운: 정인이지만 甲己합(흉신)을 깨니 상관으로 불량하다.

* 己운: 쟁합으로 불량하다.

辛 戊 辛 庚　　　乙 甲 癸

酉 午 巳 子　　　酉 申 未

* 년지 財(子水)가 공망으로 이상세계를 추구한다.

* 활동무대에 상관(辛金)이 식신을 보고 천간에 떠있으니 권모술수에 능하다.

* 酉운: 배우자 午火의 짝(卯木)을 충극하니 처가 도망간다.

					40	30	20
0	癸	丁	辛		癸	甲	乙
0	酉	酉	丑		巳	午	未

* 편인격이 월간에 편재(丁火)가 떠있으니 돈을 벌려고 사기를 친다.

* 癸운: 격(酉金)은 살아나 활동은 하지만 자기 꾀에 스스로 망하다.
  辛巳年에는 巳酉丑으로 망한다.

* 巳운: 정재가 격을 巳酉丑을 하니 돈을 묶어놓고 감옥에 간다.

					52	42	32
己	乙	丙	甲		壬	辛	庚
卯	卯	子	辰		午	巳	辰

* 격(子水)이 공망으로 이상은 크지만 卯時생으로 火가 없어 水운을 만나면 체(乙木)의 식신(숨통 丁火)을 꺼버리니 건강이 망가진다.

* 午운: 체의 식신으로 격충을 하지만 내충으로 극복한다,

* 정격은 조용한 직업을 갖고 편격은 움직여야 한다.

* 인격과 관격은 아들이 잘된다.

* 인격은 손이 적고 현실에 어둡다.

* 인수운을 만나면 손해가 나는 운은 아니다.

* 정인이 월지 또는 년지에 있어야 유산상속을 받는다.

* 정인이 사주에 있으면 정신적으로 맑고 편안하며 물질을 소유한다.

* 정인이 년간에 있으면 공부를 하는데 재가 극을 하면 돈따라간다.

* 정인이 2개 있으면 횡재수가 따른다.

* 인수인 목이 없으면 인덕과 배경이 없다.

* 정인격에 격이 겁재를 쓰면 성격이 불량하다.

예: 0 壬 丁 甲

0 午 丑 寅

* 정인격은 열심히 공부를 하나 년간에 편관이 떠있으면 엉뚱한 곳으로 간다.

예: 0 甲 戊 庚

0 午 子 子

* 편인격에 격이 편재를 쓰면 돈에 환장한 사기꾼이다.

예: 0 辛 乙 癸

0 酉 未 巳

* 편인격에 월간에 편재가 뜨면 사기꾼이다.

예: 0 癸 丁 甲

0 酉 酉 寅

* 격이 정인을 쓰고 체가 정재를 쓰면 체면을 차리는 이중인격자다.
* 격이 편인을 쓰면 기술직이다.

제2장 비견겁격(양인격과 건록격)

1. 겁재격(양인격)

					87	77	67	57	47	37	27
辛	丁	辛	庚		庚	己	戊	丁	丙	乙	甲
丑	卯	巳	午		寅	丑	子	亥	戌	酉	申

* 격(巳火)이 상관(戊土)과 짝으로 날카롭고 예리하며 또한 정인(寅木)과 짝으로 끈기가 있다. 火가 너무 왕하여 발산이 심해저서 싸가지다.

* 戌운: 격인 겁재(巳火)를 묘고로 묶으니 흉하다.

* 亥운: 겁재인 격(巳火)을 충극하니 환경의 변화를 가져오나 대문간 정재(庚金)가 살아나니 재물운이 양호하다.

* 戊운: 격(巳火)과 짝으로 격이 살아나고 상관생재가 되니 재물운은 있으나, 甲木이 없고 상관이다.

* 子운: 활동무대 편재(辛金)가 살아나 양호하지만, 활동무대(午火)가 극을 당한다. 壬午년에는 官(귀신 壬水)과 丁壬합이 되고 대운(子水)와 충으로 흉하다.

* 己운: 체와 대문간 (午火)살아나고 식신이 생재를 한다.

* 丑운: 재밭으로 양호하나 체(丁火)를 묘고로 잡아 넣으니 몸수는 조심하라.

* 庚운: 92세(신축년)배우자 사망, 묘목의 숨통인 정화를 묘고로 잡아 넣는다.

					52	42	32	22	12	2
辛	癸	辛	壬		丁	丙	乙	甲	癸	壬
酉	酉	亥	寅		巳	辰	卯	寅	丑	子

* 金水로 짜여있어 단순하고 월간에 편인(辛金)으로 머리회전이 빠르다.
* 체(癸水)가 편인(辛金)과 짝으로 월급쟁이가 좋으나, 협공 戊土(재고)로 사업을 하나 대문간 겁재(壬水)로 불량하다.
* 대문간이 상관(寅木)이니 기술로 봉사하라.
* 乙卯운: 식신으로 활동은 하나 사주에 火가 없으니 식신생재가 불가하다.
* 丙운: 財 밭이지만 겁재가 떠있고 丙辛합수로 재산관리를 잘하라.
* 辰운: 격(亥水)과 일지(酉金)를 묘고로 묶으니 대흉하다.
* 丁운: 편재로 큰 돈이 보인다. 대문간 겁재(壬水)와 합이 되니 거지가 될 수도 있다.

					65	55	45	35	25	15	5
癸	甲	乙	戊		壬	辛	庚	己	戊	丁	丙
酉	辰	卯	子		戌	酉	申	未	午	巳	辰

* 체(甲木)가 낮에 태어 낳앗으니 천간에 甲丙戊가 다 있다.
* 財가 천간(사회,국가자리) 떠있으면 월급쟁이고 지지에 있으면 본인이 벌어먹는다.
* 격(卯木)이 상관(丁火)을 쓰니 성격이 날카롭고 싸가지다.
* 대문간 정인(子水)으로 도장찍는 일을 한다.
* 부모자리: 戊子, 체와 격이 쓰는 火를 子水가 꺼버리니 불량하다.
* 庚申운: 겁재격은 편관운에는 겁재(양인합살 乙木)를 乙庚합살로 겁재를 없애니 동업이 양호하고, 편관으로 벼락출세를 한다.(한국경제신문 편집국장)
* 辛酉운: 정관으로 국가자리(子水)가 살아난다. 해가 떠있어 상관 견관이 되고 격충으로 요동친다.

59세(丙戌年) 파주시장 보궐선거 당선.

61세(戊子年) 파주시장 당선.

65세(壬辰年) 낙선, 격이 뿌리를 내리나 격의 숨통 丁火를 매화시킨다.

66세(癸巳年) 인천여대 총장.

69세(丙申年) 국회의원 낙선(격상관으로 크게 망신당함)

* 戊운: 국가자리 子水가 살아나나 격(卯木)을 묘고로 묶는다.

72세(己亥年)인천여대 총장

					53	43	33	23
丁	庚	己	乙		乙	甲	癸	壬
丑	子	丑	酉		未	午	巳	辰

* 丁乙己로 급수가 있다.

* 격(丑土)이 남편자리(子水)를 쓰니 좋을 것 같으나 상관이고 격(丑土)이 상관(子水)을 쓰니 남편은 잘 안 되고 자식만 생각한다.

* 壬운: 체의 짝이고 식신이지만 격상관에 丁己乙을 쓸어버리니 흉하다.

* 癸운: 격의 짝으로 격이 살지만 상관으로 짜증스럽다.

* 巳운: 巳酉丑으로 부모자리와 사회자리가 불량하다.

* 甲운: 재밭이지만 바쁘게 움직여야 하고 자식(丁火)은 답답하다.

* 午, 乙운: 활동무대(己土 乙木)은 살아나니 양호하나 남편(子水)의 짝 酉金을 극거하니 남편을 무시한다.

* 未운: 격충으로 丑중 상관 癸水가 튀어나와 날뛴다.

0	戊	癸	乙		己	戊
0	戊	未	未		丑	子

* 격이 정관(乙木)과 정인(丁火)과 짝으로 대문간 정관으로 대접을 받으려 하고 명분 때문에 친구형제에게 베풀게 된다.

* 격이 丁火와 짝이니 밤장사를 하라.

* 격(未土)이 丁火를 쓰는데 癸水가 떠있어 극을 하니 불량하다.

* 체(戊土)가 戊癸합 火로 양호하나 돈을 따라가니 몸이 바쁘다.

* 남편: 관(남편 木)이 火로 뿌리를 내리는데, 癸水가 떠있어 水극火로 숨통을 끊으니 마음이 부글부글 끓는다. 더구나 戊土가 丙火를 입고하니 죽을 지경이다.

* 子운: 정재지만 金이 없으니 땀흘려 노력해야한다.

* 丑운: 격충으로 지진이 나고 삼형살로 대흉하다

甲	甲	癸	壬		丁	戊	己
戌	辰	卯	寅		酉	戌	亥

* 겁재(양인)격으로 격이 상관(丁火)과 짝으로 싸가지가 없고, 재수가 없는 여자다.

* 격(卯木)이 상관(丁火)과 짝인데 正印(癸水)이 떠있으니 교양있는 체 한다.

* 격과 체 木이 火로 숨을 쉬는데, 국가 사회자리가 水로 사회활동은 불량하다.

* 남편자리: 戊생은 양호하다. 戊癸합 火로 격과 체가 숨을 쉬고 壬水를 제방해준다.

* 亥운: 격을 쓸어버리고 辰土에 입고되니 불량하다.

* 戊운: 戊癸합 火로 격과 체가 숨을 쉬고 국가자리(壬水)를 제방해준다. 단, 쟁합이 된다.

* 丁운: 격의 짝으로 격이 살아나나 상관이다. 밤에 태어났으므로 밤에 하는 장사하라.

癸	辛	戊	丁		甲	癸	壬	辛
巳	未	申	丑		寅	丑	子	亥

* 격이 상관(임수)를 쓰니 싸가지가 없으나, 정인이 떠있으니 교양 있는 체 한다.

* 남편자리: 未土, 재고로 돈이 있다.

* 자식: 癸巳, 체(辛金)와 격(申金)이 癸水와 壬水를 쓰니 식상으로 자식에게 신경을 쓴다.

* 亥, 壬운; 격은 살아나 활동은 하지만 상관으로 시끄럽다.

* 子, 癸운: 체는 살지만, 격이 상관으로 복잡하다.

* 丑운: 丑未로 재고는 열리지만 격고로 본인 형제가 흉하다.

* 甲寅운: 정재를 격(申金)이 다스리니 재산이 늘어난다.

단, 寅申으로 애정문제가 생기고, 안방자리 未土가 甲寅木을 입고하니 남편과는 불량하다.

					55	45	35
丙	壬	庚	乙		丙	乙	甲
午	子	辰	未		戊	酉	申

* 체가 활동무대(庚金)를 쓰니 빠쁘고 대문간 상관(乙木)으로 봉사하라.
* 남편자리: 격(辰土)과 합(子辰)으로 답답한 것을 자식(子水)을 동원(子午충) 해서 풀려한다.
* 乙운: 상관으로 쟁합을 하니 더욱 시끄럽다.
* 酉운: 배우자(子水)와 짝으로 배우자가 살아나나 격합(辰酉)에 겁재로 돈이 나간다.

庚	丁	辛	庚		丙	丁	戊
子	亥	巳	戌		子	丑	寅

* 겁재격에 격(巳火)이 상관(戊土)과 정인(甲木)이 짝으로 상관성질에 체면을 차리는 이중인격자이다.
* 부모: 庚戌, 체의 희신으로 庚을 다스리게 해주나 격을 묘고로 묶는다.
* 남편자리: 亥水, 격고(巳戌)를 충으로 풀어주니 양호하다.
* 寅운: 체(丁火)에는 흉신이지만 격(寅木)은 짝으로 살아난다.
* 丑운: 巳戌을 丑戌로 풀어주나 체를 묘고로 묶고 조객살(亥子丑)이 문제다.

					36	26	16
丁	戊	己	壬		乙	丙	丁
巳	午	未	午		巳	午	未

* 겁재격으로 상관(辛金)을 만나면 生財로 양호하나 사회자리 겁재(己土)와 국가자리 편재(壬水)로 시끄럽다.
* 체(戊土)가 대문간 편재를 다스리니 몸이 바쁘다.
* 남편자리: 午火, 정인으로 상관인 격(酉金)을 극하니 좋을 것 같으나, 겁재

만 살려주니 병주고 약준다.

* 상관격은 의사 또는 검사가 배우자로 양호하다. 배우자 戊생은 국가자리(壬水)를 다스려주고 庚생은 국가자리가 살아난다.

* 丁운: 丁壬합 木으로 새로운 것을 창출한다.

* 未운: 남편자리가 午未로 결혼한다.

0	庚	辛	丙		戊	丁
0	戌	丑	子		申	未

* 대문간 상관(子水)으로 기술직으로 봉사하라.

* 상관이 격합에 丑戌刑으로 성격이 나쁘다.

* 흉신 겁재(양인 辛金)를 丙辛합살과 격(丑土)이 대문간 상관(子水)과 짝이니 친구를 이용하는 사람이다.

* 대문간의 관(丙火)이 뿌리가 없고 대문간 상관으로 시끄럽다.

* 戊운: 壬午년에는 제방은 하나 戊土의 편재로 돈이 나갈 수도 있다.

戊	辛	戊	壬		壬	癸	甲
子	丑	申	午		寅	卯	辰

* 격(申金)이 대문간 상관(壬水)을 쓰는데 사회자리(戊土)가 다스려주니 다행이다.

* 癸운: 체의 짝이지만 격(申金)의 상관이고, 戊癸합으로 대문간 상관(壬水)이 제멋대로 날뛰니 사회생활이 파탄난다.

* 寅운: 격고(申丑)를 寅申으로 풀어주고 사회자리 戊土가 살아나니 대량하다.

辛	庚	甲	己		己	戊	丁	丙
巳	申	戌	未		卯	寅	丑	子

* 격이 정관(丁火)과 상관(癸水)을 쓰니 성질이 나쁘고 대문간 정인으로 선생님하라.

* 상관(辛金)이 숨어 있어 내숭형이다.

* 자식: 남편자리(申金)를 합으로 묶으니 자식이 원수로다.

* 부모: 정인(母 己土)이 甲己합으로 財가 묶이니 부모가 버려놓는다.

* 丑운: 남편자리 申金을 입고하고, 丑戌未로 대흉하다.

* 戊운: 대문간(甲木)은 살지만 쟁합(甲己)으로 불량하다.

* 卯운: 격에 입고되나 활동무대(己未)가 살아나니 양호하고, 부모로부터 유산을 받는다.

癸 庚 戊 辛　　　　壬 辛 庚
亥 申 戌 酉　　　　寅 丑 子

* 격이 상관과 정관을 쓰니 이중성으로 머리가 복잡하다.

* 격이 상관을 쓰니 기술성분야이다.

* 寅운: 재밭으로 사회자리 戊土가 살아나 격이 쓰는 丁火를 죽이고, 격이 쓰는 癸水의 상관이 된다. 남편자리 충으로 부부간 갈등이 생긴다.

丙 庚 乙 壬　　　　庚 辛 壬
戌 辰 酉 辰　　　　辰 巳 午

* 丙庚이 떠있어 외모는 그럴 듯 하나, 활동무대(戊土)가 없으니 壬水가 제멋대로 흘러다니고 격이 辰酉합에 상관(계수)과 짝으로 악질이다.

* 남편자리: 辰土, 고독살(辰戌)에 격(酉金)이 상관(子水)과 짝으로 남편이 망가진다.

* 자식: 丙戌, 辰酉합을 깨주니 자식을 믿고 살아라. 壬子생이면 관(火)이 극을 받으니 남편이 죽는다.

己 辛 戊 壬　　　　甲 癸 壬 辛
亥 丑 申 辰　　　　寅 丑 子 亥

* 국가자리가 상관(壬水)을 사회자리(戊土)가 다스려준다.

* 사회자리(戊土)가 살려면 운에서 甲木이나 丙火를 만나야 한다.

* 처자리: 丑土에 격(申金)이 입고하니 환경, 형제, 친구가 흉하다. 子생, 未생은 양호하다.

* 자식: 庚申生이면 망한다.

庚 庚 癸 己　　　　庚 辛
寅 辰 酉 未　　　　午 未

* 격이 상관(癸水)과 짝으로 기술성분야이며 대문간이 정인(己土)으로 명분을 찾고 대문간 己土는 정재(乙木)와 짝으로 돈 따라가는 외과의사다.

丁 庚 己 丁　　　　乙 丙 丁 戊
亥 戌 酉 酉　　　　巳 午 未 申

* 체(庚金)는 대문간 정관(丁火)을 쓸 수 밖에 없는데 木이 없는 것이 아쉽다.

* 처자리: 戌土, 甲午생으로 丁火를 죽이고 체(庚金)가 甲庚충되고 午戌合으로 짜증스럽다.

0 丙 壬 庚　　　　己 庚 辛
0 子 午 戌　　　　卯 辰 巳

* 겁재격은 때로는 돈도 쓰게 된다.

* 卯운: 격(午火)의 짝으로 활동도 하고 재물도 보이나 겁재(丁火)가 살아나니 현금을 갖고 있지 마라.

丙 乙 丙 乙　　　　壬 癸 甲
戌 亥 寅 卯　　　　戌 亥 子

* 겁재격은 사업은 불가하지만 격이 상관(丙火)과 정재(戊土)와 짝으로 돈과 여자를 찾아 헤멘다.

甲 庚 辛 辛　　　　丁 戊 己
申 申 丑 丑　　　　酉 戌 亥

* 체(庚金)가 격고로 머리가 좋고 격(丑土)이 상관(癸水)을 쓰니 창출력이 양호하다.

* 酉운: 체의 묘고를 酉丑으로 풀어주니 활동은 하지만 겁재이다.

2. 비견격(건록격)

	85	65	55	45	35	25	15
甲 乙 丁 己	己	庚	辛	壬	癸	甲	乙
申 丑 卯 巳	未	申	酉	戌	亥	子	丑

* 丁乙己 三奇가 떠있으니 귀공자 타입이나 국가자리가 상관으로 야당생활 하라.
* 비견격으로 체와 격이 짝으로 단순하지만 월간에 식신(丁火)이 떠있어 다른 사람을 편안하게 하고 말을 잘한다.
* 체와 격이 木으로 火土운이 좋으나, 식신(火)으로 숨을 쉬니 기술 또는 의약쪽으로 활동을 하라.
* 자식: 申金을 일지 丑土가 입고를 시키니 자식이 죽을 수도 있다.
* 甲운: 국가자리 상관(巳火)이 살아나고 겁재(甲木)가 재(己土)와 합을 하니 배우자가 사망하다.
* 子운: 식신(丁火)를 극하니 감옥을 간다.(33세 辛丑년 감옥가다.)
* 癸운: 편재(己土)가 癸水를 극을 하니 돈을 쓰면 감옥에서 나온다.
* 戌운: 체(乙木)와 격(卯木)을 입고하니 본인, 형제, 친구를 다 죽인다.
* 酉운: 사회자리 식신(丁火)을 일지(丑土)와 酉丑합으로 식신(丁火)이 살아나니 가정적으로 안정이 된다.
* 申운: 癸未년(75세) 여름 위암으로 사망(체와 격의 숨통인 丁火를 제거한다)

	45	35	25
乙 丁 戊 癸	癸	壬	辛
巳 酉 午 卯	亥	戌	酉

* 체(丁火)가 午月생으로 또한 戊癸合 火로 너무 뜨거워 급하고 단순하다.
* 체(丁火)와 격(午火)이 편인(卯木)을 쓰니 잔머리를 굴리나 너무 단순하다.
* 남편자리: 酉金, 활동무대(癸水)와 짝인데 戊癸합火로 묶으니 잘 안 된다.

* 戊운: 체(丁火)와 격(午火)의 짝(卯木)을 묘고로 잡아넣고 격을 午戌로 묶으니 대흉하다.

* 癸운: 쟁합에 丁癸충으로 흉하다.

* 亥운: 부모자리(卯木)를 쓸어버리니 母는 흉하나 정재(庚金)와 짝으로 좋다.

				83	73	63	53	43	33	23
丙	辛	戊	丙	己	庚	辛	壬	癸	甲	乙
申	未	戌	子	丑	寅	卯	辰	巳	午	未

* 격(戌土)을 辛金으로 보며 또한 戌土는 丁火와 癸水를 요한다. 정관(丙火)이 낮에 낳아 火인 관이 왕한데 甲木이 없으니 나그네만 있다.

* 남편자리: 未土, 체(辛金)의 재고로 남편은 재산이 있다.

* 午운: 격(戌土)합이 되니 답답하다. 관으로 직장에 충실하라.

* 癸운: 국가자리 子水로 공무원 생활하라.

* 巳운: 정관(巳火)을 격이 묘고로 묶으니 배우자가 발버둥친다.

* 壬운: 상관(壬水) 견관(丙火)되고 정관이 충을 받으니 남편 또는 대문간이 요동을 친다.

* 辰운: 土多로 지진이 일어난다.

* 辛운: 비견이 정관(丙火)과 합으로 배우자와 문제가 생긴다.

* 卯운: 격(戌土)과 합에 격고로 묶으나 편재로 넘어간다.

				68	58	48	38	28	18
丁	庚	戊	壬	乙	甲	癸	壬	辛	庚
酉	子	申	午	卯	寅	丑	子	亥	戌

* 金水로 짜여있고 체(庚金)와 격(申金)이 식신(壬水)을 같이 쓰니 맑고 단순한 사람이다.

* 戊土가 대문간 壬水를 다스리나 식신으로 동료와 함께 봉사하라. (財가 없다)

* 壬운: 체와 격이 살아나니 대량하나 財(木)가 없는 것이 아쉽다.

* 子운 癸운: 국가자리(午火)를 충하니 더구나 상관이 충을 하니 직장을 그만둔다. 甲戌(49세) 부도

* 丑운: 庚,申,丁,午 모두를 입고하니 대흉하다.

* 寅운: 편재가 격을 충하니 환경의 변화가 생겨 많은 돈을 벌 수도 있다.

					47	37	27
戊	丙	辛	庚		丙	丁	戊
戌	辰	巳	子		子	丑	寅

* 비견격이지만 재격에 가깝다.

* 戊戌시(밤)생으로 체와 격이 식신(戊土)을 쓰니 밤무대가 양호하다.

* 배우자: 辰戌로 고초살

* 丑운: 丙辛합으로 쟁합이 되니 불량하다.

* 子운: 활동무대(辛金)가 살아나니 양호하다.

					85	75	65	55	45	35	25
0	辛	庚	丁		辛	壬	癸	甲	乙	丙	丁
0	卯	戌	卯		丑	寅	卯	辰	巳	午	未

* 격이 丁火와 癸水를 쓰는데 丁火(국가자리)가 사회자리(庚金)를 다스려주니 철강과 인연이 있다. 또한 식신(癸水)으로 포항공대를 설립한다.

* 격이 귀문관살(卯戌)로 머리가 좋다.

* 辰운: 격고(卯戌)를 풀어주니 양호하다.

* 癸운: 체와 격이 살아나나 대문간(관 丁火)을 충극하니 관운이 불량하고 망신을 당한다. 김영삼정권때 망명생활을 한다. 67세(癸酉년)

* 卯운: 국가자리(丁火)가 살아나니 국무총리를 한다. 73세(己卯年) 국무총리

* 壬운: 상관으로 격(戌土)의 숨통(丁火)을 합거하고 비겁이 살아나니 친구에게 의지하라.

* 辛운: 85세(辛卯년) 사망. (격이 卯戌로 다시 묶인다)

		54	44	34	24	14	4
乙 丁 庚 甲		甲	乙	丙	丁	戊	己
巳 酉 午 辰		子	丑	寅	卯	辰	巳

* 격(午火)이 편인(乙木)을 쓰니 머리회전은 빠르나 단순하다.
* 대문간 정인(甲木)으로 공부를 하려하나 정재(庚金)가 극을 하니 돈 따라 간다.
* 辰운: 체(丁火)와 격(午火)을 매화시키니 대흉하다.
* 卯운: 체와 격이 살아나니 양호하나 남편자리 충으로 배우자와 문제가 생긴다.
* 寅운: 흉신으로 격(午火)을 합하니 대흉하다.

		54	44	34
甲 己 癸 乙		丁	戊	己
戌 丑 未 酉		丑	寅	卯

* 비견격(건록격)이나 월간에 편재가 왕하니 편재격에 가깝다.
* 체와 격이 같이 가니 단순하지만 격이 편인(丁火)를 쓰니 요령이 있다.
* 처자리: 丑土, 癸水를 쓰는데 격이 丁火를 쓰니 水克火되어 처가 무섭다.
* 戊운: 戊癸합 火로 새로운 것을 창출하고 국가자리(乙木)가 숨을 쉬니 이름이 나나 겁재로 돈은 나간다.
* 寅운: 정관으로 이름은 나지만 격(未土)의 입고가 아쉽다.
* 丁운: 체와 격의 짝으로 살아나고 대문간 乙木이 살아나니 대단히 양호하다.
* 丑운: 활동무대(癸水)가 살아나나 격충으로 요동친다,

노태우.1932년 7월 16일 丑시생

		87	77	67	57	47	37
丁 庚 戊 壬		丁	丙	乙	甲	癸	壬
丑 戌 申 申		巳	辰	卯	寅	丑	子

* 財가 없으니 돈 욕심이 많다.

* 대문간 식신(壬水)으로 감옥은 안들어간다. 만약 대문간이 상관 또는 겁재면 감옥간다.

* 甲운: 戊辰년(57세) 대통령당선

* 寅운: 甲戌년(63세)감옥

* 丁운: 辛丑년(90세)사망, 체와 격이 입고

辛	乙	丁	甲		壬	癸	甲	乙
巳	酉	卯	午		戌	亥	子	丑

* 비견격이지만 월간이 식신(丁火) 왕으로 식신격에 까깝다.

* 대문간이 식신(午火)으로 자식위주로 산다.

* 격(卯木)이 未土와 짝으로 저지대 땅을 사라. (水가 흉신으로 물가 땅은 불량)

* 부모: 甲午, 체와 격이 丁火와 짝인데 甲木이 흉신이다.

* 남편자리: 卯酉충으로 불화가 많다. 흉신 甲木을 제거하는 庚寅생이 양호하다.

* 丑운: 자식과 남편자리를 삼합(巳酉丑)으로 묶으니 이혼을 한다.

* 亥운: 체(乙木)와 격(卯木)을 쓸어버리니 움직이지 말고, 정관(庚金)이 살아나니 남편 뒷바라지하라.

* 壬운: 체와 격을 쓸어버리고 체와 격의 숨통(丁火)을 丁壬合으로 묶으니 숨통이 막힌다. 단 丁壬합 木으로 국가자리(午火)가 살아날 수도 있다. 정관(남편 庚金)이 살아나나 乙庚합이 되고 또한 식신(丁火)과 丁壬합으로 활동할 수가 없다.

					57	47
0	己	丁	丁		辛	壬
0	酉	未	亥		丑	寅

* 壬운: 체(己土)와 격(未土)을 쓸어버리고, 특히 허리(꼽추)가 문제가 된다.

  戊土가 필요하다(큰 산밑에 살아라). 丁壬합이 쟁합이지만 넘어는간다.

* 寅운: 협공(未土와 酉金사이 申金)인 상관을 충하니 관재구설을 조심하라.

정관으로 직장에 매달려라.

* 辛운: 식신이지만 癸水가 없어 별 볼일 없다.
* 丑운: 격충으로 未土가 발동하여 財(癸水)를 극하니 흉하다.

					61	51	41	3
辛	壬	乙	甲		戊	己	庚	辛
亥	申	亥	午		辰	巳	午	未

* 사회자리 상관(乙木)이 국가자리(午火)로 숨을 쉬고 생재까지 하니 상관이라도 양호하다.
* 남편자리: 申金, 체(壬水)가 뿌리를 내리고 격(亥水)으로 숨을 쉬니 남편을 사랑한다.
* 庚운: 체의 짝이지만 국가자리(甲木)를 충극하니 몸만 바쁘다.
* 午운: 사회자리 상관(乙木)이 살아나나 상관생재가 되니 재산이 늘어난다.
* 己운: 활동무대(午火와 乙木)의 흉신(甲木)을 묶으니 양호하다.

					56	46	36
庚	丁	庚	甲		丙	乙	甲
子	未	午	午		子	亥	戌

* 戌운: 丁火와 癸水가 살아나니 체(丁火)와 격(午火)이 살아나게 되니 비견이 살아나 친구나 형제와 동업을 할 수도 있어 보인다.
* 亥운: 정재(庚金)가 살아나니 돈을 번다.
* 丙운: 활동무대(甲木 庚金)이 살아나니 좋아보이나 겁재로 午月생이니 뜨거운 불바다가 된다.
* 子운: 子午충으로 흉신(午火)이 발동하니 흉하다.

庚	己	癸	乙		己	庚	辛	壬
午	巳	未	丑		卯	辰	巳	午

* 土多로 편관(乙木)이 필요한데 격(未土)이 대문간(乙木)으로 흐르고 대문간(丑土)이 사회자리(癸水)로 흐르니 양호한 사주이다.

* 사회자리가 편재(癸水)로 현실에 밝고, 癸水가 대문간 丑土(辛)에 根하여 돈과 여자를 따라가게 되니 공부는 안한다.
* 辛운: 편재(癸水)를 따라가게 되고 편관(乙木)을 충거하니 공부는 접게된다.
* 庚운: 상관이지만 乙庚합으로 넘어는간다.
* 己운: 대문간(乙木)이 살아나니 사회활동은 양하나 癸水를 극하고 비견이다.

丙 乙 辛 辛　　　丁 丙
戊 丑 卯 丑　　　亥 子

* 체와 격이 편재(己土)를 쓰나 월간의 편관(辛金)이 왕하니 편관의 성질이다.
* 자식자리: 丙戌, 체(乙木)와 격(卯木)을 입고하니 자식 때문에 죽을 지경이다.
* 丙운: 상관이지만 흉신(辛金)과 합하여 없는 水를 창출하니 새로운 일을 하게 되며 辛금이 살아나 사회활동이 활발하다. 그러나 丙火가 천간에 떠있으니 쟁합이 된다.
* 子운: 활동무대(辛金)가 살아나니 사회활동이 활발하고 편관으로 명성을 얻는다.

己 丙 丁 癸　　　甲 癸 壬
亥 戌 巳 巳　　　子 亥 戌

* 천문성(戌亥)으로 종교가이다.
* 남편자리: 戌土, 癸卯生으로 죽으려고 들어왔다.
* 戌운: 격을 또 다시 묘고로 묶으니 정신빠진 행동을 한다.
* 癸운: 겁재(丁火)를 제거하고 정재(辛金)가 살아나니 돈을 번다.
* 亥운: 격고를 풀어주고 편재(庚金)가 살아난다.

丙 乙 己 庚　　　甲 乙 丙 丁
子 未 卯 子　　　戌 亥 子 丑

* 대문간 정관(庚金)으로 대접을 받으려하고 인수(子水)로 공부는 한다.

* 亥운: 격이 삼합으로 묶이니 흉하고 처, 친구, 형제도 삼합이 되니 불량하다.

* 甲운: 甲己로 財를 묶고 비견이니 현금장사는 하지말고 장기투자를 하라.

* 戊운: 격고로 몸수와 재물운이 불량하니 세 받고 살아라.

丙	丙	己	己		乙	甲
申	辰	巳	卯		亥	戌

* 火土가 왕하고 木이 약하므로 피곤병에 걸린다.

* 격이 식신(戊土)과 인수(寅木)를 쓰며 여름철 역마로 왕하니 밖으로 나간다.

* 戌운: 체와 격이 입고되니 죽을 수도 있다.

* 亥운: 관(남편)으로 배우자자리에서 입고하니 남편이 사망한다.

丁	庚	壬	甲		戊	丁	丙
亥	午	申	寅		寅	丑	子

* 부모자리: 甲寅, 편재로 양호하나 충으로 한 분은 早死.

* 처자리: 午火, 乙木(정재)과 己土와 짝이니 재물을 지켜준다.

* 자식자리: 丁亥, 격(申金)의 짝이지만 공망으로 떠난다.

* 丑운: 체와 격을 입고하니 대흉하다.

* 戊운: 대문(甲木)이 살고 壬水를 다스려주니 대량하다.

* 寅운: 편재로 투자하라.

壬	癸	丙	癸		壬	癸
子	酉	辰	丑		子	丑

* 부모자리: 癸丑, 辰酉合을 丑土가 풀어주니 양호하다.

* 처자리: 酉金, 체의 짝으로 덕은 있으나 격이 묘고로 묶으니 처를 못살게 군다.

* 丑운: 대문간은 살아나나 비견이 살아나니 몸만 바쁘다.

* 壬운: 재격이 아니므로 겁재라도 인수(庚金)가 살아나니 공부는 한다.

* ....

* 겁재격은 편관을 만나면 양호하다.

* 겁재격이 운에서 월주가 합거되면 동업이나 직장운은 양호하다.

예: 0 甲 乙 戊
0 辰 卯 子 庚申운을 만났을 때

* 겁재격이 격이 정관과 상관을 쓰면 성격이 불량하다.

* 겁재격은 대부분 부모덕이 없다. 단 격이 부모자리와 짝은 무방하다.

* 격이 비견겁은 쓰는 사주는 사업운이 불량하다.

* 비견겁이 태왕한 사주는 재운을 만나면 군겁쟁재가 되어 처가 도망을 간다.

* 비견겁이 년월간에 떠있으면 일등은 못하고 장남노릇을 하게 된다.

* 년간에 비견겁이 떠있으면 父가 일찍 사망한다.

* 천간에 겁재가 떠있으면 의심이 많다.

* 격이 체를 쓰고 월간에 비견이 떠있으면 의리를 찾는다.

* 비겁격은 잘난 체한다.

* 여명이 비겁다왕에 격이 관을 쓰면 남자없이 못산다.

* 남명이 월지에 비겁이 있으면 자수성가하고 장남노릇을 한다.

* 남명이 년지에 비겁이 있으면 빨리 독립한다.

* 남명이 월간에 비겁이 있으면 부모덕이 없다.

* 남명이 일지에 비겁이 있으면 정력이 왕하다.

제3장 식상격

1. 상관격

					68	58	48	38	28	18	8
丙	戊	己	乙		丙	乙	甲	癸	壬	辛	庚
辰	寅	丑	未		申	未	午	巳	辰	卯	寅

* 상관격으로 날카롭고 예리하고 싸가지가 없고, 겨울(丑月)생으로 상관 성질을 감춘다.
* 상관격으로 辰時생으로 丙火가 약하고 격이 丑未충으로 국가자리 부모자리가 요동을 친다.
* 격이 土로 충을 받으니 피부병 위경련을 조심하라.
* 상관 견관사주로 겁이 없다.
* 辛운: 상관견관 사주가 또한 상관을 만나니 발광을 하고, 바람난다.
* 辰운: 지진이 일어난다.
* 火운: 겨울철 생으로 체(戊土)가 火에 根을 하니 건강도 좋아지고 활동도 한다.
* 乙운: 상관견관 사주가 또한 상관견관이 되나 활동무대(己土와 未土)가 살아나니 활동을 하고 정관으로 넘어간다.

					63	53	43	33	23	13	3
甲	戊	乙	庚		壬	辛	庚	己	戊	丁	丙
寅	辰	酉	寅		辰	卯	寅	丑	子	亥	戌

* 처자리: 辰酉합으로 불량하다. 卯생은 辰酉합을 깨주나 상관견관되어 불량하다. 巳생은 양하다.

* 丑운: 상관으로 국가자리 식신(庚金)이 입고되니 흉하다. 상관은 합이 되면 좋으나 충이나 묘고로 묶기면 지랄을 한다.

* 庚운: 壬水를 따라가야 하니 바다를 건너라.(특히 庚일간)

* 辛운: 상관이 乙庚합을 깨주니 식신(庚金)이 살아나나 상관이다.

* 卯운: 辰酉합을 깨주나 상관견관되고 겁재(己土)가 살아나니 재물조심하라.

* 壬운: 재밭으로 국가자리 庚金이 살아나니 양하나 격상관으로 시끄럽다.

* 辰운: 격고를 또 한번 묶으니 흉하다.

				71	61	51	41	31	21	11
丙	癸	丙	甲	甲	癸	壬	辛	庚	己	戊
辰	酉	寅	戌	戌	酉	申	未	午	巳	辰

* 상관격에 격(寅木)이 사회자리 정재(丙火)를 쓰고 대문간 상관이 생재를 하니 체면을 가리지 않고 돈 따라간다.

* 격(寅木)이 정재(丙火)를 쓰므로 인색하다.

* 부모자리: 甲戌, 격(寅木)이 요하는 丙火를 입고하나 체(癸水)의 재고로 돈이 있다. 또한 甲木이 상관이지만 丙火를 生財(상관생재)를 해주니 대단히 양호하다.

* 처자리: 酉金, 활동무대에 도움은 안 되나 財가 투간 되었으니 결혼하면 좋아지고 가정을 지킨다. 자식자리와 합(辰酉)으로 유산을 한다.

* 자식자리: 辰酉합을 풀어주는 戌생 또는 卯생이 양호하다.

  戊土(관 아들)를 격인 상관(寅木)을 쓰므로 양호하다.

* 未운: 격을 입고하지만 寅月木은 따뜻하게 보호를 받는다.

* 甲운: 丙火로 숨을 쉬고 상관생재가 되나 상관으로 시끄럽다.

* 戊운: 체(癸水)의 재고로 국가자리가 공망으로 재산을 사회에 기부할 수도 있다. 격상관(甲木)의 숨통 丙火를 입고시키니 상관이 지랄을 하니 사회에 기부하라.

문선명. 1920년 1월 6일 亥시생

					83	73	63	53	43	33
癸	癸	戊	庚		丁	丙	乙	甲	癸	壬
亥	丑	寅	申		亥	戌	酉	申	未	午

* 격(寅木)이 공망으로 이상의 세계를 추구한다.

* 戊癸합 火로 새로운 것을 창출하고 돈 따라 간다.

* 격이 요하는 것이 丙火로 남쪽방향이 재물과 인연이 있다.

* 격을 충하는 오행(申金)의 방향(미국)이 환경을 변화시키며 체(癸水)의 인수로 인정을 받는다.

* 격(寅木)이 戊土를 요하니 山만 사면 대박이다.

* 처자리: 체(癸水)가 根을 하니 양호하다.

					46	36	26
甲	丙	辛	甲		丙	丁	戊
午	寅	未	寅		寅	卯	辰

* 체(丙火)가 丙辛합수로 새로운 것을 창출한다.

* 상관격이지만 국가자리가 인수(吉神)로 명분을 중시한다.

* 격(정신 환경 未土)의 짝이 乙木(정인)으로 자기생각이 옳다고 생각한다.

* 격이 요하는 정인(乙木)을 충하는 辛金이 흉신이다.

* 木多의 사주로 未月생으로 정신과 간이 문제다.(未土가 甲木을 입고)

* 남편자리: 寅木, 격(未土)에 입고되니 격고를 풀어주는 壬午년에 결혼하라.
丑생, 戌생, 申생, 卯생이 양호하다.

* 자식자리: 午火, 배우자자리 격고를 寅午합으로 풀어주니 자식을 낳으면 좋아진다.

* 戊운: 격(未土)이 겁재지만 식신으로 체(丙火)가 살아나고 국가자리(甲寅)가 활발해진다.

* 辰운: 국가자리(甲木)가 뿌리를 내리니 양호한데 격(未土)의 짝인 午火를 매

화시키니 정신과 환경이 조금 불량하다.

* 丁운: 격(未土)이 살아나 활동은 하나 겁재로 돈이 나간다.

				48	38	28
己	壬	癸	丁	戊	己	庚
酉	寅	卯	酉	戌	亥	子

* 상관격은 기술직인데 격(卯木)이 財를 쓰니 사업을 하려한다.

* 己운: 흉신(癸水)을 土克水로 제거하고 격과 대문간(丁火)가 살아나니 대량하다.

* 亥운: 격을 쓸어버리고, 癸未년에 亥卯未合으로 격이 삼합으로 묶이니 부도난다.

* 戊운: 겁재(흉신 癸水)를 戊癸合 火로 합거하고 財를 창출하니 양호하다.

* 戌운: 격(卯木)을 묘고로 묶으니 흉하다. 국가자리 酉金이 묘고를 건져주나 격고는 흉하다.

0	壬	辛	辛	丙	乙	甲
0	寅	卯	丑	申	未	午

* 상관격으로 격(卯木)이 정관(己土)과 정재(丁火)를 쓰는데 체(壬水)를 다스려주는 戊土가 필요하므로 풍수를 한다.

* 천간에 정인(辛金)이 떠있으니 대접을 받으려한다.

* 정인(辛金)이 살면 겁재(癸水)가 살아나니 국가자리와 사회자리가 살아나도 재물과는 인연이 없다.

				63	53	43	23
壬	壬	乙	癸	戊	己	庚	辛
寅	申	卯	未	申	酉	戌	亥

* 격(卯木)이 살려면 火운을 받아야 하는데 운이 서북방향으로 흐르니 사업운은 좋지가 않다.

* 부모: 癸未, 격의 짝(未土)지만 격이 쓰는 丁火를 癸水가 극을 하니 병주고 약준다.

* 亥운: 격을 쓸어버리고, 亥卯未로 격을 묶으니 대흉하다.

* 己운: 격(卯木)과 활동무대(乙木)가 살아나나 火가 없으니 별 볼일 없다.

* 戊운: 戊癸合 火로 격이 숨을 쉬고 財를 창출하니 양하다.

癸	丙	乙	辛		辛	壬	癸	甲
卯	寅	未	丑		卯	辰	巳	午

* 財(金)을 만나면 사회자리 인수(乙木)가 극을 받으니 인격이 망가진다.

* 처자리: 寅木, 격고를 부모(丑土)가 풀어준다.

* 辛운: 丙辛합되니 財운으로 돈따라 가지만 몸만 바쁘고 정신을 잃을 수 있고, 사회자리 인수(乙木)를 충하니 인격이 망가진다.

* 卯운: 격은 살아나니 활동은 활발하나 상관이 살아나니 시끄럽다.

					36	26	16
丁	戊	己	壬		乙	丙	丁
巳	午	未	午		巳	午	未

* 상관격으로 상관(辛金)이 生財로 양호하나 사회자리 겁재(己土)와 국가자리 편재 (壬水)로 시끄럽다.

* 체(戊土)가 대문간 편재를 다스리니 몸이 바쁘다.

* 남편자리: 午火, 정인으로 상관인 격(酉金)을 극하니 좋을 것 같으나 겁재만 살려주니 병주고 약준다.

* 상관격은 의사 또는 검사가 배우자로 양호하다. 배우자 戊생은 국가자리(壬水)를 다스려주고 庚생은 국가자리가 살아난다.

* 丁운: 丁壬합 木으로 새로운 것을 창출한다.

* 未운: 남편자리가 午未로 결혼한다.

丙	癸	戊	庚		甲	癸	壬
辰	卯	寅	午		申	未	午

* 천간이 정인(戊土)으로 도장찍는 일을 한다. (은행원)

* 상관격에 정관(戊土)과 정인(庚金)이 떠있으니 까다로움이 지나쳐 또라이라

고 할 수 있다.

* 체(癸水)는 편인(辛金)을 쓰고 격(寅木)은 정재(丙火)를 쓰니 이율배반이다.

* 자식자리: 丙辰, 辰土가 공망으로 딸이 많다. 辛酉生을 출산하면 체는 양호하나 남편과 이별한다.

* 甲운: 생재로 재물은 늘지만 상관이다.

甲	壬	己	庚		甲	乙	丙
辰	申	卯	午		戌	亥	子

* 상관격이지만 격(卯木)이 정관(己土)를 쓰니 남편이 양호하다.

* 체는 대문간(庚金)으로 흐르고 격도 午火와 己土로 흐르니 좋은 사주이다.

* 戊운: 격(卯木)을 입고하니 흉하다.

					55	45	35
庚	辛	辛	丁		乙	丙	丁
子	卯	亥	未		巳	午	未

* 상관격은 기술성분인데 대문간 편관으로 정치성향적이고, 밤 태생(火가 태약)으로 丁火가 빛이 난다.

* 상관격에 격이 겁재(庚金)를 쓰니 사업은 안된다.

* 처자리: 卯木, 辛亥생으로 격을 묶어 불량하나 사주자체에 辛亥가 있으니 절대로 안 떨어진다.

* 丁,午운: 활동무대(未土)가 살아나니 사회활동이 양호하다.

* 丙,巳운: 상관견관되고 상관격을 충하니 흉하다.

					50	40	30
壬	庚	甲	戊		乙	戊	丁
午	申	子	戌		巳	辰	卯

* 양팔통으로 머리회전이 빠르다.

* 낮에 태어났으니 甲木이 양호하고 상관격은 정관운 때는 결혼하면 흉하다.

* 격이 겁재(辛金)를 쓰니 사업이 불가하고 보증도 서지 말아야 한다.

* 처자리: 甲辰생은 대문간(戊土)이 살아나니 양호하고 癸卯생은 상관이지만 정재로 돈이 된다.

* 자식자리: 관(丁火)이 아들인데 상관견관되어 아들을 나면 자식과 문제가 발생한다.

* 辰운: 격과 申子辰합이지만 대문간(戊土)을 충으로 흔들어 주지만, 체가 쓰는 식신(壬水)과 격이 쓰는 겁재((酉金)를 입고하고 상관으로 송사를 한다.

* 己운: 財(甲木)를 甲己합으로 묶으니 거지가 될 수도 있으니 돈을 부동산에 묻어라.

丙	戊	甲	甲		庚	己	戊	丁	丙
辰	午	戌	辰		辰	卯	寅	丑	子

* 戌月생으로 양면성이 있고 土冲으로 위경련을 일으킨다.

* 처자리: 격(戊土)이 처 자리를 쓰니 양호하나 정인으로 따진다.

* 丁운: 격은 살지만 대문간 甲木으로 피곤하다.

* 丙운: 체와 활동무대(甲木)가 살아나고 격과 丙辛합 水로 財가 되니 양호하다.

* 戊운: 격이 매금되고 비견으로 불량하다.

* 卯운: 격과 卯戌합이다. 격을 쓰는 丁火와 처자리(午火)가 살아난다.

* 庚운: 甲戊丙이 되고 식신으로 양호하다.

* 辰운: 土충으로 지진이 나고 격의 짝 丁火를 매화시킨다.

					58	48	38	28	18	8
癸	丙	乙	丙		辛	庚	己	戊	丁	丙
巳	寅	未	辰		丑	子	亥	戌	酉	申

* 처자리: 寅木, 午생은 격고를 寅午戌로 풀어주니 양호하다.

* 申운: 격고를 풀어주니 몸수가 양호하다.

* 丁운: 겁재이지만 격이 살고 정인이 살아나니 공부를 한다.

* 戊운: 체(丙火)와 乙木을 입고하지만 격고를 풀어주니 양호하다.

* 亥운: 합보다는 격을 먼저 쓸어버린다.

* 辛운: 정재와 합(丙辛)으로 돈 따라가나 사회자리 정인(乙木)을 충극하니 인격이 망가진다.

* 丑운: 격고가 풀리니 양호하다.

					52	42	32	22
丙	癸	戊	庚		甲	癸	壬	辛
辰	卯	寅	辰		申	未	午	巳

* 상관격에 체는 편인(辛金)을 격은 정재(丙火)를 쓰니 이율배반이다.

* 대문간 정인(庚金)으로 도장찍는 월급쟁이다.

* 상관격에 천간에 떠있는 정관(戊土)을 쓰고 정인이 떠있어 까다로움이 지나쳐 또라이라는 말을 들을 수 있다.

* 자식자리: 辰土, 공망으로 딸이 많다. 辛酉生을 출산하면 체는 양호하나 격이 쓰는 정재(丙火)를 丙辛합을 하니 거지 될 수 있다.

* 甲운: 상관이지만 丙火가 있어 상관생재로 넘어간다.

					5	35	25
辛	庚	壬	壬		丁	丙	乙
巳	辰	子	戌		巳	辰	卯

* 金水로 짜여있어 단순하고 맑고, 정신이 재물에가 있지 않다.

* 체(庚金)가 사회 국가자리로 흐르니 양호하나, 戊土가 없어 아쉽고 대문간 戌土(겁재)로 기술로 살아라.

* 辰운: 천간에 활동무대 식신(壬水)을 입고하지만 대문간(戌土)이 辰戌로 건져주고 천간으로 넘어 갈수도 있다.

* 丁운: 丁壬합 木으로 財를 창출하지만 쟁합에 傷官見官되어 시끄럽다.

					46	36	26
己	己	庚	戊		乙	甲	癸
巳	巳	申	戌		丑	子	亥

* 처자리: 巳火, 정관(甲木)을 쓰는데 상관격으로 격이 충극을 하니 부부가 갈등한다.

* 壬운: 격(申金)이 살아나고 대문간 戊土가 다스려주니 대량하다. 단, 체는 대문간 겁재(戊土)가 壬水를 먼저 다스리니 짜증스럽다.

* 子운: 재밭이지만 격의 상관으로 시끄러우니 조심스럽다.

					46	36	26
壬	癸	庚	辛		乙	甲	癸
子	卯	寅	未		未	午	巳

* 체는 편인(辛金)을 격은 정재(丙火)를 쓰니 이율배반으로 또한 격(상관)이 정관 (戊土)을 쓰고 격고로 괴팍하다.

* 배우자: 庚寅생은 양호하고 사주에 있어 안 떨어진다.

* 巳午운: 財밭으로 양호하다.

* 未운: 격을 입고하지만 따뜻한 온실 속으로 편안하다.

* 酉운: 체는 편인(酉金)으로 살지만 격은 정재(丙火)를 요하니 별 볼일 없다.

2. 식신격

					81	71	61	51	41	31	24	11	1
乙	癸	丁	甲		戊	己	庚	辛	壬	癸	甲	乙	丙
卯	酉	卯	申		午	未	申	酉	戌	亥	子	丑	寅

* 식신격에 대문간 상관(甲木)으로 유치원하라.

* 대문간 상관(甲木)이 생재를 하니 돈에 환장을 한다.

* 丁癸충으로 본인이 고달프나 내충으로 헤쳐는 나간다.

* 癸운: 격(卯木)의 숨통 丁火를 깨버리니 숨을 헐떡거린다.

  癸丑년 甲寅년(31세 32세) 정신과 약

* 辛酉운: 식신격에 편인을 만나면 충극이 되어 몸수가 흉하다. 58세(辛巳년) 어깨골절.

* 庚운: 財(丁火)가 활동을 하고 또한 겁재(壬水)가 살아나니 돈 벌고 돈 쓴다.

		60	50	40	34	20	10
辛 辛 甲 壬		庚	己	戊	丁	丙	乙
卯 亥 辰 辰		戌	酉	申	未	午	巳

* 대문간 상관(壬水)이 戊土가 없으니 자기 멋대로다.
* 격(辰土)이 국가자리(壬水)를 묘고로 묶으니 사회성은 없다.
* 처자리: 亥水, 상관으로 불편하다. 戊생, 巳생, 戊생은 양호하다.
  丙申생은 대문간 상관을 충하니 불량하다.
* 己운: 정재(甲木)가 甲己합으로 돈 때문에 고통스럽다.
* 酉운: 비견으로 격(辰土)인 묘고와 합(辰酉)으로 불량하다.
  辛巳년 상관견관되어 대흉하다.
* 庚운: 겁재로 정재(甲木)를 충하고 상관(壬水)이 살아나니 대흉하다.
* 戊운: 격고(辰亥)를 풀어주니 양호하다. 戊子년(57세) 백혈병으로 사망.

		56	46	36	26
庚 壬 壬 壬		丙	丁	戊	己
子 辰 寅 寅		申	酉	戌	亥

* 식신격으로 격(寅木)이 편재(丙火)를 요하니 사업을 한다.
* 寅木은 辰土에 뿌리를 내리는 것보다는 丙火를 더욱 좋아한다.
* 남편자리: 辰土, 체(壬水)를 묘고로 묶으려하나 식신격은 묶이지 않는다.
* 자식자리: 子水로 불량하다. 水生木으로 木(자식)으로 火운을 만나면 자식이 잘된다.
* 戊운: 격(寅木)의 숨통(丙火)을 입고하고, 고독살(辰戌)로 본인 또는 배우자가 흉하다.
* 丁운: 쟁합(丁壬합)이 되고 격상관으로 시끄럽다.

					69	59	49	39	29	19	9
庚	戊	庚	癸		癸	甲	乙	丙	丁	戊	己
申	午	申	巳		丑	寅	卯	辰	巳	午	未

* 火운을 만나면 체(戊土)는 살지만 격(申金)이 죽는다.
* 부모: 癸巳, 격(申金)의 상관(癸水)으로 체와 戊癸합과 격과 巳申합으로 불량하다.
* 배우자: 午火, 정인으로 따지고 격을 火克金하니 부인이 무섭다. 己亥生은 양호하다.
* 午운: 격의 浴지(12운성)로 흉하다.
* 辰운: 격은 壬水를 쓰는데 격의 짝(壬水)을 묘고로 숨통이 막힌다.

박정희. 1917년 11월 14일

					62	52	42	32	22	12
戊	庚	辛	丁		甲	乙	丙	丁	戊	己
寅	申	亥	巳		辰	巳	午	未	申	酉

* 식신격으로 교문이 필요한 사주이다.
* 국가자리(부모자리): 丁巳, 사회자리 겁재(양인 辛金)를 克도 하고 合도 한다.
* 악연인 사람: 甲子생을 만나면 상관으로 대문간 丁火의 흉신이 되고 충극을 한다.

辛丑년(45세) 5.16쿠데타　己未년(63세) 암살

					45	35	25
丙	乙	庚	己		乙	甲	癸
戌	亥	午	亥		亥	戌	酉

* 격(午火)은 체(乙木)와 己로 빠져나가고 亥水는 천간 庚으로 빠져나가니 명분이 있다.
* 부모: 己亥, 격(午火)이 己土로 빠져나가고 정관이니 명분에 산다.

* 戌운: 격고로 죽을 맞이다.

					49	39	29
乙	甲	己	己		甲	癸	壬
丑	子	巳	未		戌	酉	申

* 체와 격이 같이 가니 노력해서 돈을 벌어라.
* 체(甲木)가 정재(己土)와 합으로 돈 따라가나 헤멘다.
* 체(甲木)는 財가 土인데 土多로 격(巳火)은 木을 더욱 좋아하니 격이 살면 비견으로 재물운은 불량하다.
* 남편자리: 子水, 酉金을 쓰는데 격이 火로 火극金을 하니 간섭이 심하다.

乙	己	戌	丙		癸	壬	辛
丑	酉	戌	申		卯	寅	丑

* 격(戌土)이 丁火와 癸水를 쓰니 양면성이 있다.
* 격이 편인(丁火)를 쓰니 기술직이지만 또한 편재(癸水)를 쓰니 사업을 할 수 있고 대문간이 정인(丙火)으로 체면을 생각한다.
* 대문간(丙火)은 겁재(戌土)만 살려준다.
* 식신격은 아이를 상대하는데 격(戌土)에 식신(辛金)이 숨어있어 산부인과 의사지 소아과의사는 아니다.
* 壬운: 국가자리 정인(丙火)를 충하니 체면을 생각한다.
* 癸운: 재밭으로 격이 살아난다.

					42	32	22
0	乙	戌	癸		癸	甲	乙
0	酉	午	卯		丑	寅	卯

* 식신격에 四패지(도화살)로 유흥과 친구를 좋아한다.
* 처자리: 酉金, 대문간(癸水)으로 흐르는데 戌癸합으로 처가 숨통이 막혀 도망간다.
* 甲寅운: 격(午火)은 죽지만 활동무대(戌土)가 살아나 활동은 하지만 겁재이

다.

* 癸운: 처자리는 살아나지만 쟁합으로 불량하다.

* 丑운: 격고로 체도 함께 빠지니 흉하다.

* 火운: 체(乙木)가 살아나고 식상이 생재를 하고 사회자리도 戊癸합 火로 체와 대문간(卯木)이 살아난다.

				31	21	11
庚	甲	辛	庚	乙	甲	癸
午	寅	巳	戌	酉	申	未

* 천간에 官이 떠있어 예의가 바르고 체면을 중시한다.

* 부모자리: 격고와 원진으로 흉하고 한 분은 격고로 일찍이 사망한다.

* 배우자: 寅木, 비견이지만 체(甲木)와 함께 격(巳火)을 쓰니 잉꼬부부다.

  甲寅생은 사주에 있어 안 떨어진다. 丙辰생은 양호하다.

* 未운: 정재로 격고로 불량, 체(甲木)를 격고로 묶으니 財라도 공부에 열중하라.

				51	41	31	21	11
戊	己	庚	壬	甲	乙	丙	丁	戊
辰	亥	戌	午	辰	巳	午	未	申

* 국가자리(午火)가 양호한데 木이 없으니 열매를 못 맺는다.

* 만약에 火가 없는데 木운을 만나면 체(己土)를 극거하니 불량하다.

* 고장지살(辰亥)로 정신적으로 문제가 있다.

* 木이 희신으로 건물에 투자하라.

* 상관이 떠있으니 새 건물은 사지마라.

* 남편자리: 亥水, 辰생은 남편자리를 입고하니 불량하다.

* 戊운: 대문간(壬水)을 다스리니 사회활동은 양호하나 겁재이다.

* 乙운: 상관(庚金)과 합을 이루어 양호할 것 같으나 대문간(壬水)이 체(己土)를 쓸어 버린다.

* 巳운: 정인으로 辰亥를 건져준다.

	63 53 43 23
乙 戊 戊 壬	乙 甲 癸 壬
卯 申 申 辰	卯 寅 丑 子

* 격이 대문간(壬水)으로 흐르니 양호하다.
* 체(戊土)가 대문간(壬水)을 제방하려니 바쁘고 쟁합이다.
* 처자리: 申金, 식신으로 어린여자를 좋아한다. 申金의 식신이 대문간(壬水)으로 흐르니 처는 바람둥이다.
* 부모자리: 壬辰, 편재로 양호하고 재고로 돈이 있다.
* 子, 癸운: 재밭으로 양호하나 상관(辛金)이 살아나니 시끄러울 수도 있다.
* 乙卯운: 겁재(己土)가 살아나니 정관으로 명분때문에 돈이 나갈 수도 있다.

癸 戊 庚 戊	乙 甲 癸
亥 子 申 寅	丑 子 亥

* 식신격은 자유업을 선호하는데 격이 편재(壬水)를 쓰고 財운으로 흐르니 사업을 하려하나 대문간이 편관(寅木)이니 공무원이 양호하다.
* 식신이 왕하면 孫극官(아들)으로 자식이 없을 것 같으나, 申月생으로 무와 배추를 심는 계절로 자식이 있다.
* 처자리: 子水, 격의 상관이다. 壬午생 또는 辛亥생이 양호하다.
* 丑운: 격을 입고하지만 寅申충으로 넘어간다.

	41 31 21
癸 癸 己 庚	甲 乙 丙
亥 巳 卯 子	戌 亥 子

* 격(卯木)은 財(丁火)를 쓰는데 비겁운(水운)으로 흐르니 친구, 형제가 원수이다.
* 남편자리: 巳火, 官(土)이 火운이라야 양호한데 水운으로 흐르니 남편과의 인연은 불량하다.

* 戊운: 남편자리 정재(巳火)와 격을 입고하니 대흉하다. 개를 기르지 마라.

					35	25
戊	乙	庚	甲		甲	癸
寅	未	午	寅		戊	酉

* 식신격은 잘 죽지 않으나 편인(癸水)을 만나면 몸수가 흉하다.

* 월간 庚金이 甲木(흉신)을 제거해 주니 희신이다.

* 癸운: 편인으로 식신(丁火, 午火)을 충극하니 몸수가 불량하다. 庚辰년에는 격(午火)을 입고하고 매화시키니 흉하다.

* 酉운: 체(乙木)를 충극하지만 격(午火)이 막아준다.

* 戊운: 격을 寅午戌로 묶이니 흉하다. 午未합(子丑합도 동일)은 서로가 짝으로 합이 않된다.

					49	39	29
癸	己	癸	丁		戊	丁	丙
酉	卯	丑	未		午	巳	辰

* 충多로 지진이 일어난다. 격(丑土)이 사회자리(癸水)로 흐르는데 국가자리(체의 짝 丁火)가 충을 하니 냉정한 사람이다.

* 체(己土)는 丁火를 격(丑土)은 癸水를 쓰니 이율배반이다.

* 결혼운: 체는 丁火으로 흐르는데 癸水가 막고 있으니 丁火운 또는 戊土운에 결혼하라.

* 辰운: 격이 癸水를 쓰니 사회자리(癸水)는 살아나나 운의 흐름이 재물과는 인연이 없으니 직장에 충실하라. 결혼은 남편자리(卯木)에 뿌리를 내리나 숨통(丁火)을 매화시키니 불량하다.

					56	46	36	26
丙	癸	乙	戊		辛	庚	己	戊
辰	巳	卯	戌		酉	申	未	午

* 부모자리(조상자리)가 격고에 합으로 천도제를 지내라. 모친이 일찍 사망.

* 처자리: 격의 상관으로 처가 상관(甲木)을 쓰는데, 천간이 丙火와 戊土로

활동적이나 대문간 식신으로 바람난다.

* 자식자리: 辰戌로 격고를 풀어주니 자식을 낳으면 양호하다.

* 庚申운: 겁재가 살아나니 정인으로 문서 잡아라.

* 辛酉운: 격고를 풀어주나 편인으로 몸수를 조심하고 격충으로 몸만 바쁘다.

甲	甲	辛	庚		丁	丙	乙
子	戌	巳	辰		亥	戌	酉

* 체와 격이 짝으로 단순하다. 관이 떠 있어 안면을 중시한다.

* 亥子운으로 흐르니 천간의 관(辛金과 庚金)을 살려주나 관(申酉)이 공망으로 직장에 뜻이 없다.

* 처자리: 辛巳생으로 처자리가 입고를 하니 봉사하러 들어왔고 사주에 있어 안 떨어진다.

* 丁운: 상관견관되어 흉하다.

* 亥운: 격고를 풀어주나 격충으로 길흉이 교차한다. 水운은 활동무대(辛金과 庚金)가 살아나나 재물과는 인연이 없고 더구나 격과 水火충으로 불안하다.

					57	47	37
丁	乙	丙	丁		庚	辛	壬
丑	亥	午	亥		子	丑	寅

* 천간에 乙丙丁(삼기)로 귀격사주이다.

* 丑운: 격고로 체(乙木)의 숨통(丁火)을 막는다.

* 庚운: 대문간(丁火)과 처자리(亥水)가 살아난다.

* 子운: 식신격이 편인을 만났으니 몸수를 조심, 또한 외충으로 불량하다

					66	56	46
乙	癸	丁	甲		甲	癸	壬
卯	未	卯	申		戌	酉	申

* 격(卯木)이 사회자리(丁火)로 흐르는데 국가자리(甲木)가 흉신이다.

* 처자리: 未土, 격과 함께 천간(丁火)으로 흐르고 격과 짝으로 상부상조하니 처를 의지한다.

* 壬운: 丁壬합 木으로 격과 처의 숨통을 막는다.

* 庚운: 흉신(甲木)을 충극으로 제거하나 상관(甲木)이 요동을 친다. 겁재(壬水)가 살아나니 정인이라도, 문서를 잡아도 타인을 지치게 된다.

* 申운: 공망이지만 정인이라도 겁재(壬水)만 살아난다.

* 상관격은 직장생활을 못한다.

* 상관격(겁재격도 동일)여명은 남편이 잘 안 되고 직장운도 불량하다.

* 상관격 여명이 배우자자리가 상관이면 후처로 가야한다.

* 상관격인 남명은 아들이 잘 안되고 딸이 잘된다.

* 상관격 여명은 시집을 늦게 간다.

* 상관격이 습한 사주는 딸이 많다.

* 상관격은 새로운 사업이나 동업은 흉하고 거지왕초다.

* 상관격이 정재를 쓰고 편재가 떠있으면 의심이 많다.

예: 0 戊 己 壬
0 午 酉 辰

* 상관격에 未土가 있으면 일류 기술자이다.

* 상관격이 년간에 정인이 있으면 선생님을 하라.

* 여명이 상관운에 새집에 이사를 가면 남편이 죽는다.

* 여명이 시간에 상관이 있고 신왕사주이면 식상운에 정신없이 바람을 핀다.

* 여명이 상관운에 애인을 만나면 사기를 당한다.

* 여명이 시간에 상관이 있고 관운을 만나면 이혼한다.

* 여명이 상관이 공망이면 첫딸이다.

* 여명이 상관격은 편관과 합이 잘되므로 정관을 들볶고 애인을 더 좋아한다.

* 여명이 년간에 상관이 있으면 남자 흉만 본다.

* 여명이 년간에 상관이 있으면 남편이 일찍 사망하고 남명은 父가 일찍 사

망한다.

* 상관이 천간에 떠있으면 정치분야로 나가고 지지에 있으면 기술분야이다.

* 상관운에는 이사를 자주한다.

* 상관이 왕하면 뛰처나가고 여름철 역마는 바쁘다.

* 년간에 상관이 떠있으면 봉사해라.

* 격이 상관을 쓰고 묘고가 2개면 머리가 좋고 창출력도 양호하다.

* 격이 상관을 쓰고 갑무경이 떠있으면 말이 청산유수다.

* 격이 상관을 쓰면 창출력이 있다.

* 상관이 천간에 떠있으면 무질서해 보인다.

* 상관격에 정인이 충되면 문서상 복잡하다.

* 격이 상관을 쓰고 재가 없으면 남편에게는 좋지 않다.

* 격이 상관을 쓰고 나가면 새건물을 사지마라.

예: 庚 甲 丁 丁
午 寅 未 亥

* 격의 지장간에 상관이 숨어있으면 내숭형이다.

예: 0 甲 甲 甲
0 戊 戊 午

* 격이 상관을 쓰는데 정인이 떠있으면 교양있는 체 한다.

* 상관이 정관 또는 편관과 합이 되면 간부한다.(애인을 둔다.)

예: 0 乙 丁 戊
0 未 巳 申

* 식신격과 상관격은 돈을 좋아한다.

* 식신격은 웬만한 일은 모른 체한다.

* 식신격은 질서가 있고 교육문화 사업을 하면 좋다.

* 식신격이 편인운을 만나면 몸수가 흉하다.

* 여명이 식상격은 자식이 많지만 남편은 직장운이 불량하다.

* 여명이 식상이 왕하면 자식을 낳으면 남편이 죽고 청상과부가 될 수 있다.
* 여명이 일지가 식상이면 남자의 정력이 고갈된다.
* 여명이 식상이 암합 또는 火왕으로 水가 필요한 사주는 섹스를 밝히는 성향이 많다.
* 월간에 상관이 떠있고 년간에 식신이 떠있으면 권모술수에 능하다.
* 식상이 왕하면 옹고집이고 자존심이 강하다.
* 식신이 2개있으면 횡재수가 있다.
* 남녀모두 식상이 왕하면 섹스에 강한편이다.
* 년간에 식신이 떠있으면 감옥을 안가고 상관 또는 겁재면 감옥을 간다.
* 격이 식신을 쓰면 기술, 의약, 보건업, 문화방면이 양호하다.
* 식상이 과다하고 월간에 비견겁이 있으면 형제와 의절 또는 이복형제가 있다.
* 목화식신격이 낮에 태어났으면 명랑하다.

제4장 재격

1. 정재격

	51	41	31
壬 戊 壬 壬	戊	丁	丙
戊 戌 子 子	午	巳	辰

* 관이 없으니 부모재산 지키기가 어렵다.

* 비견 겁재운을 만나면 쟁합이 되니 형제, 친구를 멀리하라.

* 재물운은 식신운(庚金)과 상관운(辛金)이라도 生財(金生水)를 하니 양호하다.

* 처자리: 戌土, 체의 희신인 甲生이 양호하다.

* 부모자리: 財가 왕하므로 부모에게 의지하고 인수와 관이 없으니 공부를 많이 하라.

* 辰운: 활동무대(壬水)를 묘고로 묶고 가정자리 충으로 가정과 건강을 조심하라.

* 丁운: 쟁합으로 편치 않다.

* 巳운: 짝으로 양호하나 木이 없으니 크게 발전은 못한다.

	72	62	52	42	32	22
戊 丙 辛 辛	癸	甲	乙	丙	丁	戊
子 寅 丑 巳	巳	午	未	申	酉	戌

* 격(丑土)이 체(丙火)의 재고로 돈이 있다.

* 처자리: 寅木, 격(丑土)의 財(겁재도 동일)로 극성스럽고 늦게 결혼한다. 그리고 처의 말을 잘 듣는다.

* 자식: 戊土가 체(丙火)의 짝이고 子水가 격(丑土)의 짝으로 양호하다.

* 丙운: 丙辛合 水로 돈 따라 가나 손해를 본다.

* 未운: 상관에 배우자자리 寅木을 입고하니 배우자가 흉하다.

					65	55	45	35	25	15	5
戊	丙	壬	癸		乙	丙	丁	戊	己	庚	辛
戌	辰	戌	未		卯	辰	巳	午	未	申	酉

* 격(戌土)이 요하는 정관(癸水)이 국가자리로 높은데서 녹을 먹는다.

* 午, 丁운: 격(戌土)이 丁火와 癸水를 요하는데 겁재가 대문간 상관(未土)만 살려주니 시끄럽다. 국가자리(癸水)를 충하나 내충으로 넘어간다.

* 巳, 丙운: 격(戌土)이 입고를 하나 격이 辛金으로 보아 정재와 합이 되니 무난하다.

					62	52	42
癸	丙	丁	己		庚	辛	壬
巳	申	丑	亥		午	未	申

* 인수(木)가 없으니 인덕이 없다.

* 壬운: 丁壬合 木을 창출하여 체(丙火)는 살아나나 木이 財가 아니고, 격(丑土)의 상관으로 별 볼일 없다. 배우자자리가 양호해지니 처를 활동하게 하라.

* 申운: 격(丑土)에 입고되지만 국가자리(亥水)가 살아나니 양호하다.

* 未운: 格庫를 풀어주고 활동무대(丁火)가 살아나니 활동은 하나 상관으로 시끄럽다.

					39	29	19
0	丙	丁	己		辛	庚	己
0	申	丑	亥		巳	辰	卯

* 귀문관살(申丑)로 머리가 좋다.

* 남편자리: 申金, 격(丑土)이 협공인 정관(子水 亥子丑)을 쓰는데 대문간의 상관(己土)이 정관(子水)을 극하니 남편이 불리하다. 경찰, 군인, 의사와 결혼하라.

* 庚운: 격(丑土)이 입고하나 국가자리(亥水)가 살아난다.

* 辛운: 丙辛합水(官)로 재물과는 인연이 없으니 몸으로 희생하라.

				79	69	59	49	39	29	19
壬	癸	壬	癸	庚	己	戊	丁	丙	乙	甲
戌	卯	戌	未	午	巳	辰	卯	寅	丑	子

* 상관(甲木)과 식신(乙木)이 생재로 격(財 巳火)을 살려주니 좋은 사주이다.

* 배우자: 卯木, 乙巳생 丙午생은 양호하다.

* 丑운: 체(癸水)와 대문간(癸水)은 살고 격고를 풀어주나 비견만 살아난다.

* 丙운: 재발이다.

* 辰운: 격고를 풀어준다.

癸	壬	壬	庚	己	戊	丁	丙	乙	甲
卯	申	午	戌	丑	子	亥	戌	酉	申

* 체는 편관(戊土)이 필요하나 격은 상관(乙木)을 쓰니 예능 쪽이나 대문간이 편인(庚金)으로 선생님을 한다.

* 정재격은 인색하나 비견이 떠있어 돈을 쓰게 된다.

* 부모자리: 庚戌, 공망으로 떨어져 살아라.

* 酉운: 겁재(癸水)가 살아나고 격의 짝 乙木을 극하니 불량하다.

* 戌운: 격(午火)을 또 다시 합하고 격의 짝 乙木을 입고하니 불량하다.

* 亥운: 특히 재격은 비견 겁재운이 흉하다.

* 戊운: 격의 상관으로 시끄럽지만 壬水를 제방해주니 양호하다.

* 己운: 체는 탁해지지만 격의 짝으로 격이 살아난다.

* 丑운: 대문간(庚金)과 격(午火)과 처자리(申金)를 묘고로 묶어버린다.

36 26 16

癸 癸 己 甲　　　乙 丙 丁

丑 巳 巳 寅　　　丑 寅 卯

* 대문간 상관이 여름생으로 木火통명이 되니 꽃이 만발하니 명랑하다.

* 격이 상관(甲木)과 정관(戊土)을 쓰고 상관이 生財를 하는 財格 사주로 좋은 사주이다.

* 만약 財(火)가 없는데 상관을 만나면 관(土)을 극하니 남편이 힘을 못쓴다.

* 격이 국가자리(대문간)인 상관(甲木)으로 흐르는데 甲己합이 되니 己土가 흉신이다

* 결혼생활: 편관(己土)이 애인으로 상관과 합이 되니 잘못 만나면 대흉하다. 상관(甲木)이 편관(己土)과 합이 되면 삼각관계 등으로 골치 아프다.

* 丙운: 재밭으로 사회자리(己土)에서는 정인이 되고 국가자리(甲木)에서는 식신이 되니 대량하다.

* 寅운: 상관으로 생재를 하니 가리지 않고 돈 따라간다.

丙 戊 庚 庚　　　甲 乙 丙 丁

辰 寅 辰 子　　　戌 亥 子 丑

* 격(辰土)이 子辰합이 되지만 대문간(子水)으로 흐르니 좋은 사주이다.

* 체(戊土)가 월간인 식신(庚金)으로 다른 사람을 편하게 해준다.

* 체가 활동무대(庚金)를 쓰는데 庚金의 숨통(壬水)이 없으니 무데뽀일 수도 있으나 식신이 떠있어 자식도 양호하다.

* 남편자리: 寅木, 辰時生으로 火(태양이 떠있다)가 있으니 남편도 활발히 움직인다.

* 丑운: 격합(子辰)을 풀어주나 활동무대 식신(庚金)을 묘고로 잡아넣는다.

* 亥운: 격(辰土)의 묘고로 입고되나 활동무대 식신(庚金)이 살아난다

* 戌운: 격을 충과 상관으로 시끄럽다.

乙 甲 辛 己　　　　丙 乙 甲
亥 寅 未 丑　　　　子 亥 戌

* 財격(未土)이 상관(丁火)을 쓰니 상관 견관되어 겁이 없고 사기꾼 짓을 한다. 정관(辛金)이 떠 있으니 교양 있는 체한다.

* 戌운: 丑戌未로 흉하다.

* 丙운: 丙辛합 水로 새로운 일을 창출하게 되고 사화자리(辛金)가 살아난다.

* 子운: 사기꾼짓을 한다.

0 丙 庚 壬　　　　甲 癸 壬
0 申 戌 寅　　　　寅 丑 子

* 정재격은 열심히 사는데 편재(庚金)가 떠있어 사업을 한다.

* 격(戌土)이 정관(癸水)을 쓰니 명분을 찾으나 戊土가 없어 아쉽다.

* 편관(壬水)은 명예로 戊土가 있어야 다스리는데 편재(庚金)이 떠있어 돈으로 명예를 살수도 있다.

* 처자리: 申金, 편재로 국가자리(壬水)로 흐르니 양호하나, 壬水가 申金의 식신으로 바람이 날 수도 있다.

* 甲寅운: 대량하다.

　　　　　　　　　49 39
戊 甲 己 戊　　　　甲 乙
辰 寅 未 戌　　　　寅 卯

* 甲木이 여름철에 辰時생으로 태양이 떠있어 木火통명으로 화려해 보인다.

* 재격은 돈을 잘 구한다,

* 고정지살로 머리가 좋으나 사방이 土로 甲己합이 힘들다.

* 甲己로 본인이 똑똑한 체 하지만 체와 남편이 함께 격고가 된다.

* 남편자리: 寅木, 丙申생은 체와 격의 격고를 풀어주지만 寅申충으로 싸운다.

* 乙卯운: 상관(丁火)이 살아나니 부부간 갈등이 생긴다. 단 격(未土)이 살아나니 활발한 활동을 하나 겁재이다.

己 丁 壬 己　　　己 庚 辛
酉 巳 申 未　　　巳 午 未

* 격은 壬水를 쓰니 대문간(己土)이 탁하게 되고, 체는 壬水 때문에 대문간으로 호를 수가 없으니 사회성은 불량하다.

* 처자리: 巳火, 재격사주는 특히 겁재가 큰 강도이다. 정재(申金)가 巳申합되니 자식보다 처를 더 생각한다. 辛亥生은 격합을 풀아주니 사회자리(壬水)가 활발해진다. 己未生은 체는 양해지나 사회자리(壬水)가 탁해진다.

* 午운: 국가자리(己未)는 살아나니 활동은 활발하나 비견으로 兄克財를 하니 사업운은 불량하다.

　　　　　　41 31 21
丁 丙 庚 丁　　　乙 甲 癸
酉 寅 戌 巳　　　卯 寅 丑

* 丙庚으로 외품이 그럴 듯 하다,

* 정재격으로 격(戌土)이 정관(癸水)과 겁재(丁火)를 쓰는데 대문간 겁재(丁火)로 돈을 쓰게 된다.

* 처자리: 체에서는 양호하다. 대문간 丁火는 흉신, 己未생은 상관으로 처자리(寅木)를 입고한다.

* 부모자리: 丁巳, 巳火를 격(戌土)이 묘고로 묶으니 母친이 괴롭다.

* 丑운: 격고(巳戌)를 풀어주니 양호하다.

* 甲寅운: 대문간(丁火)은 죽으나 체와 국가자리(巳火)가 살아나고 庚金이 떠있어 양호하다.

丙 丙 丁 辛　　　壬 辛 庚 己
午 午 酉 丑　　　寅 丑 子 亥

* 財격으로 사회자리 겁재(丁火)가 대문간 정재(辛金)를 극거하니 밖에 나가면 돈을 쓰게 된다.

* 정신은 돈에 가 있는데 남편자리가 겁재(午火)로 격을 극거하니 돈 때문에 남편에게 발광을 한다.

丁 丙 壬 癸　　　乙 甲 癸
酉 午 戌 丑　　　丑 子 亥

* 체가 격고지만 천간으로 잘 안 들어간다. 격이 대문간(癸水)으로 흐르니 사회성은 있다.

* 남편자리: 午火, 겁재가 격을 쓰고 나가니 도둑같이 보인다. 戊생이 양호하다.

* 子운: 격은 정관(癸水)이 살아나니 공부를 한다.

　　　　　　　　42 32 22
癸 癸 乙 丁　　　庚 辛 壬
丑 未 巳 酉　　　子 丑 寅

* 체의 희신인 국가자리(酉金)가 공망이나, 식신(乙木)이 편재(丁火)로 흐르니 양호하다.

* 정재격에 격이 상관(甲木)을 쓰나 대문간 편재(丁火)로 사업을 한다

* 丑운: 巳酉丑으로 격을 다시 묶으니 흉하고 부모(酉金)도 흉하다.

　　　　　　　　56 46 36
甲 戊 戊 庚　　　甲 癸 壬
寅 子 子 寅　　　午 巳 辰

* 격은 상관(辛金)을 쓰니 새건물을 사지말고, 직업을 기술방면으로 나가라.

* 체는 火가 요한데 밤에 태어나 火가 없어 아들 官(木)도 별 볼일 없다.

* 상관(辛金)운을 만나면 시끄럽지만 격이 상관(辛金)을 쓰니 잘 빠져나간다.

* 巳운: 체의 짝으로 국가 자리(寅木)가 살아나니 사회적으로 투자하라.

丙 丙 辛 戊　　　乙 甲 癸 壬
午 戌 酉 寅　　　丑 子 亥 戌

* 체에서는 활동무대인 대문간(戊寅)이 양호하다.

* 정재격으로 격(酉金)이 정관(子水)을 쓰니 官克兄으로 형제가 일찍 죽을 수도 있다.

* 乙운: 정인이지만 겁재(丁火)가 살아나니 돈 손해본다.

庚 丁 戊 壬　　　　甲 乙 丙
戌 亥 申 子　　　　辰 巳 午

* 사회자리가 상관(戊土)이라도 壬水를 다스려주니 양호하나 木이 없다.

* 巳운: 巳운은 자식자리 戊土가 입고하니 유산을 하게 된다.

2. 편재격

	85	75	65	55	45	35	25
壬 庚 戊 庚	丁	丙	乙	甲	癸	壬	辛
午 子 寅 午	亥	戌	酉	申	未	午	巳

* 양팔통으로 성질이 급하고 감성적이다.

* 戊庚壬으로 격이 있고 財격은 처덕이 있으며, 국가자리 비견(庚金)으로 돈을 버린다.

* 午時생으로 해가 중천에 떠있으니 격(寅木)이 숨을 쉰다.

* 처자리: 子水, 상관으로 배우자를 못 이긴다. 배우자는 酉金을 요하고 격(寅木)은 丙火를 요하니 뜻이 안 맞는다.

* 酉운: 격(寅木)의 짝(丙火)이 일락서산이고 겁재로 상관 子水가 살아나니 격이 요하는 병화를 수극화로 흉하다. 辛巳년에는 겁재로 돈으로 연명을 해야하고 壬午년에는 子午충으로 몸수를 조심하라.

* 丙운: 격(寅木)의 짝으로 숨을 쉬니 대량하다.

* 戌운: 寅午戌 합에 격의 숨통(丙火)을 삼합으로 묶으니 대흉하다.

	58	48	38	28	18	8
癸 丁 辛 辛	辛	壬	癸	甲	乙	丙
卯 卯 酉 丑	卯	辰	巳	午	未	申

* 처자리: 卯木, 체(丁火)와 격(酉金)이 부모자리(丑土)에 입고된 것을 충으로 건져준다.

* 未운: 체(丁火)가 살아나고, 식신 생재(金)와 격고(酉丑합)를 깨주니 대발한다.

* 午운: 丑土에 입고되고 비견으로 친구 때문에 망한다.

* 癸운: 격이 살아나니 편재로 빚을 갚아라. 단, 丁癸충이다.

* 巳운: 酉丑합을 巳酉丑으로 또다시 묶으니 정신과 환경으로 판단이 흐려져 동업으로 망한다. 36세, 38세, 39세(丙子 丁丑 戊寅) 파산

					57	47	37
甲	丁	庚	壬		丙	乙	甲
辰	未	戌	午		辰	卯	寅

* 재격사주는 겁재운을 만나면 거지가 되고 57세 이후에는 죽을 수도 있다.

*. 甲寅운: 체의 흉신으로 고생한다.

* 卯운: 체(丁火)는 살아나나 격(戌土)에 입고되니 별 볼일 없다. 丁丑년에는 정관(아들 壬水)이 합거(丁壬)되니 자식이 흉하다.

* 丙운: 겁재로 己卯년에 국가자리 (壬水)를 탁하게 하고 대운(丙운)의 상관이 되니 직장운이 흉하고 이명으로 사망하다.

					63	53
庚	丁	己	壬		丙	乙
子	亥	酉	午		辰	卯

* 편재격에 격이 편관(癸水)을 쓰니 일을 저지른다.

* 卯운: 체(丁火)는 살지만 격(酉金)이 충되고 국가자리(午火)가 살아나 격을 火克金하니 흉하다. 庚辰年에 격(酉金)과 국가자리 정관(壬水)을 묘고로 묶어 버리고 국가자리(午火)를 매화시키니 감옥을 간다.

					63	53	43
庚	丁	己	乙		丙	乙	甲
戌	酉	丑	酉		申	未	午

* 편재격에 격이 편관(癸水)을 쓰니 일을 저지른다.

* 未운: 격합을 충으로 풀어주고 식신생재로 양호하다.

장기영. 1916년 4월 1일 寅시생

丙	己	壬	丙		己	戊	丁	丙
寅	亥	辰	辰		亥	戌	酉	申

* 국가자리가 정인(丙火)으로 木운을 만나면 살아나고 金운을 만나면 사회자리(壬水)가 살아나고 癸운이면 격이 살아난다.

* 격(辰土)이 공망으로 이상세계를 추구한다.

					54	44	34
戊	庚	壬	丁		丙	丁	戊
寅	戌	寅	未		申	酉	戌

* 재격으로 돈을 벌려고 한다. 격고로 머리회전이 빠르다.

* 격인 財가 공망으로 이상세계를 추구한다.

* 격은 편인(戊土)를 써야하니 기술자하라.

* 戊운: 격고를 건져준다.

* 丁운: 쟁합이지만 丁壬합 木으로 돈을 번다.

* 酉운: 재격사주가 겁재운을 만나면 거지가 된다.

* 丙운: 격이 살아난다.

					52	42	32
0	己	丙	癸		庚	辛	壬
0	亥	辰	未		戌	亥	子

* 부모자리: 癸未, 편재로 돈은 있지만 財(水)가 왕해지면 사회자리(丙火)를 水克火하고 또한 왕한 水가 체(己土)도 쓸어버린다.

* 辛운: 식신생재로 양한데 丙辛합 水로 재산도 더욱 늘어난다.

* 庚운: 상관이지만 천간(丙火)이 막아준다.

* 戌운: 격고가 辰戌로 살아나지만 입고된 亥水가 풀려나 체를 쓸어버린다. 辛巳年에는 묘고가 巳亥로 亥水가 살아나고 壬午年에는 壬水와 亥水가 체를 쓸어버리니 사망한다.

					46	36	26	16	
庚	戊	辛	丁		丙	乙	甲	癸	
申	子	亥	未		辰	卯	寅	丑	

* 식신왕으로 자식위주로 살지만 운의 흐름은 남편을 따라간다.

* 대문간 정인(丁火)이 직업인데 남편(子水)가 상관(辛金)로 흐르는데 대문간(丁火)이 火극金을 하니 남편을 간섭한다.

* 癸운: 대문간 정인(丁火)을 충극하니 인격이 망가진다.

* 辰운: 격고에 申子辰합으로 본인 또는 남편이 흉하다.

丁	癸	丙	丁		壬	辛	庚	己	戊
巳	卯	午	卯		子	亥	戌	酉	申

* 남편자리와 부모자리(卯木)가 격(午火)을 살려주니 처와 부모덕이 있다.

* 財多사주로 친구가 필요하므로 친구에게 의지하고 싶다.

* 辛酉운: 체는 뿌리를 내리나 비겁이 살아나니 재물과는 인연이 없다.

* 亥壬子운: 재격사주는 비겁운에 거지가 된다.

					35	25	15
0	戊	丁	乙		癸	甲	乙
0	寅	亥	巳		亥	申	酉

* 체는 甲木과 丙火를 쓰는데 庚金운에 격이 살아나 돈은 벌지 모르나 水가 태왕해지면 체의 뿌리 丙火를 극하니 죽을 수도 있다.

* 癸운: 戊癸합火가 되고 천간의 정인(丁火)을 충극하니 인격이 망가진다.

  辛巳年에 격을 충하고 상관이 乙木을 충거하니 사망하다.

					52	42	32
己	己	甲	丁		戊	己	庚
亥	卯	辰	亥		戌	亥	子

* 편재격에 귀문관살(辰亥)로 역술인을 하라.

* 처자리: 卯木, 乙未生으로 체(己土)는 양호하지만 삼합(亥卯未합木)으로 木

克土하니 처가 못 살게 군다.

* 庚운: 상관견관되니 위화백단이다.

乙	庚	庚	丙	丙	丁	戊
酉	申	寅	午	戌	亥	子

* 寅申沖으로 애정문제가 불량하나 격(寅木)이 대문간(丙火)으로 흐르니 좋은 사주이다.

* 亥운: 체와 남편이 살아난다.

* 丙운: 격이 살아나니 대량하다.

* 戊운: 격(寅木)의 숨통인 대문간(丙火)을 입고하니 숨통이 막힌다.

				60	50	30
乙	戊	己	丙	乙	甲	癸
卯	申	亥	申	巳	辰	卯

* 대문간 인수(丙火)로 도장 찍는 은행원이다.

* 처자리: 申金, 격(亥水)과 짝으로 처를 의지한다.

  戊戌生은 불량하다.

* 卯운: 정관이지만 격상관에 겁재(己土)만 살아나니 불량하다.

* 甲운: 대문간(국가자리)이 살아나니 승진한다.

				77	67
0	壬	辛	乙	己	戊
0	寅	巳	丑	丑	子

* 재격에 격이 남편자리를 쓰니 신랑덕으로 산다.

* 子운: 재격사주는 겁재운에 거지된다.

* 己운: 체(壬水)가 탁해지고 대문간 상관(乙木)이 살아나니 흉하다.

  癸未年 배우자자리(본인건강자리 寅木)를 입고하니 사망한다.

甲 丙 壬 己　　　　丙 乙
子 子 申 未　　　　子 亥

* 격이 사회자리(壬水)로 흐르나 대문간 상관(己土)이 壬水를 탁하게 하고 또한 상관으로 봉사하는 공무원 또는 선생님하라.

* 乙운: 활동무대(己土와 未土))가 살아나 사회생활은 양호하나 상관이 살아난다. 壬午年에는 쓸어버린다.

* 亥운: 격이 살아난다.

51 41 31
甲 壬 己 甲　　　　乙 甲 癸
辰 辰 巳 午　　　　亥 戌 酉

* 격이 대문간을 쓰니 사회성은 있다.

* 戌운: 격고로 죽을 맛이다.

* 乙운: 甲己합을 깨니 식신(甲木)이 살아나니 사회활동은 활발하나 상관이다.

0 癸 壬 庚
0 亥 午 申

* 대문간 정인으로 직장생활을 하라.

* 남편자리: 亥水, 겁재로 돈을 버린다. 활동무대(庚金)로 흐르니 사회에서는 인정을 받는다. 庚申生 戊午生 己未生은 양호하다.

庚 壬 己 己　　　　甲 乙 丙
戌 午 巳 酉　　　　子 丑 寅

* 체(壬水)가 己土를 만나면 곱추나 허리가 굽는 사람이 많다.

* 乙운: 상관이지만 상관생재가 되고 활동무대(己土)가 살아나니 대량하다.

* 丑운: 巳酉丑으로 母가 흉하고 처자리(午火)를 입고하니 처와 이별한다.

甲 壬 乙 壬　　　　庚 辛 壬
辰 子 巳 寅　　　　子 丑 寅

* 父(壬水)는 비견으로 財(火)를 극하고, 남편(子水)은 겁재로 강도이고, 자식(辰土)은 정재(午火)를 매화시킨다.

* 재격사주가 겁재운을 만나면 거지가 되고 60세 이후에는 죽을 수도 있다.

* 재격사주가 인수를 만나면 의사와 인연이 있다.

* 재격사주는 이해에 밝고 현실적이다,

* 정재격사주가 격이 정관을 쓰면 형제가 일찍 사망한다.

예: 丙 丙 辛 戊
午 戌 酉 子

* 재가 亥水일 때 亥卯未三合이 되면 흉하다.

* 재가 천간에 떠있으면 흘러다니는 돈이고 지지에 있으면 재산을 지킨다

* 재가 천간에 떠있으면 월급쟁이고 지지에 있으면 본인이 번다.

* 재다사주가 비겁이 필요하면 친구, 형제에게 의지한다.

* 재가 왕한 사주는 부모덕이 없다.

* 재가 흉신인 사주가 돈을 벌면 인격이 망가진다.

* 재가 공망이면 돈 따라가고 격이 공망이면 이상의 세계를 추구한다.

* 재다사주는 母가 재혼을 한다.

* 격이 재를 쓰고 비겁이 있으면 베푼다.

* 체가 재와 합이 되면 돈 따라간다.

* 격이 정재를 쓰면 인색하지만 사업을 한다.

* 여명이 재격사주는 남편덕으로 산다.

* 여명이 재다왕 사주로 신약사주는 몸주고 뺨맞는다.

* 여명이 시간에 편재가 떠있으면 자식이 없을 수도 있다.

* 여명이 재가 떠있으면 남자에게 얻어먹는다.

* 편재다인 사주는 편재운에 보증. 문서, 사기를 조심하라.

* 남명이 재가 불투일 때 재운을 만나면 처가 사망하고 시간에 있으면 애인을 둔다.

제5장 관격

1. 정관격

				86	76	66	56	46	36	26	16
辛	庚	丙	壬	乙	甲	癸	壬	辛	庚	己	戊
巳	戌	午	申	卯	寅	丑	子	亥	戌	酉	申

* 협공 미토가 재고로 돈이 있고 돈을 쉽게 구한다.

* 정관격은 관극형으로 형제를 괴롭힌다.

* 격(午火)이 정재(乙木)와 정인(기토)과 짝으로 인색하나 끈기가 있고 정신은 돈(여자)에 있고 결혼하면 양호하다.

* 배우자자리: 戌土, 상관(癸水)과 정관(丁火)을 쓰므로 짜증스러우면서도 필요하나 午戌로 묶였으니 답답하다.

* 부모자리: 체가 숨을 쉬나 정재(乙木)를 쓸어버리니 재산을 지키려한다.

* 亥, 壬운: 부모로부터 유산을 받는다.

* 子, 癸운: 상관으로 부모자리(壬水)의 겁재로 부모재산을 털어먹는다.

  癸운(壬午년71세 신장제거)

* 丑운: 체(庚金)와 격(午火)을 묘고로 잡아넣으니 사망할 수도 있다.

				57	47	37	27	17	7
辛	丙	庚	乙	丙	乙	甲	癸	壬	申
未	午	辰	未	戌	酉	申	未	午	巳

* 배우자자리: 午火, 격辰土가 매화시킨다.

* 癸未운: 26세-35세(庚申년-己巳년) 대발.

* 申운: 43세(丁丑년) 사업운은 양호했으나 20억 날리다.

  44세(戊寅년)남편은 흉하다. 45세(己卯년) 수술, 사업은 양호,

* 乙운: 48세(壬午년)사기당하다. 사업은 양호.

	60	50	40	30	20	10
癸 甲 戊 辛	壬	癸	甲	乙	丙	丁
酉 辰 戌 丑	辰	巳	午	未	申	酉

* 정관격은 관극형으로 형제를 괴롭히며 격(戌土)이 상관(丁火)과 정인(癸水)을 쓰므로 이중성격이다.

* 국가자리(대문간)에 정관(辛金)이 떠있지만 격(戌土)이 요하는 丁火와 癸水가 없으니 사회 활동성이 부족하다.

* 辰戌丑未(사고지)가 多인 사주는 잡직공무원이다.

* 처자리: 辰土, 체(甲木)가 뿌리를 내리니 양호하고 격(戌土)을 풀어주지만 시지 (酉金)과 辰酉합으로 유산한다.

* 부모자리: 辛金, 정관격이 정관으로 본인에게는 도움이 되지만 財가 아니므로 물려받아도 지키기 힘들다.

* 乙운: 壬申년(32세) 경기도 7급공무원 시험 2등으로 합격하다.

* 甲운: 격이 요하는 丁火를 질식시키고 비견으로 불량하다.

* 午운: 격(戌土)이 살아나고 상관이 생재를 하니 재물은 늘어나나 대문간 정관(辛金)이 극을 받으니 인격이 망가진다.

  丁亥년(47세) 공무원 땅투기로 징계를 받다.

	58	48	38	28	18	8
辛 戊 丁 甲	癸	壬	辛	庚	己	戊
酉 辰 卯 午	酉	申	未	午	巳	辰

* 정관격에 격(卯木)이 겁재(己土)를 쓰니 봉사나 하라.

* 戊土가 卯月생으로 死土이다.

* 壬운: 財발으로 양하나 金이 없고, 丁壬合木으로 木이 태왕해지고 격(卯木)이 丁 火와 己土를 쓰니 도둑과 함께 간다.

* 癸운: 戊癸合 火로 체(戊土)는 살아난다.

* 酉운: 상관으로 격충과 辰酉합으로 대흉하다.

庚子(67세)년 대형사고로 입원하다.

					88	78	68	58	48	38	28	18
辛	庚	戊	癸		丁	丙	乙	甲	癸	壬	辛	庚
巳	戌	午	酉		卯	寅	丑	子	헤	戌	酉	申

* 국가자리(癸水)와 사회자리(戊土)가 戊癸合 火로 자기 것으로 만들 수가 있다.

* 여명이 정관격으로 집안은 일으킬 수가 있으나 격(午火)이 정재(乙木)을 쓰니 인색하다.

* 체(庚金)가 식신(壬水)을 요하고 대문간 상관으로 자식위주로 산다.

* 남편자리: 戊土, 대문간(癸水)으로 나가려고 하나 격(午火)이 午戌로 묶이니 나갈 수가 없다.

* 자식자리: 辛巳, 겁재(辛金)와 원진(巳戌)으로 불량하고, 묘고로 묶으니 유산을 한다.

* 子운: 상관견관(午火)에 격충으로 대흉하다.

* 丑운: 체(庚金)와 격(午火)을 묘고로 묶으니 사망할 수도 있다.

단, 격(午火)이 午戌합과 巳戌로 묶인 것을 풀어주면 다행이다.

* 32-34(甲辰 丙午)폐결핵, 40(壬子)자궁수술, 60세(壬申)디스크

					36	26	16
乙	甲	戊	辛		甲	乙	丙
亥	申	戌	亥		午	未	申

* 정관격에 상관(丁火)과 정인(癸水)을 쓰고 대문간 정관(辛金)으로 학자이다.

* 乙운: 대문간 정관을 충하니 인격이 망가진다.

* 未운: 정재로 양호하나 丁火가 살아나 대문간 정관(辛金)을 火克金할 수도 있다.

* 午운: 父母死, 인격이 망가지고 파직된다.

				50	40	30
乙	甲	壬	癸	丁	戊	己
亥	寅	戌	卯	巳	午	未

* 부모자리: 癸卯, 격(戌土)은 대문간(癸水)으로 흐르는데 父(財 戊土, 己土)를 겁재 卯木이 극거를 하니 父가 일찍 사망을 한다.

* 처자리: 寅木, 자식자리(亥水)를 묶는다.

* 사회활동자리: 격이 卯木을 입고 하지만 대문간(간판 癸水)을 쓰니 그런대로 양호하다.

* 未운: 대문간 정인(癸水)을 극을 하니 인격이 망가지고 겁재(卯木)만 살아나나 격고(卯戌)를 亥卯未로 건져 준다.

* 戊운: 쟁합이지만 壬水를 제방하고 戊癸합 火로 체(甲木)가 숨을 쉰다.

* 午운: 격은 살아나나 상관으로 복잡하다.

				51	41	31	21
壬	戊	癸	丁	丁	戊	己	庚
戌	寅	卯	酉	酉	戌	亥	子

* 격(卯木)이 대문간(丁火)으로 흐르는 것을 체(戊土)가 戊癸합 火로 대문간 정인(丁火)을 살리려 명분을 찾으나 몸만 바쁘고 격(卯木)이 卯酉충으로 불량하다.

* 부모자리: 丁酉, 격은 국가자리(丁火)로 나가는데 卯酉충을 하고 또한 酉金은 사회자리(癸水)로 나가니 丁癸충으로 병주고 약준다.

* 처자리: 甲辰生으로 체와 격이 살아나나 체는 甲木의 놀이터이다.

* 亥子운: 財발으로 대문간 정인(인격-水火충-丁火)으로 체면을 버리고 돈 따라 간다.

* 戊운: 쟁합에 비견으로 불량하나 戊癸합 火로 대문간 정인(인격 丁火)이 살

아나니 명분때문에 돈을 쓰게 된다.

* 戊운: 상관으로 生財를 하여 癸水가 살지만 격을 입고하니 흉하다.

					46	36	26
甲	庚	庚	甲		乙	甲	癸
申	子	午	午		亥	戌	酉

* 정관격은 스스로 피곤하다.

* 정관격에 격(午火)이 정재(乙木)과 짝인데 비견이 떠있어 돈을 쓰게 된다.

* 申시생으로 태양이 떠있어 대문간(甲木)이 양호하나 격의 흉신으로 격을 질식시킨다.

* 처자리: 子水, 상관으로 격 정관(午火)을 만났으니 상관견관에 충으로 흉하다. 그러나 격(午火)이 乙木과 己土와 짝인데 정재(乙木)가 체와 합(乙庚)으로 본처를 버리지 못한다.

* 酉운: 격이 乙木울 쓰는데 克木을 하니 불량하다.

* 甲운: 財밭으로 태양이 떠있어 활동이 활발하지만 격의 흉신 財(甲木)를 비견(庚金)이 제거를 하므로 돈을 벌면 나누어야 한다.

* 戌운: 庚金(체)이 戌土를 만나니 피부병에 걸린다.

  격은 살지만 격이 쓰는 정재(乙木)를 입고하니 돈과 처가 불량하다.

壬	戊	己	乙		甲	癸	壬
子	寅	卯	巳		申	未	午

* 정관격에 격이 정인(丁火)을 쓰고 천간에 乙木으로 야간대학이라도 나온다.

* 癸운: 체가 정재와 戊癸합 火로 열심히 돈 따라가나 활동자리(己土)가 癸水를 극을 하니 불량하다.

* 未운: 격과 대문간(乙木)이 살아나 활동은 하나 남편자리(본인의 건강자리 寅木)를 입고하고 겁재이다.

* 甲운: 활동무대(巳火)가 살아나고 흉신(겁재 己土)을 甲己로 합거하니 양호하다.

* 申운: 식신으로 양호하나 寅申충으로 애정문제가 생긴다.

		72	62	52
癸 丙 戊 甲		庚	辛	壬
巳 申 辰 午		申	酉	戌

* 丙戊甲으로 귀족티가 난다.

* 자식자리: 巳火, 활동무대(국가, 사회 甲木 戊土)를 쓰니 양호하다.

* 남편자리: 戊子生은 巳申합을 풀어주니 양호하다.

* 癸巳生은 격은 살아나나 巳火가 있으니 안 떨어진다.

* 戌운: 격공은 길신과 합과 충이면 양호하다. 만약 흉신과 합충이면 불량하다.

* 酉운: 격은 살아나나 격에 입고되고 합으로 불량하다.

* 丑운: 辛금으로 보아 양호하다.

		52	42	32	22
0 丙 丙 己		癸	壬	辛	庚
0 申 子 丑		未	午	巳	辰

* 정관격에 대문간 상관으로 사람 잡는다.

* 여명이 관격은 이혼을 잘 안 한다. 대문간이 상관(己土)으로 겁이 없고 말이 많다.

* 남편자리: 申金, 정관격이 子丑합에 丑土(辛金)가 입고를 하니 친구에게 빼앗길수도 있다.

* 辛운: 쟁합이지만 격이 살아난다.

* 巳운: 격이 財(辛金)를 쓰는데 火克金으로 財를 극한다.

* 午운: 상관이 살아나고 財를 극하고 겁재로 대흉하다.

* 壬운: 남편자리가 식신으로 살아나니 남자가 생길수도 있으나 대문간 상관을 쓸어버리니 상관이 날뛴다.

		38	28	18
辛 丁 己 丙		乙	丙	丁
亥 亥 亥 辰		未	申	酉

* 인수(木)가 없으니 인덕도 배경도 없다. 부모자리는 흉하다.

* 체는 편인(乙木)과 정재(庚金)을 좋아 하는데 水가 태왕하니 직장생활을 하라.

* 결혼운: 남편자리가 입고가 되었으니 巳年 또는 戌年에 충으로 푸니 결혼을 하라.

* 酉운: 재발이지만 辰酉합되니 별 볼일 없다.

* 申운: 재밭으로 격이 살아나니 양호하다.

甲 庚 壬 庚
申 辰 午 寅

* 부모자리: 庚寅, 격(午火)이 乙木과 己土와 짝인데 대문간(부모 庚寅)이 격의 활동을 불량하게 만드니 덕이 없다.

* 처자리: 乙未生은 乙庚합으로 처를 빼앗긴다.

  丁亥生은 체(庚金)을 다스려주고 숨을 쉰다.

  戊子生은 壬水를 다스려주나, 상관이 격충(子午충)을 하니 간섭이 심하고 싸운다.

0 甲 甲 甲
0 辰 戌 午

* 격이 상관(丁火)을 쓰는데 대문간 상관(午火)으로 봉사하라.

* 상관(丁火)이 격(戌土)의 지장간(丁火)에 숨어 있어 사나움을 감추고 가정자리 辰戌로 밖으로 나가 다닌다.

* 격 戌土(辛金)의 財(木)가 비견(甲木)으로 천간에 떠있으니 친구가 돈으로 보인다.

		48	38	28
0 丙 甲 戊		己	戊	丁
0 辰 子 申		巳	辰	卯

* 격이 申子辰으로 申子辰을 만나면 또 다시 묶이면서 쟁합이 되고 寅午戌을 만나면 폭발을 한다.

* 처자리: 辰土, 酉생은 辰酉합으로 안정을 주나 배우자자리에 입고가 된다.
* 辰운: 정재(辛金)를 입고하니 처가 흉하다.

				52	42	32	22
0	乙	戊	壬	甲	癸	壬	辛
0	巳	申	寅	寅	丑	子	亥

* 巳申합을 겁재(寅木)가 충으로 풀어주나 즐겁지가 않다.
* 亥壬운: 격이 살고 戊土가 있어 체를 쓸어버리지는 못한다.
* 子운: 남편자리가 상관(巳火)인데 격상관으로 시끄럽다.
* 甲寅운: 사회자리(戊土)가 살아나니 활동은 하나 겁재이다.

				57	47	37	27	17
己	丙	庚	乙	甲	乙	丙	丁	戊
丑	寅	辰	酉	戌	亥	子	丑	寅

* 대문간 정인으로 초년에는 공부를 열심히 한다.
* 처자리: 戊子生은 격고(辰酉)를 풀어주니 양호하다.
* 子운: 대문간(酉金)이 살아나니 활동을 한다.
* 亥운: 사회자리(庚金)가 살아나니 양호하다.
* 戌운: 격고(辰酉)를 풀어주나 체(丙火)를 입고한다.

0	庚	甲	丙	己	戊	丁	丙
0	申	午	申	亥	戌	酉	申

* 申운: 비견으로 癸년 子년에는 상관견관으로 흉하다.
* 戌운: 戊寅年에는 정관(격 午火)이 寅午戌합 되어 명분 때문에 돈이 나간다.
* 己운: 財(甲木)를 甲己로 묶으니 돈 때문에 답답하다.
* 亥운: 체와 국가자리(申金)는 살아나나 격(午火)이 水火충으로 격이 죽으니 몸만 바쁘다.

					49	39	29
己	辛	辛	乙		丙	乙	甲
丑	未	巳	未		戌	酉	申

* 격(巳火)은 甲木과 戊土와 짝인데 戊土보다는 甲木이 더욱 양호하다.
* 財(乙木)가 떠있어 남자에게 얻어먹는다.
* 酉운: 대문간 乙木을 극을 하니 파직되고 돈이 날아 간다. (壬午년이 대흉)
* 戊운: 土多로 지진이 일어나고 격(巳火)과 乙木이 입고와 戊未刑으로 사망하다.

2. 편관격

					70	6	50	40	30	20	10
乙	乙	辛	辛		甲	乙	丙	丁	戊	己	庚
酉	丑	丑	亥		午	未	申	酉	戌	亥	子

* 겨울생으로 체(乙木)를 辛金이 충극을 하니 움추린다.
* 편격으로 대문간(국가자리 亥水)이 역마로 돌아다닌다.
* 체는 丁火와 己土를 쓰고 격은 癸水를 쓰니 이율배반이다.
* 격이 살면 辛金이 살아나니 (乙木)이 망가진다.
* 체(乙木)가 살면 丁火와 己土가 살아나니 격이 요하는 癸水가 깨지니 사회성은 없다.
* 격은 癸水를 쓰고 체는 丁火를 쓰니 체가 살면 격이 충극해서 바쁘게 산다.
* 子, 亥운: 체(乙木)가 동절기생으로 발발 떨고 있는데 水운을 만나니 동토로 건강이 나쁘다.
* 戊운: 丁亥年 巳월(35세) 직장구함.

	64	54	44	34	24	14	4
乙 乙 丁 丙	甲	癸	壬	辛	庚	己	戊
酉 巳 酉 戌	辰	卯	寅	丑	子	亥	戌

* 관격으로 편인을 쓰니 요령이 있고 식신과 상관이 떠있으니 베푼다.

* 대문간 상관으로 父가 일찍 사망한다.

* 처자리: 辛卯생으로 흉신(丙火)을 丙辛으로 합거하여 양호할 것 같으나 격을 충하고 부모자리(戌土)에 입고와 합으로 부모, 형제와는 인연이 없다.

* 庚운: 상관 견관되고 격의 겁재로 흉하다.

* 壬운: 丙과 丁으로 쟁합이 되고 격상관으로 체와 격을 쓸어버린다.

* 寅운: 겁재로 불량하다. 배우자자리 巳火가 살아나니 재혼한다.

* 卯운: 비견으로 내충이 되는데, 격(관 酉金)을 충하니 굿당을 지으려 한다.

	72	62	52	42	32	22	12
丁 己 辛 辛	癸	甲	乙	丙	丁	戊	己
卯 巳 卯 未	未	申	酉	戌	亥	子	丑

* 체(己土)와 격(정신 환경 卯木)이 같은 짝으로 몸과 정신이 동일하니 단순하다.

* 격(卯木)이 편인(丁火)을 요하니 기술자하라.

* 식신(辛金)이 水가 없으니 숨을 못 쉰다.

* 격(卯木)이 국가자리(辛金)와 사회자리(辛金)에서 극을 당하니 움추린다.

* 정재(亥水)를 만나도 亥卯未합으로 재물운이 불량하다.

* 처자리: 巳火, 격(卯木)이 안방자리 巳火로 숨을 쉬니 배우자에게 의지하나 격의 상관으로 불편하다.

* 癸운: 편재로 국가자리와 사회자리의 辛金이 살아나니 재산이 많이 늘어나고 관격은 재산을 지킨다. 단, 체(己土)가 요하는 丁火를 꺼버리니 몸수를 조심하라.

癸巳년(74세)사망

					72	62	52	42	32	22	12
己	甲	丙	辛		甲	癸	壬	辛	庚	己	戊
巳	寅	申	巳		辰	卯	寅	丑	子	亥	戌

* 체(丙火)가 丙辛合 水로 없는 것을 창출하는데 격(申金)이 水로 숨을 쉬니 창출력이 있다.
* 자식자리: 己巳, 정재(己土)를 체(甲木)가 합을 하니 불량하다.
* 亥운: 巳申합을 풀어주니 戊申年에 결혼한다.
* 癸운: 격(申金)의 상관이지만 국가자리 정관(辛金)이 살아나니 활동은 한다.
* 卯운: 겁재로 흉하지만 격(申金)이 양인합살(乙庚)되어 넘어는 간다.

					9	39	29
癸	戊	甲	戊		己	庚	辛
亥	子	寅	子		酉	戌	亥

* 편관격은 인수를 보아야 하는데 체(戊土)가 戊癸合 火를 창출하니 돈 따라 가나 바쁘기만 하다.
* 남편자리: 子水, 정재로 酉金을 요하니 상관으로 짜증스럽다. 火운을 만나면 배우자가 돈을 번다.
* 戌운: 격(寅木)과 子水사이에 丑土(식신 庚金의 재고)가 협공으로 丑戌刑으로 건드리니 활동하면 돈을 벌 수도 있다.
* 己운: 甲己합으로 배우자가 흉하다.
* 酉운: 상관이지만 상관 生財로 子水가 살아나니 시끄럽지만 돈은 번다

					57	47	37	27
庚	甲	庚	戊		丙	乙	甲	癸
午	戌	申	子		寅	丑	子	亥

부모: 子水, 격상관으로 불량하다.

子운: 격(申金)의 상관(子水)으로 또한 격을 삼합으로 묶으니 대흉하다.

乙운: 겁재가 칠살(庚金)을 합거하니 비겁이지만 형제 또는 친구덕이 생긴다.

丑운: 격을 입고하니 대흉하다.

				53	43	33
丁	丙	癸	戊	己	戊	丁
酉	辰	亥	子	巳	辰	卯

* 격(亥水)이 편재(庚金)를 요하니 도둑의 심뽀다.
* 戊癸合火로 비견이 되니 불량하다.
* 배우자: 辰土, 격과 자식의 묘고로 흉하다. 丙申생 戊申생이 양하다.

				63	53	43	33
己	丁	戊	乙	辛	壬	癸	甲
酉	卯	子	亥	巳	午	未	申

* 편관격이 편재를 쓰면 학문에 뜻이 없고 돈에 집중을 한다.
* 상관이 월간에 떠있으니 진실인지 거짓인지 분간을 할 수가 없다.
* 자식자리: 己酉, 관격에 정관(아들 亥水)이 공망으로 아들이 귀하지만 格官(子水)이 자식자리(酉金)로 흐르니 양호하다.
* 申운: 정재로 돈을 벌고 국가자리(해수)도 살아난다.
* 午운: 대문간(乙木)이 살아나니 활동은 활발하지만 비견이다.
* 辛운: 격은 살지만 체의 뿌리(乙木)를 충극을 한다. 庚辰年 사망하다.

				48	38	28
辛	己	丁	甲	壬	癸	甲
巳	酉	卯	午	戌	亥	子

* 남편자리: 庚寅生(상관)으로 흉신(甲木)을 제거하니 부모가 찬성을 한다.
* 庚金이 甲庚으로 자식(식신 丁火)이 살아난다. 모든 정신이 자식에게 있다.

				50	40	30
癸	己	癸	丁	戊	丁	丙
酉	巳	卯	未	申	未	午

* 협공(巳辰卯) 辰土가 재고로 돈을 쉽게 구한다.
* 부모자리: 丁未, 인수로 돈 따라가는 장사꾼은 아니다.

  격이 대문간 인수(丁火)로 흐르니 부모를 따라간다.
* 남편자리: 巳火, 정관(甲木)을 쓰니 장사꾼이 아니고 월급쟁이다.
* 격이 쓰는 대문간(편인 丁火)을 편재(癸水)가 충극으로 돈을 벌면 인격이 망가지니 예능, 기술방면으로 나가라.
* 戊운: 戊癸합 火로 대문간(丁火)이 살아나니 이름이 난다.
* 申운: 상관으로 남편자리와 합으로 남편과 문제가 발생하지만 편관격은 넘어간다.

					67	57	47
癸	丁	甲	壬		丁	戊	己
卯	亥	辰	子		酉	戌	해

* 丁火일주는 庚金을 좋아하니 돈과 여자를 밝힌다.
* 편관격에 가깝고 정관(亥水)을 격(辰土)이 입고하는 것을 子水가 구해준다.
* 정인(甲木)이 떠있어 공부를 할 것 같으나 흉신으로 짜증스럽다.
* 결혼: 남편인 정관(亥水)이 격고이니 풀어주는 해에 결혼을 하라.
* 戊운: 상관으로 흉신 甲木이 살아난다.
* 酉운: 재밭이지만 격에 입고되니 불량하다.

					52	42	32
丙	庚	乙	壬		辛	庚	己
子	午	巳	寅		亥	戌	酉

* 체는 활동무대(壬水)를 격도 활동무대(寅木)를 처도 활동무대(乙木)를 쓰니 사주자체가 양호하다.
* 체가 정재(乙木)와 합으로 좀 답답하다.
* 처자리: 격의 겁재이지만 정관으로 사회자리 정재(乙木)를 쓰니 좋은 배필을 만난다.

* 酉운: 겁재로 월급타는 일을 하라.

* 戌운: 격을 입고하니 흉하다.

0	乙	甲	甲	戊	己	庚	辛
0	巳	戌	午	辰	巳	午	未

* 자식: 격(戌土)이 대문간(午火)로 흐르는데 식신으로 자식이 잘된다.

* 남편자리: 巳火, 상관으로 격고를 풀어주고 활동무대(甲木)는 살려주나 겁재만 좋아하니 도둑이다. 병주고 약준다. 戊子生으로 남편(巳火)의 식신(戊土)짝으로 겁재(甲木)를 살려주고 놀이터가 되어 돈을 빼앗아간다. 체는 국가자리 午火로 흐르는데 子午충으로 병주고 약준다.

* 未운: 체는 양호하나 격이 쓰는 癸水를 극하고 활동무대(甲木)을 입고하니 흉하다.

* 庚운: 체의 숨통(丁火)의 흉신(甲木)을 제거하니 양호하나 남편자리와 상관견관으로 불화.

* 未운: 체는 양호하나 격이 쓰는 癸水를 극하고 활동무대(甲木)을 입고하니 흉하다.

* 午운: 체와 격이 살아난다.

* 己운: 격이 쓰는 癸水를 극하고 활동무대(甲木)를 甲己합하니 불량하다.

  庚辰년에는 대운(己土)의 상관이 되고 남편자리(巳火)와 상관견관으로 흉하다. 辛巳年에는 남편자리(巳火)가 나타나 스스로 입고를 하니 흉하다.

* 辰운: 체와 격이 쓰는 午火를 매화시키나 巳戌로 건져주니 평운이다.

庚	癸	乙	丙	辛	庚	己	戊
申	未	未	戌	丑	子	亥	戌

* 未月생은 일을 벌리는 것을 좋아한다.

* 격(未土)이 천간 식신(乙木)을 쓰니 손재주가 있고 음식을 잘한다.

* 부모자리: 丙戌, 재고로 돈이 있다.

* 金水운: 부모재산 다 털어 먹는다.

* 辛운: 체는 살아나지만 격의 활동무대(乙木)를 충극한다.

* 丑운: 격을 丑未충하니 지진이 일어난다.

				43	33	23
0	乙	丙	庚	辛	庚	己
0	酉	戌	戌	卯	寅	丑

* 상관견관 사주로 겁이 없고 체와 격이 丁火를 요하는데 대문간(庚金)을 활용할 수가 있다.

* 상관(丙火)과 정관(庚金)이 함께 떠 있으니 영웅심이 있고 고급장교가 되면 좋다.

* 사회자리(丙火)를 격이 입고하니 사회성은 없다.

* 丑운: 격(戌土)의 비겁이고 체의 편관으로 불량하다.

  辛巳年에 격고가 되고 편관과 상관으로 감옥간다.

0	乙	庚	壬	壬	癸
0	巳	戌	申	寅	丑

* 편관과 정관이 혼탁하고 상관 견관 사주로 불량하다.

* 사회자리(庚金)가 국가자리(壬水)로 흐르니 양호하나 편관격에 남편자리가 상관으로 후처로 간다.

* 자식: 격(戌土)이 식신(丁火)을 쓰니 오직 자식만을 안다.

* 남편자리: 巳火, 상관에 격에 입고가 되고 상관 견관이 되니 불량하다.

0	癸	己	癸	乙	丙	丁
0	丑	未	卯	卯	辰	巳

* 격이 卯木과 丁火를 쓰는데 머리를 내밀면 대문간 癸水가 충극을 하니 나서지 말고 음지에서 일을 하라.

* 처자리: 丑土, 癸水를 쓰는데 격은 편재(丁火)를 쓰니 丁癸충으로 처가 재물을 충극하니 격(未土)이 막으려고 한다.

辛 戊 壬 壬　　　　戊 丁 丙 乙 甲 癸
酉 午 寅 戌　　　　申 未 午 巳 辰 卯

* 체와 격이 인수(丙火)를 쓰는데 왕한 財(壬水)가 충극을 하니 재물을 다스리기가 벅차고 부모생각을 많이 하나 인연은 없다.

* 乙운: 戊土가 입고하고 상관견관이 되니 감옥을 간다.

* 丙운: 체와 격이 살아나니 대량하다.

　　　　　　　　　51 41 31
0 丙 己 丙　　　　乙 甲 癸
0 辰 亥 戌　　　　巳 辰 卯

* 고장지살(辰亥)로 영감이 있고 종교적 성향이 있다.

* 辰운: 격을 입고하니 대흉하다.

* 乙운: 정인이지만 상관(己土)만 살아나니 불량하다.

* 巳운: 격고를 풀어주지만 격의 짝(庚金)을 火克金을 하고 비견으로 불량하다.

辛 甲 丙 辛　　　　壬 癸 甲
未 戌 申 亥　　　　辰 巳 午

* 격은 국가자리(亥水)로 체는 사회자리 식신(丙火)으로 흐르고 辛金이 체의 흉신 乙木을 丙辛합 水로 격(申金)의 숨통을 열어주니 더욱 아름답다.

* 癸운: 격상관으로 시끄럽다.

* 巳운: 격합(巳申)으로 답답하지만 식신으로 활동은 한다.

* 정관격은 스스로 피곤하다.

* 정관격은 상관운에 남편을 극거하지만 편관격은 극거를 못한다.

* 정관격이 년간에 상관이 떠있으면 사람잡는다.

* 정관격에 격이 정인을 쓰면 학자이다.

* 편관격은 상관운을 만나도 덜 당한다.

* 정관격이 년간에 상관이 떠있으면 사람잡는다.

예: 甲 己 戊 庚
戊 卯 寅 子

* 정관격이 격이 겁재를 쓰면 퍼주는 과이다.

예: 辛 戊 丁 甲
有 辰 卯 午

* 정관격이 격이 정인과 상관을 함께 쓰면 이중인격자다.

예: 癸 甲 戊 辛
酉 辰 戌 丑

* 편관격이 격이 편재를 쓰면 돈에 많이 집중 한다.

예: 己 丁 戊 乙
酉 卯 子 亥

* 편관격이 상관을 깔고 앉으면 후처로 간다.

예: 0 乙 庚 壬
0 巳 戌 申

* 격이 정관을 쓰는데 상관이 떠있으면 깡패나 못된 경찰이다.

예: 0 辛 壬 壬
0 酉 寅 申

* 관격이 격이 편인을 쓰면 요령이 있고 식상관이 떠있으면 베푼다.
* 관격이 비겁이 천간에 떠있고 비겁이 지지에 있으면 아래 형제가 죽는다.
* 관격은 형제, 친구를 의지하려 하며 불로소득을 얻는다.
* 관격이 격이 겁재를 쓰면 사업운은 불길하니 봉사하라.
* 사주에 관이 없으면 부모재산을 못 지킨다.
* 관이 년간에 떠있으면 대접을 받으려하고 까다롭다.
* 관이 월주에 왕하면 형제가 잘 안 된다.
* 관살혼잡은 귀신병이다.

* 남명은 관이 아들인데 土일 때 水왕이면 아들이 흉하고, 여명은 남편이 흉하다.
* 남명이 편관이 충을 받으면 조루증이다.
* 여명은 암장된 관이 합 또는 충일 때 이혼한다.
* 여명은 관이 합하면 바람둥이고 관이 합될 때 애인이 생긴다.
* 여명이 일주자체가 관합이면 처녀 포태한다. 癸일주가 戊월일때
* 여명이 관이 천간에 떠있으면 여기저기 남자가 있다.
* 여명이 편관이 정관을 만나면 남편을 차버린다.
* 남명이 관살혼잡에 재가 없고 도화면 여자를 밝히고 직장생활은 못한다.

제3편 병점론과 성격론

제3편 병점론과 성격론

제1장 병점론

어머니 뱃속에서 세상을 보는 순간 오장육부의 강약은 선천적으로 타고 난다.

아래에 간암과 쓸개암, 심장과 소장, 위암, 폐암과 대장암, 신장암과 방광암과 자궁암과 유방암의 환자를 구분하여 기재를 하였다.

아래에 기재된 50명은 수십 년간 실전을 통해 확인된 사람들이다.

고로 위장이 약하게 태어 났으면 일생동안 음식 섭취에 지장이 많다.

그러므로 선천적으로 타고난 오장육부중 약한 부분은 일생동안 살아가는데 장애가 되는 것이다.

어머니 뱃속에서 태어나면서 선천적으로 木(간 담), 火(심장 소장), 土(비장 위장), 金(폐 대장), 水(신장 방광 췌장 자궁 유방)중의 약한 부분이 있다.

운의 흐름이 어떤 영향을 가져오느냐에 따라 특히 선천적으로 오장육부의 허와 실을 사주로서 판별이 가능하다.

세월이 흘러 중년이 되면 약한 부위가 문제를 일으킨다.

만약에 선천적으로 유방에 문제가 있어 유방암이 발생할 시기를 안다면 미리 유방책크를 하면 유방암으로부터 고통을 면할 수가 있다.

내일 오후에 비가 온다는 것을 알면 오전에 우산을 준비하면 비에 대한 대처를 할 수 있는 것과 같다.

단 사주의 흐름은 월주가 순행과 역행의 흐름에 절대적인 영향을 받으므로 태어난 시를 몰라도 모든 것을 유추할 수가 있다.

건강에 문제가 발생하면 이미 2, 3년 전부터 악화되기 시작했다고 보아야 한다.

우리 몸의 건강에 어떤 문제가 발생할 것인가를 알기 위해서는 다음과 같은 것을 책크 해야한다.

*** 병의 발생시기**

1) 일지(배우자와 건강자리)가 충을 받느냐 또는 합을 이루느냐 또는 묘고에 들어가는 시기를 살펴라.
2) 월지(환경과 정신)가 충을 받느냐 또는 합을 이루느냐 또는 묘고에 들어가는 시기를 살펴라.
3) 일간 특히 丁일간, 乙일간, 癸일간이 칠살(편관)과를 관계를 살펴라.
4) 60살 이후에는 겁재운을 만났을 때를 살펴라.
5) 일간(특히 양일간)이 합이 되는 것을 살펴라.
6) 상관운과 월간의 식신(활동과 건강)을 살펴라.
7) 여름생으로 火가 왕한 사주는 水 대운을, 겨울생으로 水가 왕한 사주는 火 대운을 만나면 건강을 지킬 수 있다.

*** 병명을 알려면**

1) 원국중(사주)에 오행이 없는 것을 살펴라.
2) 원국중 오행(木 火 土 金 水)중의 어떤 오행이 태약한 가를 살펴라.
3) 원국중 오행(木 火 土 金 水)중의 어떤 오행이 태왕한 가를 살펴라.

대운은 천간 5년과 지지 5년을 반드시 구분하라. 일년 4계절 중 巳월, 午월, 未월, 申월은 火土가 왕한 계절이고, 亥월, 子월, 丑월, 寅월은 水가 왕한 계절이니 반드시 참고를 바란다.

아래에 각종 암에 대한 예는 상담 중에 체크한 것으로 대운과 세운은 물론 나이까지를 기록하였으니 살펴보면 많은 도움이 될 것이다.

1. 간과 쓸개(木)

간과 쓸개는 오행 중 木으로 甲 乙 寅 卯木의 유무와 태약한지 태왕한지를 먼저 펴야 한다.

1) 1969년 11월 16일생(여자)

				55	45	35	25
0	癸	丙	己	壬	辛	庚	己
0	酉	子	酉	午	巳	辰	卯

巳대운: 辛丑年 (52세), 간암.

사주에서 木(간 담)이 없어 간의 문제가 있다고 보아야 한다. 발생시기는 巳대운에 일지(丑土, 건강자리)가 巳酉丑삼합을 이루고 소운 辛丑년에 또 다시 巳酉丑 삼합을 이루었으니 대단히 흉하다.

2) 1959년 3월 12일생

				44	34	24	14
0	辛	戊	己	癸	甲	乙	丙
0	未	辰	亥	亥	子	丑	寅

子대운: 己卯년(41세), 간암 사망.

사주에서 木(간 담)이 없어 간의 문제가 있다고 보아야 한다. 발생시기는 子대운에 격(辰土, 환경과 정신)이 申子辰삼합을 이루고 소운 己卯년에 일지가 또다시 亥卯未三合을 이루었으니 대단히 흉하다.

3) 1965년 12월 8일 辰시생(여자)

					53	43	33	23
丙	戊	戊	乙		甲	癸	壬	辛
辰	午	子	巳		午	巳	辰	卯

未대운: 戊戌年(54세), 간암 수술.

사주에서 乙木이 子월생으로 왕하다. 발생시기는 未대운이 겁재운으로 일지(午火, 건강자리)가 午未합으로 육합을 이루고 소운 戊戌年에 일지가 寅午戌 삼합을 이루었으니 흉하다.

4) 1943년 5월 25일 未시생(남자)

					57	47	37	27
乙	丙	戊	癸		壬	癸	甲	乙
未	辰	午	未		子	丑	寅	卯

丑대운: 丁丑年(55세), 간암 수술.

사주에서 乙木이 한없이 태약하다.

발생시기는 丑대운이 격(午火)을 묘고로 잡아넣고 소운 丁丑年에 격을 또 다시 묘고로 잡아넣으니 대단히 흉하다.

5) 1954년 8월 3일 卯시생(남자)

					53	43	33	23
乙	戊	壬	甲		戊	丁	丙	乙
卯	午	申	午		寅	丑	子	亥

丑대운: 癸未年(51세) 간암 사망.

사주에서 乙木이 한없이 태약하다.

발생시기는 丑대운이 일지(午火 건강자리)가 묘고로 들어가고 소운 癸未年에 일간 戊土와 戊癸합을 이루고 또한 일지가 午未육합으로 대흉하다.

6) 1942년 3월 7일생(남자)

				78	68	58	48
0	癸	己	壬	丁	丙	乙	甲
0	酉	酉	午	巳	辰	卯	寅

丁대운: 辛丑年(80세), 간암 사망.

사주에서 木(간 담)이 없어 간의 문제가 있다고 보아야 한다.

발생시기는 丁대운에 월간 己土(칠살)가 왕해지고 소운 辛丑年에 일지와 격이 酉丑 삼합을 이루니 대흉하다.

7) 1962년 8월 13일 생(남자)

				40	30	20	10
0	壬	己	壬	癸	壬	辛	庚
0	子	酉	寅	丑	子	亥	戌

子대운: 辛巳年(39세), 간암 사망.

사주에서 寅木이 한없이 태약하다.

발생시기는 子대운이 겁재가 되고, 소운 辛巳年에 격(午火)이 巳酉丑 삼합으로 대단히 흉하다.

8) 1943년 5월 25일 未時생(남자)

				57	47	37	27
乙	丙	戊	癸	壬	癸	甲	乙
未	辰	午	未	子	丑	寅	卯

寅대운: 甲戌年(53세), 간암 사망.

사주에서 乙木이 한없이 태약하다.

발생시기는 丑대운에 격(午火)이 묘고로 들어가고 소운 甲戌年에 일지(辰土)가 충을 받고 격(午火)이 寅午戌 삼합으로 대단히 흉하다.

9) 1964년 3월 11일 巳시생(여자)

					45	35	25	15
癸	辛	戊	甲		癸	甲	乙	丙
巳	丑	辰	辰		亥	子	丑	寅

丑대운: 乙亥年(32세), 쓸개 수술.

사주에서 甲木이 한없이 태약하다.

사주에 격이 辰戌丑未로 일지나 년지가 또한 辰戌丑未있는 사주가 辰戌丑未를 만나면 지진이 일어난다. 소운 乙亥年이 상관운으로 대단히 흉하다.

10) 1959년 10월 9일 亥시생(여자)

					50	40	30	20
丁	乙	乙	己		庚	己	戊	丁
亥	未	亥	亥		辰	卯	寅	丑

卯대운: 乙酉年(47세) 쓸개암 사망.

사주에서 木이 한없이 태왕하다.

발생시기는 卯대운이 일지(未土)와 격(亥水)이 亥卯未삼합을 이루고 소운 乙酉년에 대운과 卯酉충으로 대단히 흉하다.

2, 심장(뇌졸증, 뇌출혈, 뇌경색)과 소장(火)

심장과 소장은 오행 중 火로 丙 丁 巳 午火의 유무와 태약한지 태왕한지를 먼저 살펴야 한다.

1) 1959년 10 19일생(남자)

					54	44	34	24
丙	乙	乙	己		己	庚	辛	壬
子	巳	亥	亥		巳	午	未	申

己대운: 戊戌年(60세), 심장 수술.

사주에서 火(심장, 소장)가 한없이 태약하다.

발생시기는 己대운이 아무문제가 없다. 그런데 소운 戊戌年에 일지(巳火)를 戊土가 묘고로 입고시키니 문제가 발생하였다. 때때로 가끔 소운을 흉하게 만나면 종종 이런 상황이 발생되니 항상 소운을 잘 살펴라.

2) 1960년 2월 29일신시생(남자)

				53	43	33	23
庚	癸	己	庚	乙	甲	癸	壬
申	丑	卯	子	酉	申	未	午

甲대운 ; 丙戌年(47세), 심장 수술.

사주에서 火(심장, 소장))가 없어 심장의 문제가 있다고 보아야 한다.

발생시기는 甲대운이 상관운이고 소운 丙戌年에 일지(丑土)와 丑戌형살에 격(卯木)을 卯戌로 합하면서 卯木울 묘고에 입고시키니 대단히 흉하다.

3) 1946년 2월 5일인시생(남자)

				69	59	49	39
庚	辛	辛	丙	戊	丁	丙	乙
寅	巳	卯	戌	戌	酉	申	未

酉대운: 庚子年(75세), 심장에 핀 심음.

사주에서 火가 한없이 태왕하다.

발생시기는 酉대운이 일지(巳火))와 巳酉丑합을 이루고 격(卯木)을 卯酉冲을 하고 소운 庚子년은 겁재운으로 대단히 흉하다.

4) 1954년 8월 25일생(남자)

				56	46	36	26
0	庚	癸	甲	己	戊	丁	丙
0	辰	酉	午	卯	寅	丑	子

己卯대운: 癸巳年((60세), 뇌졸중.

사주에서 火가 한없이 태약하다.

발생시기는 卯대운에 격(酉金)을 卯酉冲을 하고 소운 癸巳年은 격과 巳酉

丑을 하니 대단히 흉하다.

5) 1959년 4월 5일생(남자)

					52	42	32	22
0	甲	己	己		癸	甲	乙	丙
0	午	巳	亥		亥	子	丑	寅

癸亥대운: 甲午年(56세) 辛卯年(59세), 뇌졸중.

사주에서 火가 한없이 태왕하다.

발생시기는 癸대운은 큰 문제가 없어 보이나 소운 甲午年이 복음으로 문제가 발생하고, 亥대운에 격(巳火)을 巳亥沖을 하는데 소운 辛卯年은 아무문제가 없다.

대운을 잘 살펴라.

6) 1962년 5월 27일생(남자)

					46	36	26	16
0	辛	壬	乙		丁	戊	己	庚
0	亥	午	巳		丑	寅	卯	辰

丑대운: 戊戌年(54세), 뇌출혈 사망.

사주에서 火가 한없이 태왕하다.

발생시기는 丑대운에 격(午火)을 묘고로 입고하고 소운 戊戌年은 寅午戌로 삼합을 하고, 戊土가 일간(辛金 몸둥이)을 매몰하니 대단히 흉하다.

7) 1960년 1월 16일 寅시생(남자)

					57	47	37	27
戊	庚	戊	庚		甲	癸	壬	申
寅	午	寅	子		申	未	午	巳

未甲 대운: 丙申年(57세), 뇌졸중.

사주에서 火가 약하다.

발생시기는 未대운에 격(寅木)을 묘고로 입고하고 소운 丙申年은 격(寅木)

을 寅申충으로 흉하다.

8) 1963년 3월 21일생(여자)

				47	37	7	17
0	丁	丙	癸	辛	庚	己	戊
0	亥	辰	卯	酉	申	未	午

酉대운: 戊戌年((56세), 뇌출혈.

발생시기는 酉대운에 격(辰土)을 辰酉육합으로 묶고 소운 戊戌年에 격을 辰戌충 되니 문제가 생긴다.

이 사주는 火가 그런대로 건실한 사주이다. 가끔 대운과 소운을 흉하게 만나면 이런 일이 발생한다.

9) 1963년 10월 16일 辰시생(여자)

				57	47	37	27
丙	戊	癸	界	己	戊	丁	丙
辰	辰	亥	卯	巳	辰	卯	寅

辰대운: 丁酉年(55세), 뇌출혈.

사주에서 火가 한없이 태약하다.

발생시기는 辰대운에 격(亥水)을 묘고로 입고하고 소운 丁酉年은 일지(辰土)를 辰酉6합을 이루니 대단히 흉하다.

10) 1934년 9월 18일생(남자)

				74	64	54	24
0	辛	甲	甲	壬	辛	庚	己
0	未	戌	戌	午	巳	辰	卯

午대운: 辛卯年((78세)뇌경색 사망.

사주에서 火가 없으니 심장에 문제가 있다고 보아야 한다.

발생시기는 午대운에 격(戌)을 寅午戌로 묶고 소운 辛卯年은 일지(未土)를 亥卯未 삼합과 격(戌土)을 卯戌합을 이루니 대단히 흉하다.

11) 1971년 4월 17일 申시생(남자)

					48	38	28	18
丙	丙	壬	辛		丁	戊	己	戊
申	戌	辰	亥		亥	子	丑	寅

子대운: 丙申年(47세), 뇌종양 사망.

사주에서 火가 한없이 태약하다.

발생시기는 子대운에 격(진토)을 申子辰으로 묶고 소운 丙申年 子월에 또 다시 申子辰으로 묶으니 子월에 사망하다.

12) 1966년 윤 3월 21일생(여자)

					51	41	21	11
0	庚	癸	丙		己	戊	庚	辛
0	午	巳	午		丑	寅	卯	辰

庚대운: 己巳年(24세), 소장에 문제가 발생.

사주에서 火가 한없이 태왕하다.

발생시기는 庚대운은 무난하나 소운 己巳年에 천간에 상관 癸水 七殺을 맞아 요동치고 또한 火운을 만나니 火가 너무나 태왕해지니 문제가 발생한 것이다.

3, 위암(土)

위장과 비장은 오행중 土로 戊 己 辰 戌 丑 未土의 유무와 태약한지 태왕한지를 먼저 살펴야 한다.

1) 1946년 5월 12일생(남자)

					59	49	39	29
0	丙	甲	丙		庚	己	戊	丁
0	辰	午	戌		戌	亥	子	丑

亥대운: 壬午年(57세), 위암 수술.

사주에서 土가 한없이 태왕하다.

발생시기는 亥대운은 무난하나 소운 庚辰, 辛巳, 己巳年으로 이미 경진년(55세)에 격(午火)을 매화시키니 문제가 생긴 것이다.

2) 1960년 11월 27일 인시생(남자)

					58	48	38	28
庚	丙	己	庚		乙	甲	癸	壬
寅	午	丑	子		未	午	巳	辰

甲午대운: 戊戌年(49세) 위암 수술.

사주에서 土가 한없이 태왕하다.

발생시기는 午대운에 土가 크게 태왕해지고 소운 戊戌年에 일지(午火)를 寅午戌삼합으로 묶으니 대단히 흉하다.

3) 1960년 1월 27일 寅시생

					63	53	43	33
庚	辛	戊	庚		乙	甲	癸	壬
寅	巳	寅	子		酉	申	未	午

未대운: 戊子年(49세), 위암수술.

사주에서 土가 태약하다.

발생시기는 未대운에 격(寅木)을 묘고로 입고하고 소운 丙戌, 丁亥, 戊子로 흐르는데, 이미 丙戌年(47세)에 일지 巳火를 묘고로 입고하니 문제가 발생한 것이다.

4) 1955년 3월 26일 巳시생(남자)

					44	34	24	14
己	己	庚	乙		乙	丙	丁	戊
巳	酉	辰	未		亥	子	丑	寅

亥대운: 丙戌년(52세), 위암수술.

사주에서 土가 한없이 태왕하다. 발생시기는 亥대운에 상관 庚금(亥수와 짝)이 태왕해지고 소운 丙戌年에 격(辰土)이 辰戌충되니 흉하다.

5) 1952년 5월 29일생(여자)

					75	65	55	45
0	戊	丙	壬		戊	己	庚	辛
0	戌	午	辰		戌	亥	子	丑

亥대운: 戊戌年(67세), 위암수술.

사주에서 土가 한없이 태왕하다.

발생시기는 亥대운은 무난하나 소운 戊戌年은 격(午火)을 寅午戌로 또다시 삼합으로 묶으니 흉하다.

6) 1961년 5월 30일 戌시생(여자)

					49	39	29	19
戊	丙	乙	辛		庚	己	戊	丁
戌	午	未	丑		子	亥	戌	酉

己대운: 辛巳年(41세) 위암 수술.

土가 태왕, 己대운은 상관운, 소운은 己卯, 庚辰 辛巳년으로 흐른데 39세때 상관운, 40세때 경진년에 일지(午火)를 매화시킴.

7) 1963년 11월 15일 辰시생(여자)

					53	43	33	23
甲	丁	甲	癸		庚	己	戊	丁
辰	未	子	卯		午	巳	辰	卯

巳대운: 壬辰年(50세), 위임 수술.

巳대운은 겁재운, 壬辰年은 격과 삼합.

4. 폐와 대장(金)

폐와 대장은 오행중 金으로 庚 辛 申 酉金의 유무와 태약한지 태왕한지를 먼저 살펴야 한다.

1) 1959년 2월 23일 辰시생(남자)

					58	48	38	28	18
甲	壬	丁	己		辛	壬	癸	甲	乙
辰	子	卯	亥		酉	戌	亥	子	丑

壬대운: 戊子年 (50세), 폐암 발생.

(사주에 金이 없다).

소운 戊子年은 겁재운.

2) 1961년 9월 23일 卯시생(남자)

					68	58	48	38
乙	戊	戊	辛		癸	甲	辛	庚
卯	戌	戌	丑		巳	辰	卯	寅

甲대운: 庚子年(60세). 폐암 수술.

(金이 태왕하다고 辛金은 戊土에 매몰되다.)

소운 戊戌年, 己亥年, 庚子年으로 흐르는데 이미 戊戌년(58세)때 지지가 戌戌丑으로 土운을 만나하니 지진이 일어나고 상관 辛金을 매몰시킨다.

3) 1957년 5월 3일생(남자)

					58	48	38	28
0	癸	乙	丁		己	庚	辛	壬
0	卯	巳	酉		亥	子	丑	寅

己亥대운: 辛丑年(65세), 폐암 발생.

己대운은 칠살, 소운 辛丑年은 격과 己酉丑 3合을 이루고 식신 乙木을 金극 木 제거한다.

4) 1941년 6월 24일 酉시생(윤달)

				83	73	63	53
丁	丙	丙	辛	丁	戊	己	庚
酉	申	申	巳	亥	子	丑	寅

子대운: 庚子년(80세), 폐암 4기 판정.

(사주에 金이 태왕하다.)

子대운은 申子辰 삼합에 소운 역시 申子辰 삼합.

5) 1940년 3월 2일생(남자)

				89	79	69	59
0	壬	庚	庚	戊	丁	丙	乙
0	午	辰	辰	子	亥	戌	酉

庚대운: 戊戌年(79세). 폐암 사망. (金이 태왕하다)

庚대운에 金이 더욱 태왕해지고 소운 戊茂년에 일지를 午戌 삼합으로 묶는다.

6) 1965년 4월 6일 사시생(남자)

				50	40	30	20
辛	庚	辛	乙	乙	丙	丁	戊
巳	申	巳	巳	酉	戌	亥	子

丙대운: 戊戌年(54세), 대장암 수술.

丙대운에 칠살을 맞고,

소운 戊戌年에 격(巳)을 입고함.

7) 1969년 11월 16일생(여자)

					55	45	35	25
0	癸	丙	己		壬	辛	庚	己
0	酉	子	酉		午	巳	辰	卯

巳대운: 辛丑年(52세), 대장암 수술.

巳대운은 巳酉丑삼합, 소운 辛丑年도 巳酉丑삼합.

8) 1942년 11월 28일 辰시생(남자)

					81	71	61	51
甲	壬	壬	壬		辛	庚	己	戊
辰	戌	子	午		酉	申	未	午

(사주에 金이 없다)

庚대운: 癸巳年(72세)대장암 수술.

癸水 소운이 겁재.

9) 1934년 12월 24일생(여자)

					88	78	68	58
0	甲	丁	甲		戊	己	庚	辛
0	辰	丑	戌		辰	巳	午	未

(사주에 金이 없다)

午대운: 소운이 戊子年 己丑年 庚寅年(77세) 대장암 수술.

대운 午火가 상관이고, 소운이 戊子年 己丑年 庚寅年으로 흐르는데, 戊子年(75세)에 이미 발생하였다고 본다.(戊子年은 일지와 申子辰 삼합)

5. 신장과 방광 췌장 자궁 유방(水)

신장 방광 췌장 자궁 유방은 오행 중 水로 壬 癸 亥 子水의 유무와 태약한지 태왕한지를 먼저 살펴야 한다.

1) 1975년 12월 3일생(여자)

				41	31	21	
壬	甲	戊	乙	壬	辛	庚	
申	寅	子	卯	辰	卯	寅	

水가 태왕하지 않은데 신장에 문제가 생겼다. 대운과 소운에서 묘고, 합, 충, 겁재운을 만나면 가끔 발생하는 현상이니 운의 흐름을 잘 살펴야 한다.

卯대운: 甲午년(40세), 신장투석.

대운은 겁재, 소운은 격충에 상관.

2) 1932년 5월 15일巳시생(남자)

				76	66	56	46
辛	庚	丙	壬	甲	癸	壬	辛
巳	戌	午	申	寅	丑	子	亥

癸대운: 壬午年(71세), 신장절제.

(사주에 水가 태약하다)

癸대운은 상관, 壬午年 소운은 격을 午戌로 다시 묶음.

3) 1961년 12월 19일 午시생

				83	73	63	53
甲	丙	庚	辛	壬	癸	甲	乙
午	戌	子	丑	辰	巳	午	未

午대운: 辛丑年(61세) 신장투석.

대운에서 일지와 寅午戌합에 격충, 소운이 일지와 丑戌형살.

4) 1941년 6월 24일 酉시생(윤달, 남자)

				83	73	63	53
丁	丙	丙	辛	丁	戊	己	庚
酉	申	申	巳	亥	子	丑	寅

己대운: 甲申年(63세), 방광암 수술.

(사주에 水가 없다)

己대운은 상관, 소운 甲申은 격 巳申 6합을 또 다시 6합으로 묶음.

5) 1952년 10월 8일생

				76	66	56	46
0	甲	辛	壬	癸	甲	乙	丙
0	戌	亥	辰	卯	辰	巳	午

乙대운: 壬辰年(61세) 췌장암 발생.

(사주에 水가 묘고로 전혀 구실을 못함)

대운은 겁재, 소운 壬辰은 격 亥를 묘고로 입고한 것을 또 다시 입고.

6) 1971년 11월 13일 寅시생

				54	44	34	24
丙	己	庚	辛	丙	乙	甲	癸
寅	丑	子	亥	午	巳	辰	卯

辰대운: 癸巳년(43세), 자궁암.

(사주에서 水가 태왕하다) 辰대운은 격 子를 申子辰 삼합으로 묶음.

7) 1966년 윤 3월 21일생

				31	21	11
0	庚	癸	丙	己	庚	辛
0	午	巳	午	丑	寅	卯

庚대운: 戊辰年(24세), 자궁암.

(사주에서 水가 태약하다)

소운 辰土가 일지를 매화시킨다.

8) 1966년 윤 3월 21일생(여자)

					51	41	21	11
0	庚	癸	丙		己	戊	庚	辛
0	午	巳	午		丑	寅	卯	辰

戊대운: 庚寅年(45세), 자궁암.

(사주에 水가 태약하다)

戊대운에 戊癸로 水를 묶고 庚寅年에 일지 午火를 寅午戌로 삼합.

9) 1987년 6월 24일 午시생

					37	27	17	7
庚	己	丁	丁		辛	庚	己	戊
午	巳	未	卯		亥	戌	酉	申

酉대운: 己丑年(23세), 유방암.

(사주에 水가 없다)

酉대운은 일지가 巳酉丑으로 묶이고, 소운 丑은 월지를 충한다.

10) 1967년 7월 17일생

					56	46	36	26
0	戊	戊	丁		甲	癸	壬	辛
0	午	申	未		寅	丑	子	亥

癸丑대운: 丙申년(50세), 유방암.

(사주에 水가 없다).

대운 丑土가 일지와 격을 묘고로 입고한다.

제2장 성격론

어머니 배속에서 세상을 보는 순간 성격은 선천적으로 타고난다.

선천적으로 싸가지 없는 성격으로 태어났으면 일생동안 주위사람에게 상처를 주게 된다.

그러므로 타고난 성격을 천성이라 하고 타고난 천성은 죽을 때까지 고치지 못하는 것이다. 베푸는 형, 얍체형, 사기꾼형, 싸가지형으로 구분하여 아래에 기술한 30명은 실제로 수년간 접촉이 끊이지 않던 사람들 중에서 확인된 사람이다.

1. 베푸는 형

편재격은 욕심은 많으나, 다른 사람에게 물질적으로 베푸는 사람이 많다.

월간에 식신 떠있는 사람, 격이 편재를 쓰고 월간에 식신이 떠있는 사람, 격이 식신을 쓰는 사람은 다른 사람을 배려하고 베푸는 사람이 많다.

월간에 편재가 떠있는 사람은 따뜻한 사람이 많다.

1) 0 庚 壬 壬
   0 子 寅 午

庚金 일간이 월지가 寅木이니 편재격으로 월간에 壬水 식신이 떠있고, 격 寅木이 편재인 甲木과 편인인 戊土를 쓰니 머리회전이 빠르고 양팔통으로 거침이 없다.

2) 甲 乙 丁 己
   申 丑 卯 巳

乙木 일간이 월지가 卯木이니 비견격으로 성격은 단순하고 격 卯木이 丁火(식신)와 己土(편재)를 쓰니 체와 용 모두가 같은 음으로 거침이 없고 월간이 丁火가 식신으로 배려심이 많다.

3) 乙 乙 丁 丙
   酉 巳 酉 戌

乙木일간이 월지가 酉金이니 편관격으로 격 酉金이 편인 癸水(짝)를 쓰니 머리회전이 빠르고 월간이 丁火가 식신으로 배려심이 많다.

4) 癸 戊 壬 甲
   卯 午 申 午

戊土일간이 월지가 申金이니 식신격으로 격 申金이 편재 壬水(짝)를 쓴다. 더구나 월간인 壬水가 편재로 배려심이 많고 따뜻한 사람이다.

5) 0 辛 乙 丁
   0 丑 巳 卯

辛金일간이 월지가 巳火이니 정관격으로 꼼꼼하지만, 월간 乙木이 편재로 배려심이 많고 따뜻한 사람이다.

6) 壬 壬 丙 戊
   寅 午 辰 戌

壬水일간이 월지가 辰土(癸水의 역할)로 겁재격(양인격)으로 본다. 월간 丙火가 편재로 배려심이 많고 따뜻하다.

7) 癸 乙 辛 丙
   巳 未 卯 子

乙木일간이 월지가 卯木이니 비견격(건록격)으로 격 卯木이 丁火와 己土가 짝으로 丁火인 식신을 쓰니 배려심이 많다.

2. 이기적(얌체)인 형

정재격인 사람, 격이 정재를 쓰는 사람, 격이 정관과 정인을 쓰는 사람은 대부분 알뜰함이 지나쳐 커피 한잔 사는 것도 아까워하는 사람이 많다.

월간에 정재가 떠있는 사람도 구두쇠 기질이 있기도 하다.

1) 丙 戊 戊 乙
辰 午 子 巳

戊土일간이 월지가 子水이니 정재격으로 격인 子水가 酉金 상관을 쓰니 싸가지로 지독하다.

2) 癸 戊 庚 壬
丑 寅 戌 子

戊土일간이 월지가 戌土로 戌土는 土의 역할을 못하고 辛金으로 보아 상관격으로 癸水와 丁火를 쓰니 정재와 정인을 쓰게 되니 차분하지만 지독하다.

3) 辛 庚 戊 癸
巳 戌 午 酉

庚金일간으로 월지가 午火이니 정관격으로 격인 午火가 乙木과 丁火를 쓰니 정재와 정인을 쓰게 되니 교양있어 보이지만 돈이면 벌벌 떠는 사람이다.

4) 0 丙 壬 壬
0 辰 子 辰

丙火일간으로 월지가 子水이니 정관격으로 격인 子水가 酉金을 쓰니 정재를 쓰게되는 것이니 절대로 베풀지 않는다. 정관과 정재를 쓰니 차분해 보이지만 절대로 돈을 쓰지 않는다.

5) 庚 壬 壬 癸
戌 戌 戌 酉

壬水일간으로 월지가 戌土로 戌土는 土의 역할을 못하고 癸水와 丁火를 쓰니 겁재와 정재을 쓰게 되니 얌체면서도 의심이 많다.

6) 丁 己 癸 辛
卯 丑 巳 未

己土일간으로 월지가 巳火이니 정인격으로 격인 巳火가 甲木과 戊土를 쓰니 정관과 겁재를 쓰게 되니 지독하다.

7) 辛 丁 甲 戊
丑 卯 寅 申

丁火일간으로 월지가 寅木이니 정인격으로 격인 寅木이 丙火와 戊土를 쓰니 겁재와 상관을 쓰게 되니 절대로 베풀지 않는다. 겨울생으로 상관의 성격을 숨긴다.

8) 0 壬 辛 辛
0 寅 卯 丑

壬水일간으로 월지가 卯木으로 상관격으로 격인 卯木이 丁火와 己土를 쓰니 정재와 정관을 쓰게 되니 정재로 한없이 인색하고 정관으로 교양있는 체 한다.

3. 사기꾼 형

편인격인사람, 격이 편인을 쓰는 사람은 순발력은 뛰어나나 거짓말을 잘하고 사기성이 있는 사람이 많다.

월간에 편인이 떠있는 사람도 사기성 기질이 많다.

1) 甲 己 庚 甲
戌 亥 午 午

己土일간으로 월지가 午火이니 편인격으로 머리회전이 빠르고 거짓말의 천재이며, 격인 午火가 乙木과 己土를 쓰니 편관과 겁재를 쓰게 되니 겁이 없고, 단순하고, 일을 잘 저지른다. 월간이 庚金이 상관으로 날카롭고 예리하다.

2) 辛 戊 乙 壬
酉 午 巳 辰

戊土일간으로 월지가 巳火이니 편인격으로 머리회전이 빠르고 거짓말의 천재이며, 격인 巳火가 甲木과 戊土를 쓰니 편관과 겁재를 쓰게 되니 겁이 없고, 단순하고, 일을 잘 저지른다. 월간이 乙木이 정관으로 반듯해 보인다.

3) 丁 甲 壬 辛
卯 申 辰 巳

甲木일간으로 월지가 辰土로 辰土는 土의 역할을 못하고 癸水로 보아 정인격으로 본다. 정인격으로 보아 반듯해 보이나 월간에 壬水가 편인으로 머리회전이 빠르고 거짓말을 잘한다.

4) 0 甲 辛 壬
0 戌 亥 辰

甲木일간으로 월지가 亥水이니 편인격으로 머리회전이 빠르고 거짓말의 천재이며, 격인 亥水가 庚金를 쓰니 편관을 쓰게 되니 겁이 없고 일을 잘 저지른다. 월간인 辛金이 정관으로 반듯해 보인다.

5) 丁 癸 己 乙
巳 酉 丑 巳

癸水일간으로 월지가 丑土로 丑土는 土의 역할을 못하고 辛金으로 보아 편인격이 되니 머리회전이 빠르고 거짓말의 천재이며, 격인 丑土(辛金)가 癸水를 쓰니 비견을 쓰게 되니 단순하다. 겨울생으로 침착해 보인다.

6) 乙 乙 丁 丙
酉 巳 酉 戌

乙木일간으로 월지가 酉金이니 편관격으로 격인 酉金이 癸水를 쓰니 편인을 쓰게 되니 머리회전이 빠르고 잔꾀가 많지만 월간 丁火가 식신으로 베풀고 배려심이 많다,

4. 싸가지 형

상관격인 사람, 상관을 쓰는 사람, 예리하지만 싸가지형이 많다. 월간에 상관이 떠있는 사람도 싸가지형의 기질이 있다.

1) 癸 己 甲 庚
酉 亥 申 午

己土일간으로 월지가 申金이니 상관으로, 즉 상관격으로 날카롭지만 싸가지다.

격인 申金이 정재 壬水를 쓰니 정재로 구두쇠다.

2) 辛 丁 辛 庚
丑 卯 巳 午

丁火일간으로 월지가 巳火이니 겁재로 겁재격(양인격)으로 격인 巳火가 甲木과 戊土를 쓴다. 甲木은 정인으로 꼼꼼하고, 戊土는 상관으로 날카롭고 싸가지다.

3) 癸 甲 乙 戊
酉 辰 卯 子

甲木일간으로 월지가 卯木이니 겁재로 겁재격(양인격)으로 격인 卯木이 丁火와 己土를 쓰니, 丁火 상관으로 날카롭고 싸가지며 己土가 정재로 돈을 안 쓴다.

4) 丙 戊 癸 壬
辰 午 丑 子

戊土일간으로 월지가 丑土로 丑土는 土의 역할을 못하고 辛金으로 보아 상관격으로 머리 회전이 빠르고 날카롭지만 겨울생으로 겉으로 표현을 자제한다. 년간 壬水와 월간 癸水가 모두가 財가 떠있어 무조건 돈 따라 간다. 격인 丑土(辛金)가 癸水를 쓰니 癸水가 정재로 절약형이다.

5) 壬 戊 辛 壬
戌 寅 亥 寅

戊土일간으로 월지가 亥水로 편재이니 편재격으로 격인 亥水가 庚金을 쓰니 庚金이 식신으로 돈도 잘 쓰고 베풀지만, 월간 辛金이 상관으로 날카롭고 예리하다.

6) 丙 庚 甲 丁
戌 辰 辰 丑

庚金일간으로 월지가 辰土로 辰土는 土의 역할을 못하고 癸水의 역할을 하니 癸水로 보아 상관격으로 본다. 월간에 甲木이 편재이니 따뜻한 사람으로 때에 따라 통이 크지만 날카롭다.

7) 丁 庚 己 乙
丑 子 丑 酉

庚金 일간으로 월지가 丑土이니 겁재격으로 격인 丑土가 辛金으로 癸水 상관을 쓰게 되고 월간에 정인(己土)과 년간에 乙木(정재)이 모두 오행 중 음으로 양일간이 오행의 음으로 둘러 쌓여 있으니 말이 안 통하고 싸가지에 이기적이다. 단 겨울생으로 교양있는 체 한다.

종합 요약편

* 체(體) → 용(用) → 변(變) → 화(花)

  몸을 쓰면 변하고 변하면 꽃이 핀다.

* 학자

  정인격: 보수적, 기억을 옮기는 학자 (역사등)

  식신격: 연구가, 창출하는 학자.

  상관격: 창출가, 정인이 있어도 창출학자.

+ 木火土가 한 조이고 金水가 한 조이다.

* 甲(寅) ↔ 丙(巳) ↔ 戊, 木 火 土로 양과 양이 만났을 때 서로가 상부상조를 하게 된다.

* 乙(卯) ↔ 丁(午) ↔ 己(未), 木 火 土로 음과 음이 만났을 때 서로가 상부상조를 하게 된다.

* 庚(申) ↔ 壬(亥), 金 水로 양과 양이 만났을 때 서로가 상부상조를 한다.

* 辛(酉) ↔ 癸(子), 金 水로 음과 음이 만났을 때 서로가 상부상조를 한다,

* 金은 水로 숨을 쉬고 水는 金에 근(根)을 한다.

* 木은 土에 근(根)하고 火로 숨을 쉬고, 火는 木에 근(根)하고 土로 숨을 쉬고, 土는 火에 근(根)하고 木으로 빛(명예)이 난다.

* 辰土는 癸水의 역할을 하고 戌土는 死土로 辛金의 역할을 하고 丑土는 동, 토(冬, 土) 辛金의 역할을 한다고 본다. 土는 제방을 해야 하는데 辰土는 물먹은 진흙으로, 戌土는 사막의 흙으로, 丑土는 겨울의 동토로 제방을 할 수가 없다,

+ 양과 음의 합의 수는 어떤 역할을 할 건가?

1. 양 子 — 합3 — 1, 음 午
2. 양 丑 — 합3 — 2, 음 未

생합으로 역할을 한다,

3, 양 寅 — 합9 — 3, 음 申
4, 양 卯 — 합9 — 4, 음 酉
5, 양 辰 — 합9 — 5, 음 戌
6, 양 巳 — 합9 — 6, 음 亥

합9는 死數(사수)로 묘고와 파가 되니 역할을 못한다

+ 참고해야 할 살

* 삼형살: 寅 巳 申, 丑 戌 未, 子 卯.

* 자형살: 辰辰, 午午, 酉酉, 亥亥.

* 양인살: 甲一卯, 丙戊一午, 庚一酉, 壬一子 양이 겁재를 만났을 때

* 원진살: 子未, 丑午, 寅酉, 卯申, 辰亥, 巳戌.

* 괴강살: 戊辰, 戊戌, 庚辰, 庚戌, 壬辰, 壬戌.

* 백호살: 甲辰, 丙戌, 戊辰, 壬戌, 乙未, 丁丑, 癸丑.

* 도화살: 寅午戌一卯, 巳酉丑一午, 申子辰一酉, 亥卯未一子.

* 역마살: 寅午戌一申, 巳酉丑一亥, 申子辰一寅, 亥卯未一巳.

* 수옥살: 寅午戌一子, 巳酉丑一卯, 申子辰一午, 亥卯未一午.

* 삼재살: 寅午戌生一申酉戌年, 巳酉丑生一亥子丑年.
申子辰生一寅卯辰年, 亥卯未生一巳午未年.

* 귀문관살: 子酉, 丑午, 寅未, 卯申, 辰亥, 巳戌.

* 묘고: 未土一甲(寅) 癸(子) 戌土一丙(巳) 乙(卯)
丑土一庚(申) 丁(午) 辰土一壬(亥) 辛(酉)

* 재고: 戌土一木 丑土一火 辰土一土 未土一金 戌土一水

* 관고: 丑土一木 辰土一火 未土一土 戌土一金 戌土一水

* 상관: 재앙, 식신: 활동, 비견: 주연, 겁재: 실수

정재: 현금, 편재: 채무, 정인: 문서, 편인: 도식.

정관: 치업, 편관: 치업.

* 子午충: 심신불안, 소장, 신경예민, 척추장애, 다뇨증.
* 丑未충: 사업장애, 아토피, 당뇨, 췌장.
* 寅申충: 애정문제, 허리, 척추, 다리, 주로 하체.
* 卯酉충: 근심 걱정, 폐, 간, 혈액순환.
* 辰戌충: 고독, 헛배, 알레르기, 피부병.
* 巳亥충: 구설, 뇌졸중, 스트레스.
* 여명: 인수(남자의 성기), 인수와 식상이 합이 될 때 결혼 또는 바람남.

  癸일주가 乙庚합이 될 때

  남명: 官(여자의 성기), 관과 식상이 합이 될 때 결혼 또는 바람남.

  癸일주가 甲己합이 될 때

* 木: 간, 담, 근육, 눈, 대뇌, 신경.

  火: 심장, 소장, 얼굴, 천식, 변비.

  土: 위장, 지라, 피부, 복부, 입, 소화불량.

* 金: 폐, 대장, 근골, 정강이, 코, 사지.
* 水: 신장, 방광, 골수, 혈액, 당뇨, 귀, 신경통.
* 뇌의 병리현상: 木의 기운이 부실 할 때

  火가 약할 때 木이 없으면, 木이 약할 때 火가 없으면, 金克木할 때 생각에 몰두하면 木克土로 소화가 안 된다,

* 여행을 할 때는 역마가 묘고를 만날 때 양호하다.

  亥卯未생: 戌년(역마 巳火) 寅午戌생: 丑년(역마 申金)

  巳酉丑생: 辰년(역마 亥水) 申子辰生: 未년(역마 寅木)

* 삼기(三奇): 천간에 甲 戊 庚(丙), 乙 丁 己가 떠 있을 때 귀티가 난다.
* 암합: 조용하지만 사람을 많이 사귄다.
* 흉신(상관, 겁재, 비견)이 묘고일 때 충을 받으면 튀어나와 지랄을 한다.

* 길신(정인, 식신, 정재)이 묘고일 때 충을 받으면 튀어 나와 도와준다.

+ 천간의 관성과 인성이 충을 만나면 인격이 망가지고 재성이 충을 받으면 재물의 변화가 생기고 식신이 충을 받으면 활동무대가 흔들리고 상관이 충을 받으면 환경이 요동을 친다.

  반대로 천간의 관성과 인성이 합을 만나면 명예가 답답해지고, 재성이 합을 만나면 재물운이 답답하고, 식신이 합을 만나면 활동무대가 답답하고, 상관이 합을 만나면 평온해진다.

* 음과 양은 따로따로 하나이면서 음양은 서로가 대립을 할 수가 없으며 상부상조하여 둘이 합을 이루어 조화를 이루며 천지간의 조화를 이루며 자연의 모든 삼라만상의 균형을 맞추어가는 것이다.

* 양은 직선적이고 분명하며 욕심이 많고 감정표현이 솔직하여 감성형이다.

  음은 생각이 깊고 소극적이고 침착하여 이성형이다.

* 여름생은 70%이상이 성격이 급하고 감성적이고, 겨울생은 70%이상이 차분하고 이성적이다.

* 편격은 두들겨 맞아도 살지만 정격은 죽는다.

* 격이 상관과 인수를 쓰면 의리를 찾는다.

* 정관격과 정인격은 자신의 틀속에 타인을 묶으려 한다.

* 격이 상관과 정관을 함께 쓰면 성격이 불량하고 머리가 복잡하다.

* 격이 배우자 자리를 쓰면 잉꼬부부다.

* 격미토는 벌리는 것을 좋아하고, 격이 술토와 축토는 내숭형이다.

* 체와 격이 짝이면 단순하고 본인위주이며 잔꾀가 많고 노력해서 돈을 번다.

* 체가 천간의 극을 받으면 움추린다.

* 격이 묘고면 머리는 양호하나 정신적으로 문제가 있다.

* 격이 공망일 때 길신과 합과 충은 양호하나 흉신과 합과 충이 되면 흉하다.

  충을 하는 오행이 장소 또는 방향이다.

예: 0 丙 戊 甲
　　0 申 辰 午 戊土방향(서북쪽)

※ 처자리가 격고일 때 한쪽 부모가 없다.

예: 0 辛 甲 壬
0 亥 辰 辰

* 격이 부모자리를 충하거나 묘고가 되면 한 분이 일찍 사망한다.
* 년간에 편재 또는 겁재가 있으면 시끄럽게 산다.
* 일지가 亥子丑인 남과 여는 색이 강하다(암장도 동일).
* 일지와 월지사이에 협공이 재고면 먹고는 산다.
* 체가 庚金일 때 土를 만나면 피부병을 조심하라.
* 丁일주는 이해에 밝고 밤장사가 양호하고 부처를 모셔라.
* 丙일주가 木이 없으면 인덕이 없다.
* 癸丑일주는 지독하고, 마음을 알 수가 없다.
* 己亥일주는 위장에 물이 차기 쉽다.
* 甲일주가 己土와 합이 되면 돈따라 가고 탁하지만 나쁜 짓은 못한다.
* 가정자리가 辰戌이면 밖으로 나가돈다.
* 丑未충은 맺고 끊는 것이 분명하다.
* 辰巳午가 나란히 있으면 쌍둥이 또는 연년생이다.
* 격이 희신으로 丙辛합이 되면 자신을 버리고 봉사한다.
* 양인(겁재)이 합살되면 양호하고 충을 받으면 흉하다.
* 합다인 사주는 정이 많고, 충다인 사주는 어딜가나 부딪친다.
* 귀문관살 사주는 괴팍하다.
* 양팔통사주는 머리회전이 빠르고 감정적이다.
* 남명의 일지인 財가 암장일 때 기신이면 배우자로 인해 돈이 날아가고 희신이면 배우자가 숨겨둔 돈이 있다.
* 金水로 짜여진 사주는 맑고 단순하다.
* 낙태하면 6개월 내에 집안에 나쁜 일이 발생한다.

* 여명이 괴강살인 사주는 욕심이 많고 부자 아니면 거지이다.
* 木다인 사주가 未월생이면 간, 정신에 문제가 생긴다.
* 申子辰 삼합인사주가 申子辰을 만나면 쟁합이 되고 寅午戌을 만나면 폭발한다.
* 辰亥고장지 살은 예감이 잘 맞는다.
* 운의 흐름은 대문간부터 영향을 미친다.
* 겁재운이나 겁재가 살아날 때는 현금을 갖고 있지 마라.
* 대문간의 상관은 제거해야 한다.
* 土(특히 丑土)가 많은 사주는 산소자리에 문제가 발생한다.
* 丑土와 辰土는 丁火를 잡아 먹는다.
* 戊土는 받아들이는 성분이고 己土는 발산하는 성분이다.
* 丑土와 戊土는 생살지(生殺地)土로 한의사, 판검사가 많다.
* 辰土는 生土이고 丑土와 戊土는 死土이다.
* 사주가 건조하면 피부병을 조심하라.
* 丁火일주가 火운을 만나면 안경을 쓴다.
* 여명이 庚일주가 火왕절생은 하혈 또는 생리가 불규칙하거나 생리양이 적다.
* 己土가 癸水를 만나면 옥토가 되지만 癸水가 己土를 만나면 흉하다.
* 사주에 火가 없으면 머리가 단순하고 목이 없으면 인내심이 없다.
* 천간이 흉신을 만나면 인격이 망가지고 지지가 흉신을 만나면 물질이 망가진다.
* 편격이 편인을 쓰면 기술성분 즉 이과이다.
* 운에서 삼합이 되면 결혼도 하고 이혼도 한다.
* 격이 財를 쓸 때 비겁이 있으면 베푼다.
* 장성급은 양인, 편관, 편재가 있어야 하고 정치군인은 밤에 태어나야 한다.

약 력

황웅성(효산)

1941년 파주에서 태어나 서울의 양정고등학교와 한양대학 무기재료공학과를 졸업했다.

서울도자기 공장을 거쳐서 환경부 산하 단체인 전국 화학물질협회 상근 부회장을 역임하였고 그 와중에 역학의 관심을 가지게 되어 여러 선생을 찾아서 사사를 받으며 역술을 깊이 공부를 했다.

2000년에 역술원을 열고 상담을 시작했고, 지금 현재 20년 이상의 상담경력을 갖고 있다. 그리고 지금 현재 육효(六爻)의 체계화와 더불어 제자를 양성하는데 선생(先生) 본인의 역향을 전부 다 쏟아 붓고 있으며, 선생(先生)과 수많은 선생의 제자들이 일선에서 활발하게 활동하고 있다.

<효산이 대한민국에서 사회인으로서 살아온 길>

파주시 동패동 (舊 파주군 교하면 동패리) 출생(1941년)

파주 청석초등학교 졸업(1955년)

서울 양정고등학교 졸업(1961년)

한양대학교 공과대학 무기재료공학과 공학 학사(1965년)

국립공업연구소 (現 국가기술표준원) 근무 (1965년)

한국도자기 연구실장(1965년~1968년)

주식회사 서울도자기 이사(공장장) (1968년~1981년)

도자기 및 도자기 재료 제조회사 분곡막 대표(1982년~1993년)

환경부 산하 전국 화학물질협회 상근 부회장 역임(1994년~1997년)

효산역술원 개원(2000년 04월 01일~현재)

〈효산이 역술인으로서 걸어온 길〉

1994년도부터 독학으로 사주 공부를 시작.

1997년도 육효를 김용연 선생에게서 사사받음.

2001년도 사주를 고명산 선생에게서 사사받음.

2008년도부터 독학으로 기문둔갑 공부시작.

저서: 하늘과 미리 나눈 대화

연락처: 010-6358-3359

최현주

특히 이책의 발간에 상담사인 심리학 박사 최현주의 적극적인 도움이 없었다면 감히 엄두도 내지 못했을 것이다.

하늘과 미리 나눈 대화(제2탄 사주명리학 풀이편)

발행 2022년 9월 15일
인쇄 2022년 9월 24일

저 자 / 황웅성(효산).
발행자 / 김순선
발행처 / 오토테크출판사
주 소 / 서울특별시 관악구 신림본동 10-23
등 록 / 제 10-1983
전 화 / 02-877-0809
FAX / 02-877-0730
E-mail / kssooh@naver.com
웹하드 / KSS2011
정 가 / 45,000원

ISBN: 97911880133-0-03180

* 낙장 및 파본은 교환해 드립니다.